보통 사람들을 위한 특별한 영어책

Extraordinary Lessons for
Ordinary English Learners

보통 사람들을 위한 특별한 영어책

글·이철재

영어권 문화와 역사로 익히는
'이야기 영어 공부법'

이랑
BOOKS

아버지께

감사의 글

부모님께 감사드린다. 중학교 시절부터 학교에 불평불만이 많던 내가 언어에 관심이 있다는 것을 간파하고 늘 그 점을 높이 사 격려하고 지원해 주셨다.

나의 친구 David Gemeinhardt는 오랫동안 서울과 청주에서 영어를 가르치며 한국어와 영어에 대해 생각을 많이 했다. 그와 대화하며 자주 영감을 얻었고 실제로 이 책의 많은 이야기들이 오래전부터 혹은 책을 쓰는 동안 그와 대화하다 나온 것들이다. 나의 소중한 친구 데이빗(그가 고집하는 자신의 이름의 한글식 표기이다)에게 감사한다.

컴퓨터 모니터 들여다보며 몇 시간씩 글 쓰다 뻐근해진 어깨와 목을 풀어준, 내가 아는 세계 최고의 카이로프랙터 Dr. Dan Bailey께 진심으로 감사한다. 그가 없었으면 이 책은 빛도 보지 못했을 것이고 지금쯤 나는 목이 돌아가지 않아 앞만 보고 살고 있을 것이다.

늘 나의 글을 신뢰해 주고 또 한 번 영광스런 기회를 준 도서출판 이랑에 감사한다.

끝으로 나의 중학교 1학년 담임 선생님이자 영어 담당 선생님이었던 최혜원 선생님께 감사드린다. 선생님은 중학교 1년 그 짧은 기간 동안 나에게 단어 하나, 문법 하나를 더 가르쳐 준 것이 아니라 평생 지고 갈 낚싯대를 주셨다. 선생님께서 주신 그 낚싯대로 오늘날까지 하루도 쉬지 않고 단어 하나를 더 낚고, 문법 하나를 더 생각하고, 내 영어를 다듬으며 여기까지 왔다. 선생님께 나의 식지 않는 감사의 마음을 전해드리고 싶다. 책이 완성되어 나오면 한 권 들고, 이제는 많이 늙으신 선생님을 오랜만에 찾아뵈어야겠다.

차례

감사의 글

글을 시작하며 – 외국어를 배우는 것은 또 하나의 영혼을 얻는 것 11

1장 / 틀리기 쉬운 단어

원어민도 혼동하는 단어들 : Homophone과 Homograph 18

미국 교육부 장관의 역사적 대실수 : Historical or Historic 30

콩글리시 : Water Is Self 44

단어 전쟁 : Within or Without 60

2장 / 틀리기 쉬운 문법

명사의 불규칙 복수형 : Syllabus or Syllabi 72

목적어를 찾아라 : Lie, Lay, Lie 86

조동사(助動詞, Auxiliary Verb), 그 오묘한 세계 99

인칭대명사 : I, My, Me, Mine 114

3장 / 발음

영어 발음의 기본 음절과 고저장단 128

영어 원어민들의 발음 137

입술에서 나오는 소리 순음 : B와 V 발음 150

혀가 입천장에 붙었나? : L과 R 발음 157

한국인의 취약 발음 : F와 P 발음 171

치아와 혀가 만나는 소리 : [z] [ʤ] [ʒ] 발음 183

땡큐, 쌩큐, 쌩유 : TH 발음 194

4장 / 생활 속 영어 표현

유학 생활과 영어 : 내 영어 공부의 역사 204

기숙사 음식과 건강 : Couch Potato 217

시녀 이야기 : You Set the Tone 231

미국의 어두운 역사로 배우는 영어 표현 : 시사용어, 역사적 사건들 263

여기가 아프면 어디로 가나요? : 의학 용어들 276

소소한 이야기들 : 외워두면 유용한 말 294

글을 마치며 – 반복을 즐기라 313

글을 시작하며

외국어를 배우는 것은 또 하나의 영혼을 얻는 것

배움에는 왕도가 없다. 어떻게 하면 영어로 말할 수 있느냐고 묻는 사람들에게 나는 쉬지 않고 공부하고, 원어민을 만나 자꾸 영어를 써보는 것이라고 대답한다. 맞는 말이다. 그러나 이처럼 무책임한 말도 없을 것이다. 그래서 내가 어떻게 영어를 배웠는지 이 글을 통해 더듬어 보려고 한다.

요즘은 영어 조기교육이 유행이라 어린 아이들이 영어만 사용하는 유치원 혹은 초등학교를 다니고, 집에서도 우리말을 쓰지 않기 때문에 초등학교에 한국어 발음이 이상한 아이들이 많다는 기사를 읽은 적이 있다. 내가 어렸을 때는 영어 유치원은커녕 한국어 유치원도 다니지 않고 초등학교에 입학하는 아이들이 많았던 때라 영어도 중학교 1학년 정규 교과 과정 시작할 때 알파벳부터 배우거나, 공부 좀 하는 아이들은 초등학교 졸업하는 그 겨울에 약간 배우고 오는 정도가 고작이었다. 나도 초등학교 졸업하고 겨울방학 동안 영어 과외를 했고, 다른 아이들과 달리 미국 사람에게 한두 달 형제들과 함께 영어를 배웠는데, 그 당시에 원어민에게 영어를 배우는 것은 상당히 드문 일이었다.

나는 형이 다니던 중학교에 진학했다. 그때 형은 이미 졸업했지만, 형이 중학교 1학년 시절에 '스쿨(School)'을 '스꾸얼'이라고 발음하는 여자 선생님이 있다고 이야기했던 것을 기억하고 있었는데 공교롭게도 그 선생님이 나의 1학년 담임이 되었다. 담임 선생님은 그 당시 거의 모든 영어 선생님들이 그렇듯 한 번도 대한민국 밖으로 나가본 적이 없는 분이셨다. 그렇지만 영어 발음은 미국 본토인과 다를 바 없이 훌륭했다. 중학교 1학년 때 나는 영어 선생님을 하늘과 같이 우러러 보며, 'Good morning, Mr. Baker'를 선생님의 발음처럼 따라 하려고 애를 썼고, 그 1년 새 요즘 말로 영어에 꽂혔다. 1학년을 마쳤을 때 선생님이 결혼으로 사직하면서, 다시 그분에게 영어를 배운 적은 없지만 그 이후로도 나는 영어 공부에 매진하며, 발음이 좋지 않은 선생님에게 배울 때는 1학년 담임 선생님께서는 이 단어를 어떻게 발음했을까 상상하며 그 발음을 따라 하려고 애썼다.

그 후 내 영어가 더 이상 발전하지 않는다, 답답하다, 여기서 멈추고 마는 것 같다고 생각할 무렵 미국으로 유학을 떠났고, 나의 영어는 마치 숨통이 트이듯 날개를 달고 훨훨 날아오르기 시작했다. 미국에 가기 위해 봤던 TOEFL 시험에서 듣기는 늘 고역이었고, 한 단어라도 놓치지 않으려 책상을 움켜쥐고 듣던 내가, 미국 유학 가서 첫 학기 끝 무렵 심심풀이로 토플 듣기를 연습해 봤더니 '내가 정말 4개월 사이에 이렇게까지 되었나?' 싶게 술술 들리는 것이었다. 그럼 다른 아이들과 같이 중학교 1학년부터 영어 공부를 시작한 내가 어떻게 나의 친구들보다 영어를 잘하게 되었을까?

사람들은 내가 미국에 오래 살아 영어를 잘한다고 생각하지만, 실은 외국에 나가기 전 고등학교 시절부터 나는 영어로 의사소통이 가능했다. 그 이유는 무엇보다 문법으로 기본을 충실히 다졌기 때문이다. 나는 우리 시절 유행하던 『성문종합영어』 등은 한 번도 들춰본 적이 없지만, 교과서에 나오는 문법 설명과 그 용법 실례는 낱낱이 꿰고 있었다. 나는 문법은 무시하고 말부터 배우는 방법에 대해 회의적이다. 우리는 어려서 영어를 모국어로서 처음 배우는 것이 아니라 이미 모국어인 한국어를 하는 상태에서 배운다. 따라서 영문법을 정확히 숙지하여 우리말과의 차이를 아는 것이 배움에 도움이 된다. 그러나 문법은 양날의 칼이다. 일단 원어민과 말을 섞기 시작할 때는 문법에 지나치게 매달리면 자신감이 없어지고, 문법에 맞지 않는 말을 할까 걱정하다 말이 쉬 나오지 않는다. 영어 한마디 하고 끝낼 것도 아니고, 이번에 틀리면 다음에 맞게 하면 된다는 생각으로 말을 자꾸 하는 것이 중요하다.

이 책은 영어 족집게 과외 책이 아니라 영어와 친근해지도록 돕는 책이다. 단어 하나를 설명하고, 문법 한 가지를 정리해도 그것들이 나의 경험에서 나온 이야기나 영어권 역사, 문화, 문학 작품, 어원 등의 다채로운 이야기와 어우러져 있어 그냥 재미로 읽어도 좋을 것이다. 여러 이야기를 버무리다 보니 좀 더 많은 단어와 좀 더 많은 문법을 설명할 수는 없었지만, 영어에 울렁증이 있는 보통 사람들도 읽을 수 있도록 다양한 예화와 함께 생활 속 영어를 접하는 데에 중점을 두어 서술했다. 그래서 제목도 '보통 사람들을 위한 영어책'이라고 붙였다.

이 책의 1장과 2장에서는 단어와 문법을 중심으로 설명했다. 영어를 공부할 때 가장 기본이 되며 중요한 것이기 때문이다. 하지만 실생활에서 말할 때 지나치게 매달릴 필요는 없다는 뜻에서 원어민도 종종 틀리는 것들을 몇 가지 뽑아 그 바른 표현을 알아보았다. 그중 몇 가지는 한국에서 영어를 배운 사람들이라면 '이걸 왜 틀리지?' 싶은 것들도 꽤 있을 것이다.

3장은 발음에 대해 알아본다. 발음은 문법과 함께 한국 사람들이 영어로 말하는 것을 망설이게 만드는 이유 중 하나이다. 그러나 발음이라는 것은 어차피 내 말이 아닌 이상 원어민처럼 따라 하기는 쉽지 않다. 단 단어의 고저장단, 강세의 위치 그리고 한국인들이 쉽게 혼동하는 자음 몇 가지를 구분해서 발음하면 발음이 그리 좋지 않아도 의사소통에는 별 지장이 없다. 발음을 책으로 가르칠 수는 없지만, 발음하는 법을 설명해 놓을 수는 있다. 내가 발음이 좋지 않은 영어 선생님께 수업을 받으면서 중학교 1학년 때 담임 선생님의 발음을 상상할 수 있었던 것은 선생님이 영어의 L, V, F, R 등을 발음할 때 혀를 어디에 두며, 입 모양은 어떻게 해야 하는지를 중학교 1학년 1년 동안 자세히 설명해 주셨기 때문에 가능했다.

마지막 장에서는 내가 한국을 떠나 처음 유학을 가서 혹은 그 뒤로 영어와 관련해 겪었던 에피소드, 미국 지방별 사투리, 미국과 영어권의 사람 사는 모습 등을 소개한다. 그러는 와중에 영어 단어, 숙어 표현들을 몇 가지 소개할 것이다. 이렇게 몇 가지 띄엄띄엄 소개하는 것이 무슨 도움이 되랴 싶겠지만, 우선은 영어에 재미를 붙이는 것이 더 중요하다. 체계적으로 정리해 놓은 영어 책 한 권 읽어서 대입 시험에 도움이 될 수는 있어도, 영어를 잘할 수 있는 것은 아니다.

열정이 없는 일을 계속한다는 것처럼 힘든 것은 없다. 열정을 갖고 띄엄띄엄, 하루하루, 일상에서, 그러나 쉬지 않고 한 가지씩 배우는 것이 언어 학습의 첫 걸음이다. 이 책을 영어 교재로 보지 말고 재미있는 에세이로 생각하고, 시간나면 심심풀이로 책 속에 등장하는 단어나 숙어들을 찾아보고, 나중에 생각날 때마다 반복해 찾아보며 두고두고 읽으면 좋을 듯하다. 그러다 이 책에서 평생 잊지 않을 것 한두 가지 얻는다면 더할 나위 없겠다.

우리가 영어 교육에 열정을 쏟는 만큼 우리말 교육 또한 관심을 가졌으면 한다. 외국어를 하나 배우는 것은 또 하나의 영혼을 얻는 것이라고 했다. 외국어를 구사하는 것이 그만큼 내 삶을 풍요롭게 만들어 준다는 뜻이다. 그러나 그 풍요로움은 두 영혼을 모두 끝없이 다듬고, 수련할 때 가능한 것이다.

틀리기 쉬운 단어
Vocabulary

원어민도 혼동하는 단어들
: Homophone과 Homograph

우리말이라고 다 저절로 알고 제대로 사용하는 것은 아니다. 늘 정확한 단어를 찾아 쓰려고 애를 써도 틀리기 쉬운 것이 말이고, 내 모국어라고 예외는 아니다. 오래전 읽은 어느 소설에 '깨금발'이라는 단어가 나왔다. 그냥 '맨발' 정도의 뜻으로 알아들었는데 나중에 국어사전을 찾아보니 깨금발은 '한 발을 들고 한 발로 섬'이라는 뜻이었다. 이렇게 말은 잘못 쓰기도 쉽고, 잘못 알아듣기도 쉽고, 그래서 말 때문에 오해가 생기는 것이 아닐까 한다.

우리가 늘 사용하는 말이지만 막상 구분해 쓰라고 하면 구분이 힘든 말들이 의외로 주변에 많다. 가령 '가르치다'와 '가리키다', '잊어버리다'와 '잃어버리다', '간지럽다'와 '가렵다' 등이 그렇다. '잊어버리다'는 영어의 'Forget'이다. '잃어버리다'는 'Lose'이다. 비오는 날

'잊어버리고' 우산을 집에 두고 나오거나, 가지고 나온 우산을 버스에 두고 내려 '잃어버리는' 것이다. '가르치다'와 '가리키다'도 자주 헷갈린다. 선생님이 학생들을 가르친다. 그리고 학생들을 가르칠 때 손가락으로 칠판을 가리키면서 가르친다. 간지럽다는 사전에 '뭔가 살에 닿아 가볍게 스칠 때처럼 견디기 어렵게 자리리한 느낌'이라고 나온다. 간지러움은 그 자극이 사라지면 간지러운 느낌도 없어진다. 모기에 물린 자리는 간지러운 것이 아니라 가려운 것이다. 가려운 것은 긁어야 직성이 풀린다.

존댓말로 넘어가면 더욱 험난해진다. 미국에서 태어나 한국말을 잘하지 못하는 외사촌 형이 서울에 와서 우리 식구랑 저녁을 먹으러 나간 적이 있다. 샐러드 바가 있는 곳이라 음식을 주문하고 샐러드를 가져다 먹는데, 사촌형 딴에는 고모부가 좋아하는 것들을 가져다 드리겠다고 잔뜩 들고 와서는 나의 아버지께 "다 먹어" 하면서 내밀었다. 아버지는 "고맙다"며 껄껄 웃고, 옆에서 음식을 들던 사촌형의 어머니인 외숙모는 당황한 나머지 음식을 잘못 넘겼다.

한국어를 배우는 외국인들에게 존댓말은 매우 어려운 것 중 하나이다. 그러나 우리도 사실 존댓말을 제대로 사용하지 못하는 경우가 많다. 한국 사람들끼리 대화하면서 대한민국을 '저희 나라'라고 칭하는 것은 별로 놀라운 일도 아니다.

법대를 졸업하고 뉴욕주 변호사 시험에 합격한 후 한국에 왔을 때의 일이다. 친척이 근사한 곳에서 점심을 사주겠다고 하여 나갔다. 음식이 코스로 나오는 중식당이었는데 식사 중간쯤 돼서 일하는 사람이 양식용 포크와 칼을 우리 앞에 놓아 주었다. 친척이 다음에 뭐가 나오느냐고 물었더니 "새우세요"라는 답이 돌아왔다. 그분이 다시 "그런데 왜 포크를 주나요?"라고 하자 그는 "새우가 좀 크세요"라고 말했다. 이 경우 "다음에는 새우가 나옵니다(혹은 새우입니다)" 또는 "새우가 좀 큽니다"라고 해야 어법에 맞다. 늘 사용하는 "좋은 하루 되세요"는 나보고 하루가 되라는 소리인지 알 수 없고, 그밖에도 "할 만하십니까?"나 방송인들이 주로 말하는 "자막 보이시죠?" 등도 잘못된 주체를 존대하는 것으로 매우 귀에 거슬린다. "하루 잘 보내세요"나 "하실 만합니까?" 또는 "자막(이) 보이죠?"가 나은 표현이다.

우리가 우리말 때문에 헷갈리듯, 영어를 모국어로 하는 사람들도 영어 때문에 헷갈리는 경우가 많다. 처음 미국에 가 영어 작문에서 A를 한번이라도 받아보고자 몸부림치던 시절의 일이다. 기숙사 옆방 사는 친구가 공부도 꽤 잘하고 교내 방송에서 학교 풋볼 중계를 하는 등 영어 실력이 괜찮은 것 같아 그 친구에게 내 영어 작문을 한 번 읽고 수정해 달라고 부탁한 적이 있다. 그 친구가 고쳐 준 것을 보니 문법적으로 '이건 아닌데' 싶은 것들이 있었으나 '아무렴 미국 애가 나보다 낫겠지' 하는 마음에 그 친구가 말한 대로 고쳤다가 보기 좋게 감점을 당해 A가 날아가 버렸다. 현재 미국의 한 방송국 뉴스 프로그램의 스포츠 국장으로 재직하는 그 친구를 가끔 텔레비전 화면에서 볼 때면 그 친구가 나에게 적어 준 틀린 문장이 생각난다.

얼마 전 페이스북에 누가 농담 삼아 이런 말을 적어 놓았다.

"Facebook is where you find out the people you respected don't know the difference between to and too." 찬찬히 해석해 보자. 페이스북은 관계부사(where) 이하를 하는 곳이다. 어떤 곳? 뭔가를 발견(find out)하는 곳. 무엇을 발견하는가? 당신이 존경하던 사람들(People you respected)이 모른다는 것을(Don't know). 무엇을 모르는가? To와 Too의 차이(Difference between)를. "페이스북은 당신이 존경하던 사람들이 To와 Too의 차이를 모른다는 것을 발견하는 곳이다"라는 말로, 평소에 존경하던 사람들의 영어 문법이 얼마나 형편없는지 페이스북에서는 고스란히 드러난다는 뜻이다. 원어민도 자주 혼동하는 단어들을 보고 그것들의 올바른 용법을 살펴보는 것도 좋은 공부가 될 것이다.

Aha! Homophone과 Homograph

영어에서 철자법은 서로 다르지만 발음은 같은 단어들이 있다. 이를 'Homophone'이라고 한다. Homo는 '동질의'라는 뜻의 라틴어 접두사이고 Phone은 '소리'라는 뜻이다. Telephone(전화)은 Tele(멀리서)와 Phone(소리)이 합쳐져 멀리서 들려오는 소리 '전화'가 된다. Homophone과 반대로 철자법은 같은데 발음이 다른 단어는 'Homograph'라고 한다. Graph는 '기록을 하는 수단 문자, 그림' 등을 뜻하는 접미사이다. 듣기에는 같은데 보기에 다르면 Homophone 즉 같은 소리이고, 보기에는 같은데 듣기에 다르면 Homograph라고 한다.

WOW! Lead

'Lead'라는 단어를 사전에서 찾아보면 크게 두 가지 의미가 있다. 하나는 우리가 잘 아는 '이끌다'라는 뜻으로, 가운데 모음이 긴 '이' 발음이 나서 '리이드'이다. 또 하나는 똑같이 Lead라고 쓰지만 발음은 짧은 '에'인 '레드'라고 발음하는 중금속 '납'이다. 보기에는 똑같이 Lead인데 발음이 다르다. 이것이 대표적인 Homograph이다. 그러나 '이끌다'의 과거형 Led와 중금속 '납'이라는 의미의 Lead는 보기에는 다르지만 듣기에 발음은 둘 다 짧은 '에'인 '레드'로 같다. 이것이 Homophone이다.

WHAT? To와 too, Two

Homograph는 서로 말로 대화를 하지 않는 이상 헷갈린다 해도 밖으로 잘 드러나지 않는다. 그러나 페이스북에서 나의 미국 친구들이 글을 쓰는 것을 보면 Homophone은 헷갈리는 경우가 많다. 'To'와 'Too'는 모양은 다르지만 소리가 같은 Homophone이다. 이 둘을 구별하지 못하는 사람들이 부지기수이고, 심지어 To와 Two를 혼동하는 사람도 있다. 물론 요즘 스마트폰으로 글을 쓰다 보면 사고가 잦은 것도 사실이다. 실제로 내 주변에서 추석 때 주변 어른들께 잊지 않고 전화 인사라도 올리려고 스마트폰 달력에 '추석 전화'라고 써 넣었더니 '성전환수술'이라고 올라간 경우가 있다는 이야기를 들은 적이 있다. 이처럼 스마트폰을 사용하다 보면 눈 깜짝할 사이에 내가 의도한 단어와는 전혀 다른 단어로 둔갑해 올라가는 일도 많아 실수인지 사고인지 모를 경우가 있는 것도 사실이다. 그러나 같은 사람이 몇 년간 계속해서 To와 Too, Two를 뒤섞어 쓴다면 의심해 볼 만하다.

'Two'는 '둘 혹은 2'라는 뜻이다. 더 이상 설명하지 않겠다. To는 전치사로 '~로' 또는 '~에게'라는 뜻이고, 동사의 원형과 합쳐서 우리가 잘 아는 부정사(不定詞)로 쓰기도 한다. Too는 부사로서 '너무 ~한' 혹은 '~또한' 등의 뜻이다. Too를 '역시'나 '또한'이라는 뜻으로 쓰는 경우는 "I am hungry, too" 즉 "나도 배가 고프다"라고 쓸 때이다. To를 부정사로 쓰는 경우는 "I want to read this book" 즉 "나는 이 책을 읽고 싶다"라고 하는 경우이다. 그런데 원어민들 중에 "I am hungry to"라고 쓰거나 "I want too read this book"이라고 쓰는 사람들이 심심찮게 있다. 거기다 한 술 더 떠 "I want two read this book"이라고 쓰는 사람도 있다.

Their, There, They're

'Their'이나 'There', 'They're'은 모두 발음은 같지만 완전히 다른 뜻이다. Their는 3인칭 복수형 소유격으로 '그들의'라는 뜻이다. "Their house is beautiful"이라고 하면 "그들의 집은 아름답다"라는 의미가 된다. They're의 발음은 Their과 비슷하지만 3인칭 복수 주격 They와 Be동사 Are을 합친 They are의 축약형이다. "They are rich"라고 하면 "그들은 부자이다"라는 뜻이다. 한데 이를 빨리 말하다 보면 They are이 Their 비슷하게 된다. 그러나 엄연히

Their와는 다른 말이고 They are을 빨리 발음하다 나는 축약형 소리를 적을 때는 They're라고 적어 "They're rich"라고 한다. There는 인칭 대명사가 아니라 부사이다. '그곳에'라는 의미로도 쓰고, 아무 뜻 없이 문장 맨 처음 주어 자리에 와서 어떤 것의 유무를 나타낸다. "There is a book on the table"이라고 하면 "테이블 위에 책이 한권 있다"라는 뜻으로, 실제 주어는 책이지만 주어 자리에는 There가 있다. 여기서 There는 아무 의미가 없다. 하지만 나의 중학교 2학년 영어 교과서 1과에 나왔던 문장 "The birds are singing over there near the stream"에서의 There는 '저기에, 그곳에' 등의 뜻이고 이 문장처럼 Over와 함께 붙여 쓰기도 한다.

그밖에도 엄밀히 말해 Homophone이나 Homograph는 아니지만 모양도 비슷하고, 발음도 비슷해서 미국인들이 자주 혼동하는 단어들이 몇 있다. 'Effect'와 'Affect'가 한 예이다. 뜻은 비슷한데 하나는 명사이고 다른 하나는 동사이다. Effect는 명사로서 '효과, 영향'이라는 뜻이고, Affect는 '영향을 미치다'라는 동사이다.

YEAH!! Then과 Than

'Then'과 'Than'도 원어민들이 자주 틀리는 단어들 중 하나이다. Then은 워낙 여러 경우에 자주 쓰는 단어라 일일이 설명하기 힘들지만, 우선은 부사로서 '그때, 그때에'라는 뜻이다. 또한 주로 And와 함께 써서 'And Then'이라고 하면 '그러면'이라는 뜻이 된다. 관용적 표현으로 "That was then, but this is now"라고 하면

"그건 그때의 경우이고, 이건 지금의 경우야"라는 뜻이다. 만약 누가 "What would you do if your mother asked you about your girlfriend(네 어머니가 너의 여자 친구에 관해 물어보시면 뭐라고 할 거니)?"라고 했을 경우 대답을 "Then, I would just tell her everything"이라고 한다면 "그러면 모든 것을 말씀드릴 거야"라는 뜻이다. 여기서 Then은 '그러면'이라는 뜻이다.

반면 Than은 주로 두 가지를 비교할 때 쓰는 전치사 혹은 접속사로서 '~보다'라는 뜻이다. "Mary is 3 years older than Bill"이라고 하면 "메리는 빌보다 세 살 많다"라는 뜻이다. 또한 'Would Rather~ than~'이라고 하면 'Than 이하보다는 차라리 Would Rather 이하를 하겠다'는 그 유명한 'Would rather than' 용법이 된다. 예전에 사이먼 앤 가펑클(Simon and Garfunkel)이 페루의 음악에 가사를 붙인 노래 〈콘돌이 지나가다(El Condor Pasa)〉에는 이 용법이 자주 나온다. 그중 한 가지만 살펴보면 "I'd rather be a sparrow than a snail"이라는 가사는, Than 이하인 달팽이보다는 I'd rather be, 나는 차라리 되겠다, 무엇이? A Sparrow(참새가)라는 뜻이다.

Aha! Lose와 Loose

우리가 잃어버리다와 잊어버리다를 헷갈리듯 미국 사람들은 모양이 비슷한 'Lose'와 'Loose'를 종종 헷갈린다. Lose는 '잃어버리다('잊어버리다'라는 뜻의 forget이 아니다)'라는 동사이고, Loose는 형용사로서 '느슨한'이라는 뜻이다. "I lost my umbrella"라고 하면

"나는 우산을 잃어버렸다"이고 "The screw is too loose"라고 하면 "나사가 너무 느슨하다"라는 뜻이 된다. Lose와 Loose는 끝에 S발음이 다르다.

Except와 Accept

또 한 가지가 'Except[ɪk'sept]'와 'Accept[ək'sept]'이다. Except는 전치사로 '~을 제외하고는'이라는 뜻이고, Accept는 동사로 '(기꺼이) 받아들이다'라는 뜻이다. 우리야 학교에서 '익셉트'와 '억셉트'로 배웠으니 헷갈릴 일이 없지만, 영어를 하는 사람들에게 이 둘의 발음은 그다지 큰 차이가 없다. 그래서인지 이 둘을 혼동해 사용하는 경우가 종종 있다. "I accept it"이라고 하면 '어떤 사실, 책임 등을 받아들인다'는 뜻인데 이를 "I except it"처럼 발음하고, 쓰기도 Except로 쓰는 사람들이 있다. Except는 for와 함께 쓰기도 하는데 For는 생략해도 된다. "I like all animals except (for) the snakes"라고 하면 "나는 뱀만 제외하고는 모든 동물을 좋아 한다"라는 뜻이다.

아포스트로피 용법

많은 미국 사람들이 애를 먹는 것이 아포스트로피 에스(Apostrophe S: 's)이다. 아포스트로피 에스는 명사의 소유격이다. Mary's라고 하면 '메리의'라는 뜻이고, Bill's 하면 '빌의'라는 뜻이다. '빌의 어머니'라고 하면, Bill's mother이라고 하면 된다. 또한

Mary's와 Bill's는 Mary is와 Bill is의 축약형도 돼서 "Mary's(Mary is) a doctor(메리는 의사이다)" 혹은 "Bill's a nurse(빌은 간호사이다)"라고 한다. 그런데 원어민 중에 이 아포스트로피 에스를 언제 써야 할지를 몰라 단어 끝에 S만 나오면 아포스트로피를 갖다 붙이는 사람들이 상상 외로 많다. 소유격뿐만 아니라 명사의 복수형으로 단어 끝에 S가 붙어도 아포스트로피를 붙인다. 가령 '개'라는 의미의 'Dog'의 복수형은 Dogs인데 Dog's라고 쓰는 경우이다. 그러나 Dog's는 '개들'이라는 복수형이 아니라 '개의'라는 소유격이다. '강아지'라는 뜻의 'Puppy'는 '자음+Y'로 끝나는 명사이므로 복수형을 만들 때 Puppies라고 Y를 IES로 고쳐 적어야 복수형이 된다. 그런데 이 아포스트로피의 용법을 이해하지 못하는 사람들은 Puppy의 복수형을 Puppy's라고 써 놓는다. 역시 Puppy의 복수형과는 거리가 멀다.

명사 중에 F로 끝나는 명사들은 복수형이 될 때 F가 VES로 바뀌는 경우가 있다. 예를 들어 '발굽'이라는 의미의 Hoof는 Hooves, '나뭇잎'이라는 의미의 Leaf는 Leaves로 변한다. 그런데 페이스북에 Leaf의 복수를 Leaf's라고 적어 놓은 사람도 간혹 있다. Leaf의 복수형은 Leafs도 아닐 뿐만 아니라 여기에 아포스트로피까지 붙여 놓으면 단수형 '이파리의'라는 뜻이 되어 그 사람이 의도한 문장과는 전혀 상관없는 말이 된다.

'Its'는 3인칭 단수 중성 대명사의 소유격인 '그것의'라는 뜻이고, 'It's'는 'It is'의 축약형이다. "Its leaves are green"이라고 하면 "그것의 잎들은 녹색이다"라는 의미이다. "It is a tree"라고 하면 "그것은 나무이다"라는 의미이고 이를 축약형으로 쓰면 "It's a tree"이다. Its는 '그것의'라는 뜻이고, It's는 '그것은 ~이다'라는 뜻이다.

비슷한 경우로 'Whose'와 'Who's'가 있다. 이 둘도 소리가 같아 사람들이 어떤 형태를 써야 하는지 망설이다 잘못된 선택을 하는 경우가 종종 있다. Whose는 의문 대명사이고 그중에서도 소유격으로 '누구의'라는 뜻이다. "Whose book is this?"라고 하면 "이거 누구의 책입니까?"라는 뜻이다. Who's의 Who는 같은 의문 대명사이지만 주격인 '누가'라는 뜻이다. Who's도 Who is의 축약형이다. 집에 앉아 있는데 벨이 울리면 "누구세요?"라고 한다. 영어로는 "Who is it?"이다. 이를 줄여서 쓰면 "Who's it?"이다. "저 사람 누구에요?"라고 하는 것은 영어로 "Who is that person?"이다. 이도 줄여서 "Who's that person?"이라고 하면 된다. 'He's'와 'His'도 마찬가지이다. He's는 축약형으로 He is를 줄인 말이고, His는 '그의'라는 소유격이다.

정리를 하면, 대명사나 뒤에 오는 아포스트로피 에스는 축약형을 만들기 위한 것이고, 명사 뒤에 아포스트로피 에스를 붙이면 그 명사의 소유격이 된다. 그런데 아포스트로피 에스를 붙여서는 안 될 곳이 있다. 복수형을 만들 때는 아포스트로피 에스를 쓰지 않는다. '1970년대'라는 말을 영어로 쓰면 어떻게 될까? 'In the 1970s'이다. 정관사 The를 반드시 써야 하며 숫자 뒤에 복수형 S를 붙여야 한다. 왜냐하면 1970년대 안에는 1970년부터 1979년까지 복수의 연도가 들어 있기 때문이다. 그런데 이것도 1970's라고 쓰는 사람들이 많다. 마찬가지로 '나의 20대 시절에'라고 말하려면 'In my 20s'라고 해야지 '20's'라고 쓰면 틀린다.

나는 2007년에 처음 페이스북에 가입했다. 2~3년 지나니 오래 연락이 끊겼던 친구들과 다시 연결되고 혹은 동네에서 매일 보던 사람들이 페이스북 친구가 되기 시작했다. 처음에는 반가웠다. 그다음에는 그들이 글 쓰는 것을 보며 내 눈을 의심했다. 이제는 그러려니 하고 읽지만, 우리처럼 '한국 중학교에서 선생님께 손바닥 맞으며 배웠다면 이런 것들을 틀리지는 않을 텐데' 하는 생각이 들 때면 비실비실 웃음이 나기도 한다.

우리는 마치 화학 주기율표(Periodic Table) 외우듯 영어 문법을 외워 그것으로 시험도 보고, 대학도 가고, 취직 시험도 본다. 그래서 원어민이라는 사람들이 위에 설명한 것들을 왜 헷갈리는지 이해하지 못하는 사람도 있을 것이다. 하지만 이런 것들을 하나씩 짚어 보면서 그동안 쓰지 않아서 잊고 살았던 것들에 대한 기억을 되살려 보기를 권한다. 나아가 원어민이라도 모두 정확한 영어를 구사하는 것이 아니니 원어민들이 하는 말 중에 문법적으로 조금이라도 수상한 것들은 파고들어 찾아보고, 틀린 것들을 집어낼 수 있는 훈련을 해야 할 것이다. 타산지석(他山之石)이라고 했다. 영어를 공부하는 사람이라면 원어민들이 틀리는 것조차 가져다 나의 옥돌을 다듬는 데 사용해야 한다.

미국 교육부 장관의 역사적 대실수
: Historical or Historic

2016년 11월 도널드 J. 트럼프가 미국의 45대 대통령으로 당선되었다. 당선 전부터 여러 가지 말이 많았지만, 당선 후에도 바람 잘 날 없이 매일 그에 대한 뉴스가 쏟아져 나온다. 선거가 끝나고 인수위원회가 각료 후보자 명단을 하나씩 발표하자 대통령 취임식 전부터 팽팽한 설전이 양 당에서 오고갔다. 그중에서도 가장 많은 질타를 받았고 후에 청문회에서 여당 의원들조차 하나둘씩 반대 의사를 밝히면서 낙마할 뻔하다 턱걸이로 통과한 사람이 교육부 장관 벳시 데보스(Betsy Devos)이다.

그녀는 대학에서 교육학을 전공한 것도 아니고, 공직 경험도 전혀 없고, 교사는커녕 학교에서 사무직으로 근무한 경력도 전혀 없는 사람이다. 공립학교를 다니기 싫은 아이들이 사립학교를 갈 수 있도록 사립학교 학비도 국가에서 지원하라는 운동을 하고 있는 부자가 트럼프를 지지했다는 이유 하나로 공립학교 교육을 책임질 수장 후보에 오른 것이다. 민주당을 비롯한 반대파들은 국가가 사립학교도 지원하라는 것은 '학교 선택의 권리'라는 미명 아래 소수 인종과 섞여 공립학교를 다니는 것이 싫은 백인 우월 주의자들의 꼼수라며 반대했고, 트럼프를 지지했던 공립학교 교사들조차 '공립교육 파괴 행위'라며 지명을 반대했다. 미국의 각료들은 대통령이 임명하고, 상원의 인준을 받아야 비로소 업무를 시작할 수 있는데 그녀가 상원 인사 청문회에 나와 매우 기본적인 교육 연구 결과에 대한 질문에 제대로 답변을 하지 못하고 질문조차 이해하지 못하자 공화당 의원들까지 나서서 하나둘씩 돌아서기에 이른 것이다.

데보스가 트럼프 취임식에 참석한 후 트위터(한국에서는 SNS라는 말을 주로 쓰지만 영어에서는 그보다는 소셜 미디어(Social Media)라는 말을 자주 쓰고, 그도 아니면 트위터, 페이스북 등 그 사이트 이름을 직접적으로 언급해 사용하기 때문에 여기서도 SNS라는 말은 쓰지 않도록 하겠다)에 글을 올렸는데 "Honored to witness the historical Inauguration and swearing-in ceremony for the 45th President of the United States"라는 글이었다. "제45대 미합중국 대통령을 위한 역사적인 취임식과 선서식을 지켜보아 영광이다"라는 뜻이다. 그런데 의미상 별로 나쁠 것이 없는 이 짤막한 글이 그날 하루 종일 인터넷에서 조롱거리가 되었고, 어떤 이는 틀린 구절에 빨간 줄을 좍좍 긋고 교정해서 그 교정본을 인터넷에 올리기까지 했다. 정조 대왕이 신하가 반대 상소를 올리면 상소 내용은 차치하고 문법적으로 잘못된 구절을 빨간 줄로 지우고 고쳐서 그 상소를 편전 앞마당에 내던져 모두가 지나가며 비웃게 만들었다는 이야기가 어느 소설에 등장한 기억이 있는데 바로 그 식이다. 급기야 데보스는 다시 트위터를 통해 마치 단순 오탈자인양 변명하며 글을 고쳐 올렸으나 그녀는 이미 올바른 문장 하나 구사하지 못하는 교육부 장관 후보라는 인식을 지울 수 없는 처지에 이르렀다.

그럼 그녀가 무엇을 잘못 썼을까? 우선 소설을 재미있게 쓰거나 친구끼리 재미있게 이야기를 주고받는 것이 아니라면 글을 간결하고 핵심에 맞게 쓰는 것이 중요하다. 게다가 트위터는 글자 수 제한이 있으니 글을 간결하게 쓰는 재주는 트위터를 사용할 때 더욱 중요하다. 취임식(Inauguration)과 선서식(swearing-in)은 같은 말이라고까지 하기는 힘들지만, 굳이 모두 써 넣을 필요가 없다. 선서는 대통령 취임식 안에 당연히 포함된 한 순서이기 때문이다. 그냥 'Inauguration' 하나만 쓰면 되고, Inauguration은 문장 중간에 왔으므로 대문자로 쓸 필요가 없다. 더구나 'swearing-in'이라고 모두 소문자로 쓴 마당에 Inauguration만 대문자로 쓰는 것은 생뚱맞다. 또한 엄밀히 말해 제45대 대통령을 '위한' 취임식이 아니라 제45대 대통령'의' 취임식이 맞다. 영어로는 'Inauguration for the 45th President'가 아니라 'Inauguration of the 45th President'이다.

그러나 이 모든 것들은 그저 스타일의 문제라 생각하고 그녀가 글을 간결하게 쓰는 재주가 없는 사람인가 보다 하면 넘어갈 수도 있다. 그녀의 글에서 많은 사람들이 경악했던 것은 'Historical'이라는 단어의 선택 때문이었다. 우리말에도 소리도 비슷하고, 뜻도 엇비슷하지만 엄연히 다른 단어들이 있다. 가령 참가, 참여, 참석 등은 모두 같은 한자를 한 자씩 갖고 있고 뜻도 비슷하지만, 이들이 서로 비슷한 말로 섞어 쓸 수 있는 말들은 아니다. '참가'라고 써야 할 자리에 '참여'라고 쓰면 틀린 말이 된다. 소비자 보호 운동에 앞장서 '참여'하고, 마라톤 대회에 '참가'하고, 아무개 결혼식에 '참석'하는 것인데, 요즘은 '참여'라는 말이 유행처럼 번지면서 여기저기 남발되고 있다. 얼마 전 국내 유력 일간지의 기자가 어느 배우의 결혼식에 동료 연예인들이 하객으로 '참여'했다고 적어 놓아서 기가 막혔다. 교육부 장관의 글도 이 비슷한 경우이다.

Historical과 Historic

'역사'라는 뜻을 가진 History에서 나온 두 단어 'Historical'과 'Historic'은 비슷한 뜻이지만 섞어 사용할 수 없는 다른 단어들이다. 내가 한국에서 대학 시험을 볼 때는 제2외국어가 시험 과목에 들어 있지 않았다. 나는 고등학교 때 제2외국어로 독일어를 배웠는데 고3이 되자 독일어 선생님이 영어를 가르치기 시작했다. 대학 시험 과목에 들어 있지 않은 독일어 대신 영어를 하나라도 더 가르치겠다는 의도였다. 이때 독어 선생님이 설명했던 것들 중 하나가 바로 Historical과 Historic의 차이였다.

기억을 더듬어 선생님의 설명을 간단히 적어 보면 우리 주변에서 일어나고 있는 모든 일들이 시간이 지나면 과거에, 역사적으로 일어났던 일 혹은 역사적 사실이 된다. 이런 것들이 'Historical Event' 혹은 'Historical Fact'이다. 그러나 인간이 최초로 달에 발을 디딘 사실은 과거에 실제로 일어났던 역사적 사실이지만, 또 한편 전대미증유의 역사적 사건이기도 하다. 과거에 일어났던 일 중 기념할 만한 일, 특히 기억에 남을 일을 우리는 역사적 사건이라고 부르고 그런 경우에 맞는 단어는 Historical이 아니라 Historic이다.

한국과 마찬가지로 미국에도 인터넷에 각종 음모론(Conspiracy Theory)이 떠도는데 몇 년 전에는 닐 암스트롱이 1969년 인류 최초로 달에 발을 디딘 것은 조작된 사건이고 실제로 일어난 일이 아니라는 음모론이 성행했다. 이런 음모론자와 말다툼한다면 암스트롱이 인류 최초로 달에 발을 내디디며 "한 인간의 작은 발걸음이요, 인류의 위대한 도약이다(One small step for a man; one giant leap for mankind)"라고 말했던 것은 실제로 일어난 역사적 사실 (Historical Fact)이라고 하는 것이 맞지만, 음모론의 숭배자가 아닌 사람과 대화할 때는 "암스트롱이 달에 첫 발을 디딘 일은 역사적인 사건(Historic Event)이야"라고 말해야 옳다.

오래전에 읽었던 책 중에 샌더스(E. P. Sanders)라는 학자가 쓴 『The Historical Figure of Jesus(역사적 인물 예수)』라는 책이 있다. 역사적으로 예수가 실제로 존재한 인물인가 가상의 인물인가 하는 논란은 기독교 밖에서는 오래된 논쟁이다. 그러니 샌더스는 학자의 입장에서 처음부터 아무런 전제 없이 책을 쓰기 위해 Historical이라는 단어를 선택해 역사적 인물 예수에 대한 책을 썼다. 그러나 기독교인들이 서로 대화하며 "예수의 생애는 인류에 두 번 다시없을 역사적 사건이었다"라고 말한다면 이때는 Historic을 써야 한다.

데보스는 분명 방금 치른 대통령 취임식이 '역사적으로 크게 기억할 중요한 사건'이라고 말하려던 것이지, '이제 역사적 사실이 되었다'라고 하려던 것은 아니다. 대통령 취임식에 초대받아 참석하고 나와 자랑스러운 마음에 올린 트위터에 방금 끝난 취임식이 '과거의 역사적 사실이 되었다(Historical)'는 이야기를 굳이 거창하게 남길 이유는 없다. 지금껏 미국 대통령 45명이 치른 취임식 중 특히 기억에 남을 역사적 사건이었다고 말하려면 Historical이 아니라 Historic을 썼어야 하는 것이다. 일국의 교육부 장관 후보가 Historical과 Historic을 구별 못해 온 국민을 상대로 잘못된 단어를 사용했으니 그녀를 못마땅하게 생각하던 사람들은 이 기회에 사람 하나 망신 주자고 작정하고 덤벼든 것이다.

Aha! Continual과 Continuous

Historical과 Historic처럼 아직도 엄격하게 그 차이를 지켜 사용해야 하는 단어는 아니라도 비슷한 유형의 단어들이 몇 가지 더 있다. 영어의 '계속하다'라는 의미인 Continue에서 나온 'Continual'과 'Continuous'가 그 한 예이다. 이 두 단어는 현대 영어에서 Historical과 Historic만큼 엄격히 구분해 사용하지는 않고 혼용하는 사람들이 많지만, 이 두 단어도 서로 뜻이 다른 단어이다. 사전에서 찾아봤더니 Continual은 '(짜증스럽도록) 거듭되는 혹은 반복되는'이라는 뜻의 형용사로 나와 있고, Continuous도 형용사로서 '계속되는, 지속되는'이라는 뜻으로 나와 있다. 별 차이가 없는 것 같지만 한 가지 다른 것이 눈에 띈다. '반복'이라는 말과 '지속'이라는 말이다. Continual은 같은 일이 여러 번 반복해서 일어나지만 그 여러 번 사이사이에 휴식 기간이 있을 수 있다. 그러나 Continuous는 꼭 여러 번 일어나지는 않더라도, 한 번 일어날 때 지속적으로 쉼 없이 계속되는 것을 뜻한다.

2017년은 하비(Harvey), 어마(Irma), 마리아(Maria) 등 5급 허리케인이 연속해서 미국 본토에 상륙한 무시무시한 여름이었다. 어느 신문의 기후 변화와 허리케인을 다룬 기사에 "Devastating hurricanes will continually affect our lives"라는 문구가 있었다. 여기서 Continually는 Continual의 부사형으로 '반복적으로'라는 의미이다. 해석하면 "무시무시한 허리케인은 반복적으로 (계속해서) 우리의 삶에 영향을 미칠 것이다"라는 뜻이다. 플로리다 앞바다인 카리브해에서 생기는 허리케인은 주로 플로리다보다 훨씬 남쪽에서 생겨 북상하다 때로 텍사스, 루이지애나, 플로리다 등의 주에 상륙한다. 북상하며 물의 온도가 내려가 힘이 약해지고, 중간중간 여러 섬들에 들르면서 미국 본토에 도착할 무렵에는 잘해야 3급 정도로 약해진다. 4급 정도도 몇 년에 한 번 정도 오곤 했는데 근래 기후 변화로 물의 온도가 전체적으로 높아진 탓에 허리케인이 계속 에너지를 공급받아 세 개나 되는 허리케인이 플로리다, 텍사스 등까지 5급을 유지하며 도착할 수 있었던 것이다. 어마의 경우 미국 영토인 US 버진아일랜드를 강타하고, 쿠바에 오래 머무르며 4급으로 약해졌으나 바다로 나오면서 다시 5급으로 올라가 플로리다를 강타했다.

이렇게 초강력 5급 허리케인이 전례 없이 연속으로 미국을 강타했지만, 날이면 날마다 1년 365일 쉬지 않고 미국을 강타한 것은 아니다. 하비가 오고 2주 있다 어마가 오고, 또 2주 있다 마리아가 오고, 매년 여름 이런 일이 반복되면 '반복적으로(Continually)' 우리 삶에 영향을 미치게 된다. 반면 허리케인 하비는 허리케인으로서의 생을 모두 마친 후에 열대성 저기압으로 미국에서 네 번째로 큰 도시인 휴스턴에 붙박이로 주저앉아 10일간 쉬지 않고 그 지역에 비를 뿌렸다. 열흘 동안 쉬지 않고 계속해서 비를 뿌렸으니 이는 Continuously를 써서 "It rained continuously for 10 days in Houston(휴스턴에 10일간 쉬지 않고 비가 내렸다)"이라고 해야 한다. 10일간 쉬지 않고 비가 내리는 것이 단 한 번 있었지만 그 10일간 중단(Interruption)없이 비가 왔기 때문이다. 참고로 우리가 'be동사 + ing'라고 배운 (현재 혹은 과거) 진행형은 영어로 'Continuous tense'라고 한다. 쉬지 않고 계속하고 있는 것을 표현하는 시제이기 때문이다. 현재 진행형은 'Present Continuous Tense', 과거 진행형은 'Past Continuous Tense'라고 한다.

WOW! Farther와 Further

그럼 이번에는 'Farther'와 'Further'의 차이에 대해 알아보기로 하자. 이 둘은 모두 '멀리'라는 부사의 의미를 갖는 'Far'의 비교급으로 '더 멀리'라는 뜻이다. 이들도 Continual과 Continuous

처럼 흔히 혼용해 사용하는데 엄밀히 말하면 Farther는 '실제 거리상 더 멀리'라는 뜻이고, Further는 좀 더 피상적인 의미의 '더 멀리, 더욱 심오하게, 더더욱'의 의미이다.

우리 동네에는 미국에서도 첫손 꼽히는 웨그만즈(Wegmans)라는 식료품점이 있다. 늘 미국 식료품점 조사에서 1위를 차지하는 우리 동네의 자랑거리로서 멀리서 손님이 찾아왔을 때 "뭘 하고 싶으냐"고 물으면 종종 "웨그만즈에 가보고 싶다"는 대답을 듣는다. 물건도 좋고 특히 제철 과일과 야채를 인근 농장에서 하루에 두 번씩 공급받아 내놓는 청과물과 조리하여 파는 갖가지 음식 그리고 종류를 셀 수 없는 치즈와 올리브 등이 일품이고, 무엇보다 손님이 무엇을 찾으면 하던 일을 멈추고 손님을 데리고 물건이 있는 곳으로 같이 가 찾아주는 직원 교육은 타의 추종을 불허한다.

유명한 배우 알렉 볼드윈이 우리 동네 출신인데 한번은 텔레비전에 나와 자기 어머니를 캘리포니아로 모셔 가려고 아무리 애를 써도 어머니가 싫다고 하여 어머니께 이 동네에 캘리포니아에 없는 무엇이 있길래 이사를 가지 않으려느냐고 물었더니 어머니 답이 "거긴 웨그만즈가 없잖아"였다고 털어놓았을 정도이다. 이 웨그만즈 중에서도 가장 큰 웨그만즈 매장으로 꼽히는 것이 우리 집에서 한 5km 정도 거리에 있고, 웨그만즈와 우리 집 사이 중간쯤에 탑스(Top's)라는 서비스도 물건도 형편없는 식료품점이 하나 있다. 웨그만즈가 우리 집에서 더 멀지만, 나와 우리 동네 사람들은 탑스는 쳐다보지도 않고 늘 웨그만즈로 향한다. 이 말을 영어로 할 때 Farther를 사용해서 "Wegmans is farther away from my house than Top's"라고 한다. "웨그만즈는 탑스보다 우리 집에서 더 멀리 있다"라는 뜻이다. 우리 집과 웨그만즈의 거리는 실제 숫자로 측량이 가능한 거리이기 때문에 이 의미에 맞는 Farther를 써야 한다. 반면 Further는 '더욱'이나 '더 나아가' 등의 의미이다. "We need to research further into this matter"라고 하면 "우리는 이 문제를 좀 더 깊게 (심오하게, 더 깊이) 연구해 봐야 한다"라는 의미로, 실제 거리를 뜻하는 것이 아니라 어떤 문제를 좀 더 깊게 파고들어야 한다는 뜻이다. 이때는 Further를 사용하는 것이 맞다.

그러나 역사적으로(Historically) Further와 Farther는 모두 고대 영어의 'Forðer'에서 나왔다. 두 단어가 비교적 명확하게 구별되었던 시기도 있고, 그렇지 못했던 시기도 있고, Farther가 주로 쓰이던 시기와 Further가 주로 쓰이던 시기도 있다. 근래는 그 차이가 거의 없이 혼용해도 별 문제가 없는 시대이지만 Further가 좀 더 자주 쓰이는 추세이다. '좀 더 내륙으로 들어가'라는 말은 실제 거리를 뜻하는 말이지만 관용적으로 'Farther inland'보다는 'Further inland'라는 표현을 더 자주 쓴다. 위에 내가 예문으로 사용했던 "Wegmans is farther away from my house…"도 실은 "Wegmans is further away from my house…"로 하는 사람들이 많다. 아직까지 두 단어가 한 가지 의미로 합쳐진 것은 아니지만 점점 그 차이가 퇴색해 간다고 해야 할 것이다. 그러니 헷갈리고 잘 모르겠으면 그냥 Further를 사용하면 된다.

Backward와 Backwards

'Backward'와 'Backwards'는 둘 다 '뒤로'라는 의미인데 끝에 S가 없는 Bacward는 형용사와 부사로 모두 쓰고, 끝에 S가 있는 Backwards는 부사로만 쓴다. 형용사는 명사를 꾸며 주는 단어이고, 부사는 동사, 형용사, 또 다른 부사 등을 수식한다. 그러므로 명사 앞에 쓸 때는 S가 없는 Backward만을 써야 하고, 부사로 사용할 때는 둘 중 아무것이나 사용해도 된다.

가령 "They live in a backward part of the country"라고 하면 "그들은 퇴보한(낙후한, 미개발인) 지역에 산다"라는 뜻으로 이때는 S가 없는 Backward만을 사용해야 한다. 왜냐하면 '지역, 부분'이라는 명사 Part를 수식하는 형용사이기 때문이다. 그러나 관용적으로 '무엇이든 수단 방법을 가리지 않고 다 하겠다'는 의미의 'Bend over backward'는 'Bend over(몸을 젖히다)'라는 의미의 동사를 수식하는 부사이므로 S를 붙여 Backwards라 써도 무방하다.

"나는 그 거래를 성사시키기 위해 무엇이든 하겠다"라고 말할 때는 "I will bend over backward(s) to make the deal"이라고 한다. 이때는 S를 붙여도 되고, 생략해도 된다. 하지만 '몸을 뒤로 젖히는 운동'을 지칭할 때는 'Backward bend'라고 S가 없는 Backward를 사용해야 한다. 여기서 Bend는 '뒤로 젖힘'이라는 명사이고 명사를 꾸미는 것은 형용사이기 때문이다. 잘 모르겠거나 헷갈릴 때는 S를 생략하고 쓰면 부사냐 형용사냐 고민할 필요가 없다.

Less와 fewer

간단히 한 가지만 더 소개하면 'Less'와 'fewer'도 차이가 있다. Less는 '소규모의'라는 뜻의 'Little'의 비교급으로 '(양이) 더 적은'이라는 뜻이고, fewer는 '소수의'라는 뜻의 'Few'의 비교급으로 '더욱 소수의'라는 뜻이다. 영어의 명사 중에는 '셀 수 있는 명사'와 '셀 수 없는 명사'가 있다. 가령 돈이나 버터 등은 셀 수 없다. 우리말에서도 '돈 한 개, 두 개' 혹은 '버터 한 개, 두 개'라는 말은 하지 않는다. 이때는 Less를 써서 "I have less money(나는 돈을 더 적게 갖고 있다)" 혹은 "I want less butter(버터를 좀 덜 원합니다)" 등으로 써야 하지만 셀 수 있는 것들은 Fewer를 써야 한다. 식료품점에 가면 물건을 조금 사는 사람들이 빨리 계산하고 나갈 수 있는 줄이 따로 있다. 이 표지판에는 '7 items or fewer(물건 일곱 개 혹은 그 이하)'라고 써야 한다. 왜냐하면 물품이라는 의미의 Item은 셀 수 있는 명사이기 때문이다. 그러나 이것도 자주 헷갈리는지 대부분의 가게들이 '7 or less'라고 써 놓는다. 내가 본 중에는 오직 우리 동네 웨그만즈만이 '7 items or fewer'라고 올바른 영어를 사용한다.

미국 교육부 장관의 단어 실수가 아쉬운 까닭은

미국의 상원은 한 주(州)에 두 명씩 배정되어 100명이 정원이다. 정원이 짝수이고, 인구비례로 선출해 총 400석이 넘는 하원에 비해 수가 적기 때문에 표결할 때 동률이 될 확률이 상대적으로 높다. 미국의 부통령은 상원의 의장으로서 원칙적으로 표결에 참여하지 않지만, 찬성과 반대의 수가 똑같은 경우에 한해 한 표를 행사할 수 있고 이를 동률 혹은 동점을 깨는 투표라고 해서 '타이 브레이킹 보트(Tie-breaking vote)'라고 부른다. 그러나 이런 법은 법으로만 존재했을 뿐 지금껏 부통령이 실제로 표결 때 손을 든 적은 없었는데 데보스는 집권 다수당인 공화당 의원들까지 몇몇 반대표를 던져 50 대 50 동률이 되는 바람에 역사상 처음으로 부통령이 타이 브레이킹 보트를 하여 인준을 받았다. 정치판에 뛰어드는 사람들의 성격이 워낙 망신을 모르는 사람들인지, 아니면 정치판이라는 것이 묘한 매력이 있어 망신도 불사하고 달려들게 만드는 것인지, 데보스는 꿋꿋이 버텨 결국 교육부 장관이 되었으나 무슨 일이 있을 때마다 반대파들은 Historical과 Historic도 구별하지 못하는 교육부 장관이라 말하며 빈정댄다.

솔직히 말해 미국 사람 중에도 그녀의 글에서 무엇이 잘못 되었는지 집어내지 못하는 사람이 생각보다 많다. 내가 사는 곳이 뉴욕주이다 보니 아무래도 내 주변에는 트럼프나 데보스를 지지하는 사람보다는 싫어하는 사람들이 더 많다. 그러나 그녀를 반대하는 사람들도 트위터에서 회자된 그녀의 글을 보며 대체 무엇이 잘못되었는지 집어내지 못하는 사람들이 많아서 내가 "모든 취임식은 내일이면 Historical하게 되는 거지"라고 웃으며 말해 주었을 정도이다. 하지만 Historic과 Historical은 엄연히 그 의미가 다른 단어이고 종종 혼용하는 Continual과 Continuous, Backward와 Backwards, Farther와 Further, 혹은 Less와 Fewer보다 더 철저히 뜻을 구별하여 사용해야 한다. 데보스의 전 국민을 상대로 올린 트윗(트위터는 계정 이름이고, 트위터에 올린 글은 트윗(Tweet)이라고 한다)은 단어를 잘못 사용하여 의미를 제대로 전달하지 못하고 말았다.

공직에 나선다는 것은 영광스럽고 명예로운 일이지만, 자연인으로서는 상상도 할 수 없는 책임과 거센 검증을 각오해야 한다. 나의 고3 독일어 선생님이 Historical과 Historic의 차이를 설명할 때 속으로 '아, 이건 나도 안다'라고 생각했던 기억이 나는 것을 보면 그 이전에 이미 둘의 차이를 배웠던 것 같다. 한국에서 나고 자란 내가 고등학교 때 어쩌면 중학교 때부터 알고 있던 것을 한 나라의 교육을 책임질 미국 교육부 장관이 제대로 구별하지 못한다는 것은 실수든 무식이든 좀 곤란한 것이 사실이다.

콩글리시
: Water Is Self

나의 외할아버지께서는 평안북도 신의주에서 태어나고 살다 38도선이 생겨 남과 북이 갈리자 가족들과 함께 월남한 실향민이다. 말년에 쓰러져서 자리에 누워 계시다 돌아가셨는데 몇 년 누워 계시자 점점 말수도 적어지고, 한번 입을 열면 머리와 꼬리를 자르고 몸통만 말씀하셔서 그 수수께끼 같은 할아버지 말씀을 해독하느라 온 집안이 발칵 뒤집어지곤 했다.

누워 계시니 당연히 이 약 저 약 많이 드셨고, 약은 의사였던 나의 아버지 담당이었다. 아버지가 약을 지어 오면, 내가 그걸 우리 집에서 그리 멀지 않은 할아버지 댁에 가져다 드렸다. 하루는 약을 가지고 가서 할아버지 방에 들고 들어가 "할아버지, 약 가지고 왔어요"라고 했더니 할아버지가 반색하며, "오, 거 잘됐구나. 고저 이 약이 어찌나 좋은지 영어로밖에는 표현할 수래 없어"라고 짙은 평안도 억양으로 말씀하셨다. 곧이어 할아버지는 소싯적에 배운 영어 단어들을 모아, "베타 댄 데아라 나싱(Better than there are nothing)"이라고 큰 소리로 말씀하셨다. 대체 무슨 말씀인지 알아들을 수 없었지만, 좋다는 뜻으로 말씀하시는 것 같아서 집에 와서 좋아하시더라고 전했다.

그런데 할아버지가 돌아가시고 20년도 훨씬 지난 어느 날 운전을 하고 가다 갑자기 그 문장의 뜻이 이해되면서 걷잡을 수 없이 웃음이 터져 눈물 때문에 눈앞이 보이지 않을 정도였다. 그 문장은 주어도 없고, 동사도 없고, 그냥 단어만 한국어 어순으로 가져다 기워 붙인 콩글리시로 "더 좋은 것은 없다"라는 뜻이었다.

Better than

'Better'는 '좋은'이라는 의미의 'Good'의 비교급으로 '더 좋은'이라는 뜻이다. 'Better than'은 'Than 이하보다 더 좋은'이라는 뜻이다. 'There'는 '그곳에'라는 의미도 있지만, 어떤 것의 존재를 나타내는 문장에서 아무 뜻 없는 주어로 온다. "There are three puppies"라고 하면 "강아지가 세 마리 있다"라는 뜻으로, 실제 주어는 강아지이지만 비인칭 주어로 There가 와서 강아지들의 존재를 나타내는 문장을 만든다. 존재를 나타내지만 반대로 부정형은 부재를 나타내는 말이 된다.

'There is nothing'은 '없다'라는 뜻이다. 'There is nothing better than~'이라고 하면 'Than이하보다 더 좋은 것은 없다'라는

뜻이다. 할아버지는 실제 주어 역할을 하는 이 Than 이하를 말씀하지 않았지만, 그 뜻은 "이 약보다 더 좋은 것이 없다"는 뜻이었으므로 Than 이하는 'Medication(의약품)' 혹은 'This Medication' 정도로 하면 될 것이다. 또한 'Nothing'은 복수가 아니라 단수로 받기 때문에 'There are'이 아니라 'There is'로 써야 한다. 그래서 할아버지 말씀을 올바른 영어로 바꾸면 "There is nothing better than this medication"이 되는데, 이렇게 하면 뜻은 명확하지만 할아버지 말씀에 비해 훨씬 재미없고 싱거운 표현이 된다. 영어 표현 중에 비교급을 사용해 사실상 최상급을 표현하는 경우가 있다. 이 경우가 그런 경우로, 결국 이 약보다 더 좋은 약이 없으니 "이 약이 최고다"라는 뜻으로 최상급을 쓰면 "This medication is the best"가 된다.

일상생활 속의 콩글리시

우리 주변에는 콩글리시가 많다. 어떤 경우에는 할아버지처럼 잘 한다고 한 것이 콩글리시가 된 것도 있고, 단어나 문장을 장난삼아 이렇게 저렇게 우리말에 섞어 쓰다, 혹은 일본 사람들이 가져다 자기들 입맛에 맞게 고쳐 쓰던 단어들이 아예 우리말 속에 외래어로 굳어 버린 경우도 있어, 콩글리시 단어들은 우리말에 외래어로 자리 잡은 것들이 많다. 신문의 패션 기사들은 대부분 토씨만 우리말일 뿐 나머지는 영어를 한글로 그대로 옮겨 놓은 것 같다. 어떨 때는 본래의 의미와 상당히 거리가 있는 단어를 사용하는 경우도 있다.

언어는 변화와 지속성이라는 가는 줄 위에서 외줄타기를 하는 존재이다. 늘 쉬지 않고 변화해야 하지만 또 한편 한 사회의 구성원들이 서로 교감할 수 있는 소통의 도구로서 지속성도 함께 지녀야 한다. 우리말에 이미 들어와 일정한 뜻으로 굳어져 널리 통용되는 단어들이 꼭 영어 표현에 맞아야 하는 것은 아니다. 그러나 어떨 때는 '꼰대' 소리 듣기 싫어 그냥 듣고 있는 것이지 상당히 귀에 거슬리는 경우가 있는 것도 사실이다. 이런 말들을 일상에서 자주 사용하는 사람들이라면 이번 기회에 원어의 의미를 제대로 따져 보길 바란다. 영어 공부에 도움이 될 것이다.

명품을 한때 '메이커 제품' 혹은 아예 '메커 꺼(것)'라고 했다. 메이커(Maker)는 다름 아닌 '제조업체'라는 뜻이다. 그러니까 '메이커 제품'이라는 표현은 도무지 말이 되지 않는다. 메이커 없이 만들어진 물건은 있을 수 없기 때문이다. '유명 상표'라고 하거나 '유명 메이커'라고만 했어도 좋았을 것을 '미국 것은 뭣도 좋다'고 하던 시절이라 영어로 말하면 좀 더 고급스러울까 해서 영어를 사용한 것이 그렇게 된 것 같다.

진짜 가죽 제품은 '가죽'이라고 하고 가짜 가죽은 '레자'라고도 했다. 레자는 '레더(Leather)'라는 영어를 일본식으로 발음한 것으로 레더는 다름 아닌 '가죽'이라는 뜻이다. 이것도 도통 말이 되지 않는 외래어이다. 비슷한 경우가 액세서리(Accessory)이다. 이는 '장신구'라는 의미인데 많은 사람들이 액세서리는 '가짜 보석'을 가리킨다고 생각한다. 그러나 액세서리는 진짜 보석이냐 가짜 보석이냐라는 것과 아무 상관없이 반지, 목걸이 등의 장신구를 통틀어 가리키는 말이다. 참고로 미국 사람들은 가짜 다이아몬드를 가리켜 'Faux Diamond'라 부른다. 이건 '가짜'라는 의미의 프랑스어 Faux를 가져다 붙인 말이다.

외래어도 유행이 있는지 계속 바뀐다. 위의 말들이 한창 유행할 때는 내가 어려서였는지 그리 귀에 거슬린다고 생각하지 않았는데, 나이가 드니 못마땅한 것도 많아지고, 귀에 거슬리는 말들이 하나둘씩 생겨난다. 요즘 유행하는 외래어 중 가장 귀에 거슬리는 것을 꼽는다면 '알바'라는 단어이다. 그러나 이는 독일어 동사 '일하다, 공부하다'라는 의미의 Arbeiten과 그 명사형 Arbeit를 '아르바이트'라는 말로 오래 쓰다 줄여진 말이니 그냥 넘어가겠다. 영어에서 나온 말 중에는 단연코 '콜라보'와 '포텐'이라는 말이 귀에 거슬린다. 근래 부쩍 많이 듣는 콜라보는 '공동 작업'이라는 뜻의 영어 단어 'Collaboration'을 줄인 말이다. 포텐은 'Potential'에서 나온 말로 '잠재력, 가능성'이라는 뜻이다. 영어든 한국어든 심하게 줄인 말을 별로 좋아하지 않는 모난 성격의 나만 빼고 모두가 콜라보나 포텐이라고 하니 뭐라 더 할 말은 없지만, '코라보'라고 하지는 말라고 충고하고 싶다. 코라보라고 하면 영어의 'Corroboration'을 줄인 말로 오해하기 쉬운데 이는 전혀 다른 '확실하게 함, 보강 증거'라는 뜻이다.

WHAT?

상회, 마트, 슈퍼

꼭 귀에 거슬리는 것은 아니지만 영어 본연의 용법이나 의미와 조금 거리가 있게 사용하는 말들도 있다. 그중 온 국민이 가장 널리 사용하는 말은 뭐니 뭐니 해도 '마트'이다. 내가 자라던 1970년대만 해도 가게 간판을 한자로 써 붙인 집들이 꽤 되어서 어린 내가 읽지 못하는 간판이 많았다. 그 무렵 동네 가게들의 이름은 대부분 '무슨 무슨 상회(商會)'였다. 우리 동네에도 '영신 상회'라는 계란, 파, 콩나물, 우유, 콜라 등을 파는 가게가 있었다. 그러다가 언제부터인지 '상회'가 수퍼도 아니고 '슈퍼'로 바뀌기 시작했고 '영신 상회'도 어느 날 주인아저씨가 큰맘 먹고 한글로 '영신 슈퍼'라고 새로 간판을 해 달았다.

슈퍼마켓(원 발음은 '수퍼'마켓에 가까우나 정해진 표기법에 맞추기 위해 부득이 '슈퍼'마켓으로 표기한다. 슈퍼마켓은 틀린 발음이다)은 각자 바구니에 물건을 담아 계산대에서 일괄적으로 계산하지만, 영신슈퍼는 여전히 들어가 "아저씨, 두부 한 모 주세요" 혹은 "콜라 한 상자 배달해 주세요" 등으로 주인아저씨와 직접 대화를 해야 했다. 그래도 주인아저씨는 상회가 아니라 슈퍼라고 했고, 주인아저씨가 슈퍼라고 하건 말건 어머니는 상회 때나 슈퍼 때나 상호도 없이 그곳을 계속 '가게'라고 부르셨다. 세월이 흘러 대한민국의 동네의 상회들은 모두 슈퍼로 탈바꿈했고, 영신 슈퍼 주인아저씨는 가게를 헐고 그 자리에 크게 집을 지어 세를 놓고 살 즈음 미국의 월마트가 한국에 들어왔다 실패하고 나가면서 슈퍼들은 또 하나둘씩 '마트'로 바뀌기 시작했고, 영신 슈퍼 말년에 동네에 들어와 경쟁했던 럭키 슈퍼도 럭키 마트로 바뀌었다. 거기다 대기업이 운영하는 대형 유통회사들도 앞다투어 '아무개 마트'로 상호를 정하면서, 몇 십 년 만에 슈퍼는 마트에게 왕좌를 내어 주었다.

한국에서 재미를 보지 못해 2006년 철수한 월마트는 인터넷 업체들 때문에 근래 고전하고 있지만, 그래도 아직 세계 최대의 유통기업이다. 미국에는 월마트 이외에도 마트라는 이름을 붙인 전국 체인점들이 여럿 있다. 사전에서 마트(Mart)를 찾아보면 '거래 시장'이라는 뜻이 있기는 하다. 그러나 영어에서 일반적으로 사용할 때, 특히 동네 식료품점 등을 가리켜 '마트'라고 말하는 경우는 거의 없다.

미국 각 동네에는 주변의 농장에서 물건을 가져와 파는 장이 서는데 이를 '농부들의 장'이라는 뜻에서 'Farmers' Market'이라 부르고, 이 장에 자주 가는 사람들끼리는 줄여서 '마켓(Market)'이라고도 한다. 식료품점은 그로서리 스토어(Grocery Store)나 슈퍼마켓 (Supermarket, 수퍼마켓)이라고 칭한다. 동네 식료품점에 다녀와서 원어민에게 "나 오늘 마트 다녀왔어(I went to the mart today)"라고 말하면 열이면 열이 "What?" 하고 되물을 것이다.

셀프와 셀프 서비스

볼 때마다 웃음 짓게 만드는 것이 음식점에 가끔 붙어 있는 '물은 셀프입니다'라는 문구이다. 물은 각자 떠다 먹으라는 것인데 이걸 영어로 옮기면 뭐라고 할까? '물은 셀프입니다'이니 'Water is self?' 여기서 셀프라는 말은 셀프 서비스(Self Service)에서 나온 말이다. 그냥 셀프(Self)라고 하면 '자아, 자신'이라는 의미로, 'Myself'는 '나 자신'이라는 재귀 대명사이다. '너 자신'은 'Yourself', '그녀 자신'은 'Herself',

'그 자신'은 'Himself', '(사물이나 동물을 가리켜) 그 자신'은 'Itself'이다. Self의 복수형은 Selves로서 '우리 자신들'은 'Ourselves', '너희 자신들'은 'Yourselves', '그들 자신들'은 'Themselves'이다. '물은 셀프입니다'를 영어로 직역하면 'Water is self'이고 이를 다시 한국어로 직역하면 '물은 자신입니다'가 되는 것이니 쳐다보고 있노라면 웃음이 난다.

믿기 힘들겠지만, 미국 특허청이 1917년에 클레어런스 썬더스(Clarence Saunders)라는 사람에게 허가한 미국 특허 번호 1242872A는 '셀프 서비스'이다. 요즘은 동네 구멍가게는 자취도 없이 사라지고 편의점이 자리 잡아, 손님이 물건을 고르고 계산대에서 계산을 하는 것이 보편적이지만, 처음부터 그랬던 것은 아니다.

썬더스는 1916년 미국 테네시주의 멤피스에 '피글리 위글리(Piggly Wiggly)'라는 식료품점을 세우고 그 당시로서는 상상도 못했던 셀프 서비스 방식으로 물건을 판매하기 시작했다. 그 전에는 식료품점에 들어가 주인이나 점원에게 "감자 주세요" 혹은 "쇠고기 주세요" 등 직접 이야기를 해서 물건을 받아 왔지만, 피글리 위글리는 물건을 손님이 각자 바구니에 담아 출구 쪽에 있는 계산대로 가져와 일괄적으로 계산을 하고 나가는 방식으로 오늘날 마트의 시초가 되었을 뿐만 아니라 인건비를 줄이는 셀프 서비스 개념을 처음 비즈니스에 도입했고, 이때부터 셀프 서비스라는 말이 생겨나 퍼져 나갔다. 그 후 1947년 프랭크 유릭(Frank Urich)이라는 사람이 손님 스스로 자동차에 기름을 넣는 '셀프 서비스 주유소(Self Service Gas Stations)'를 시작하면서 점차 셀프 서비스 개념이 확산되었다. 이제는 셀프 서비스에도 AI(인공지능 Artificial Intelligence) 개념이 추가되어 은행에서 행원 없이 돈을 찾는 현금지급기는 이미 보편화된 지 오래이고, 얼마 전에는 맥도날드가 '점원이 아예 없는 맥도날드를 만들겠다'고 선언했다.

셀프라는 단어의 의미와 셀프 서비스의 역사를 살펴보면 '물은 셀프입니다'라는 표현은 말이 되지 않는다. 그래도 손님들이 대충 다 알아듣고 각자 물을 가져다 먹으니 이게 또한 언어의 미묘함인가 보다. 그렇다면 '물은 스스로 가져다 마시라'라는 말을 영어로 하면 어떻게 하면 될까? 'Please help yourself with water'라고 하면 된다. 그리고 그 뒤에 덧붙여 'Thank you'라고 써 놓으면 매우 친절한 안내문이 될 것이다.

치킨

내가 셀프와 마트 이야기를 할 때마다 빠뜨리지 않고 덧붙이는 말이 치킨에 대한 것이다. 서울에 가면 길가에 떡볶이 파는 포장마차에서 튀김을 같이 판다. 워낙 튀김을 좋아하는 나는 건강을 생각해 사 먹지는 않지만 수북이 쌓인 오징어 튀김, 고추 튀김, 야채 튀김 등을 늘 한 번 들여다보고 지나간다. 그런데 오징어 튀김이나 고추 튀김은 '튀김'이라고 하면서 닭을 튀겨 놓기만 하면 튀김이라는 말은 사라지고 '치킨'이라고 한다. 양념 치킨은 '양념'이라고 하고, 그냥 튀겨 놓은 닭만을 '치킨'이라고 생각해서 "양념 말고 치킨으로 주문해"라고 말하는 사람도 있다. 얼마 전 달걀 파동이 나 미국에서 흰 달걀을 수입해 왔을 때는 식료품점은 모두 '마트'라 부르고, 닭도 튀겨 놓으면 '치킨'이라 하니, 앞으로 달걀도 껍질이 흰색이면 달걀이 아니라 '에그'라고 부르게 되는 것은 아닌가 싶었다.

닭처럼 전 세계 모든 곳에 살며 알부터 시작해서 온 가족이 인간의 양식이 되는 생물도 그리 많지 않을 것이다. 영어권에서도 닭을 즐겨 먹는데 그래서인지 닭에 대한 어휘가 풍부하다.

암탉은 'Hen'이라고 한다. 요즘은 같은 닭이라도 식용으로 키워 생후 8주 정도에 도축(도축은 영어로 Slaughter라고 하는데 장에서 자기가 기른 닭을 파는 아주머니는 꼭 '수확하다'라는 의미의 Harvest라는 말을 쓴다)하는 닭과 몇 년간 농장에서 알을 낳는 닭이 종류가 다르다. 알을 낳는 암탉은 'Egg Laying Hen'이라고 부른다. 그리고 더 이상 알을 낳지 못하게 된 닭을 도살하면 'Stewing Hen'이라고 하는데 스튜(Stew)는 국물과 건더기가 많은 우리의 찌개 같은 음식이다. 스튜용 암탉들은 몇 년간 알을 낳다 노계(老鷄)로 도살된 것으로, 살이 질겨 오래 삶아 국물과 건더기를 함께 먹기 때문에 그렇게 부른다. 오래 조리만 잘하면 그 맛과 육질은 가히 최고이다. 한국에서도 전에는 '묵은닭'이라는 이름으로 종종 팔았는데, 요즘은 한국에서도 미국에서도 마트에서는 팔지 않고, 위에서 말한 장에 가야 볼 수 있다. 작은 농장에서 닭을 풀어 놓고 키우는 사람들이 한 번씩 가지고 나와 팔기 때문에 사려면 미리 예약해야 한다. 닭장에 가두지 않고 풀어 놓고 키운 닭은 종류에 상관없이 모두 'Free Range Chicken'이라고 한다. Free는 '자유로운, 무제한'이라는 뜻이고, Range는 '지역, 범위'라는 뜻이다.

식용으로 두 달 만에 도살하는 닭들은 오로지 빨리 몸집을 불려야겠다는 일념으로 개량한 품종이라 몸이 비대하여 스스로 번식할 수 없기 때문에 수탉도 번식용과 식용이 따로 있지만 이름은 따로 있지 않고, 'Rooster' 혹은 'Cock'이라고 한다. 거세하여 몸집을 더욱 크게 불린 수탉은 'Capon[k'eipɑ:n]'이라고 한다. 미국에서는 11월 마지막 목요일이 추수감사절(Thanksgiving)이라는 연중 최고의 명절인데, 이때 주로 칠면조 고기를 구워 먹지만, 식구가 적은 집에서는 그보다 조금 작은 케이판을 구워 먹기도 한다. 칠면조는 아무리 작아도 6kg 이하를 찾기 힘들지만, 케이판은 4kg 정도 크기도 많아 조촐하게 명절상 차리기에 적합하다.

그럼 치킨은 무슨 뜻일까? 닭 전체를 가리켜 치킨이라고 한다. 또한 '어린 닭, 병아리'를 치킨이라고 한다.

한국인들이 맥주와 함께 즐겨 먹는 '튀긴 닭'은 뭐라고 부를까? '튀기다'는 영어로 'Fry'이다. 이 동사의 과거 분사형 Fried는 형용사로 '튀긴'이라는 뜻이다. 그래서 튀긴 닭은 'Fried Chicken'이다. 패스트푸드점에 가보면 감자를 튀기는 큰 틀이 있는데 그 안에 기름이 얼마나 들어 있는지 재어 보지는 않았지만, 아마도 상당히 많이 들어 있을 것 같다. 그리고 튀길 때 감자가 그 기름 속에 푹 잠겨 지글지글 튀겨진다. 닭도 이렇게 기름 속에 푹 잠기게 하여 튀기는 것은 깊게 튀긴다고 'Deep Fry'라고 한다. 맥주와 곁들여 먹는 치킨은 대부분 'Deep Fried Chicken'이다. 포장마차에서 파는 튀김이나 일본 음식 덴푸라처럼 튀긴 음식도 모두 같은 방식이다.

미국의 남부 지방에는 아프리카에서 잡혀온 노예들이 백인 농장주 가정에 들어가 음식을 조리하면서 그들의 식문화와 남부 지방 천연의 재료들을 합쳐 '남부 음식(Southern Cusine)'을 만들어 냈다. 남부 지방에는 닭튀김이 상당히 유명한데 버터를 걸러 낸 우유 찌꺼기인 버터밀크(Buttermilk)와 밀가루에 닭을 번갈아 담근 뒤 무쇠 프라이팬에 닭이 완전히 잠기지 않을 정도로 자박하게 기름을 두르고 앞뒤로 뒤집어 가며 튀겨 낸 닭이 상당히 유명하다. 이렇게 튀김옷을 입혀 기름을 자박하게 두른 프라이팬에 지지듯 튀겨내는 요리 테크닉 자체를 '닭튀김 방식(Chicken Frying)'이라고 부르기도 한다. 남부 지방에서 유명한 '치킨 프라이드 스테이크(Chicken Fried Steak)'는 치킨이라는 이름이 붙었지만 실은 쇠고기에 튀김옷을 입혀 닭을 튀기듯 얕은 기름에 튀겨 낸 쇠고기 스테이크를 가리킨다.

Aha! 짐과 헬스장

마트나 치킨, 셀프 말고도 영어 단어이기는 하지만 실제 영어와 거리가 있는 표현들이 꽤 있다. 그중 하나가 스킨이다. 스킨(Skin)은 '피부'라는 뜻이다. 얼굴에 '스킨 발랐다'고 하면 얼굴에 '피부를 발랐다'라는 뜻이 된다. 영어로 이야기할 때 "I put skin on my face" 혹은 "I am wearing skin on my face"라고 하면 듣는 사람의 눈이 휘둥그레져서 "You what?"이라고 반문할 것이다. 이때는 '스킨 로션' 혹은 '로션'이라고 하면 된다.

유명 상표의 매장이 내부 수리를 하면 '리뉴얼 공사'라고 말한다.

건물을 수리하는 것은 'Renovation'이라고 한다. 'Renewal'은 건물 수리와는 별 상관이 없는 말로, 이 단어는 '부활, 재개'라는 뜻이다. 가령 운동하는 곳인 Gym의 회원권 기간이 끝나 이를 갱신하면 'Gym Membership을 Renew했다'고 한다. Renew의 명사형은 Renewal이다.

'Gym'은 'Gymnasium'의 줄인 말로, '운동을 하는 피트니스 클럽(Fitness Club)'이라는 뜻인데 미국에서는 주로 Gym(표기는 짐이라고 하지만 실제 발음은 쥠이다)이라고 한다. 영어에는 헬스장이라는 말이 없다. 또한 근육을 키우는 무산소(Anaerobic) 운동은 여러 이름이 있으나 무게(Weight)를 들어 올렸다 내렸다 하며 근육을 키우는 훈련(Training)이라는 뜻으로 'Weight Training'이라는 말을 많이 쓴다. 혹은 명사형으로 'Workout', 동사형으로 'Work out'이라고 한다. 서울의 한 학원에서 영어를 가르칠 때 어떤 학생에게 영어로 "오늘 뭐 했느냐"고 물었더니 "I did health"라는 대답이 돌아왔다. 이는 "헬스 했다"라는 콩글리시이다. 이때는 "I went to the gym(짐에 갔다)" 혹은 "I worked out at the gym" 등으로 간단히 표현할 수 있다.

이상한 원어 표기법

일상생활의 대화 속에 사용하는 단어나 사람의 이름 등의 표기법에 대해 이야기하자면 할 말은 넘쳐난다. 얼마 전 나는 조선일보에 실린 조화유 씨의 영어 칼럼을 읽었다. 칼럼에서 그는 어떻게 영어 이름 Joseph의 한글 표기가 '조지프'가 되느냐고 썼는데,

답글에 식민사관, 사대주의 등 갖가지 찬란한 단어를 사용해 그를 공격하는 악플이 달렸다. 영어의 한글 표기는 국어를 연구하는 사람들이 모여 만들어 놓고 강요하는 것이기 때문에 천편일률적으로 정해 놓은 것이라 실제 영어 발음과 비교해 들으면 완전히 다른 단어처럼 들리는 것이 많다. '조지프'가 그 한 예이다. 또 다른 남자 이름인 David은 한글 표기로는 '데이비드'인데 한국에서 영어를 오래 가르쳐 한글을 쓰고 읽을 줄 아는 나의 캐나다인 친구 David은 학원에서 새겨주는 명함에 늘 한글 표기로 '데이빗'을 주장하고 학원 직원은 '데이비드'라고 우기고 그러면 내 친구는 "내 이름은 내가 쓰고 싶은 대로 쓴다"고 우기며 싸운다. 어떤 표기가 더 원 발음에 가까우냐는 두 가지 표기를 소리 내어 읽어보면 명확해질 것이다.

나는 이제 표기법에 대해서는 어느 정도 받아들이는 단계에 이르렀다. "한글로는 모든 나라의 말을 소리 나는 대로 표기할 수 있다"는 근거 없는 주장을 어려서부터 늘 듣고 자랐지만, 남의 말까지 완벽하게 표기할 수 있는 표기법은 없다는 것을 알았고, 외국어를 표기한다는 것이 그리 녹록한 일이 아니라는 것도 인정하게 된 것이다. 단지 한 가지 우리 한글 자랑만 하지 말고, 훌륭한 우리의 한글로 사람 이름 정도는 맘대로 정해 놓은 규칙이 아니라 그 이름을 가진 사람들이 발음하는 것에 가깝게 표기하는 노력을 했으면 하는 바람이다.

유명한 테니스 선수 Andy Murray가 있다. 또 피아니스트 중에는 Murray Perahia가 있다. 이들의 이름 Murray는 늘 한글로 '머레이'라고 표기한다. 글 쓰는 이가 조금 다르게 쓰면 편집 과정에서 '머레이'로 고쳐서 돌아온다. 편집자들도 정해진 규칙을 따라야 하기 때문이다. 그러나 Murray라는 이름을 가진 사람 중 자신의 이름을 '머레이'로 발음하는 사람들은 아무도 없다. 인터넷 사전에서 그 이름을 찾아 발음을 들어보고, 표기는 '머레이'라고 하더라도 혹시라도 Murray라는 사람을 만나면 제대로 발음하기 바란다.

Keep Running

언어는 쉬지 않고 변한다

Drone(드론)은 우리 모두 '원격 조종으로 움직이는 비행물체'로 알고 있다. 그런데 실제 이 단어의 본래 의미는 '수개미' 혹은 '수벌'이다. 개미와 벌의 수컷은 무위도식하면서 오로지 여왕과 짝짓기를 하는 한 가지 목적으로 태어나고 살아간다. 이들은 공중으로 높이 올라 그중 끝까지 여왕을 따라 가는 수컷이 그 영광을 차지한다. 그래서 여왕개미와 수개미는 날개가 있다.

고대 영어 Dran 혹은 Drœn에서 나온 이 단어의 본 의미는 '(쉬지 않고 나는) 우웅 하는 소리'이다. 수벌과 수개미들이 떼를 지어 공중으로 올라갈 때 이런 소리가 나고, 원격 조종 비행 물체도 이런 소리가 나서 모두 드론이라 부르나 보다. 그러나 미국에서도 어린이들에게 드론이 무엇이냐 물으면 수벌이라고 대답하는 사람은 거의 없다. 벌써 단어의 새로 생긴 의미가 본래 의미보다 강해지고 있다.

언어는 재미있는 존재이다. 단어 하나하나가 원 언어 안에서 늘 쉬지 않고 변한다. 한 언어의 단어가 다른 언어로 수입되어 들어오면 원 언어와 상관없이 또 다른 삶을 살며 진화해 나간다. 마트, 셀프, 치킨, 콜라보가 그런 경우이다. 단어의 삶과 진화, 원 언어에서의 진화, 다른 언어로 들어간 뒤의 진화를 비교해 보면 재미있는 역사 공부도 된다. 우리가 일상생활에 섞어 쓰는 영어 단어들이 영어 문법에 꼭 맞고 미국 사람들이 발음하는 것과 똑같을 필요는 없다 하더라도, 영어를 공부하는 사람이라면 그 단어들을 생각 없이 사용할 것이 아니라 어원을 차근차근 살펴보기 바란다. 영어 단어도 늘고 나중에 요긴하게 사용할 수 있을 것이다. 원어민과 영어로 대화할 때 "콜라보를 진짜 영어로 뭐라고 하더라?"라며 나 자신에게 되묻는 경우가 꼭 있을 것이다.

끝으로 한 가지. '셀카'는 영어로 'Selfie'라고 한다. 이미 정식 단어로 사전에도 올라 있다.

단어 전쟁
: Within or without

서울에서 로펌에 다닐 때 몸이 좋지 않아 친구의 권유로 경락 마사지를 받으러 다닌 적이 있다. 하루는 그곳 원장님에게 마사지를 받는데 원장님이 늘 사용하는 작은 막대로 내 왼쪽 허벅지를 꽉 눌렀고, 나는 너무 아파 '악' 하고 소리를 질렀다. 그러자 원장님이 조용히 말씀하셨다. "여기는 옳고 그름을 심하게 따지는 분들이 많이 아픈 곳입니다." 옆에서 그 말을 들은 친구는 숨이 넘어갈 듯 웃었다. 나중에 주변 사람들에게 이런 이야기를 해주었더니 그 사람들도 모두 파안대소하며 실력 있는 원장님인 것 같다고 자기들도 마시지를 받았으면 좋겠다고 했다.

나는 법대 3년을 졸업하고 뉴욕주 'Bar Exam'에 합격하여 뉴욕주의 변호사가 되었고, 그 후 일정 자격을 갖춰 따로 시험 없이 워싱턴DC Bar에 '편입해(Waive-in)' 들어갔다. 산더미같이 쌓여 줄어들지 않는 읽을거리들(Reading Assignments)과 시시각각 다가오며 숨통을 조이는 숙제 제출일(Deadline)로 힘들었지만, 그래도 옳고 그름을 심하게 따지는 나의 천성 덕분에 즐겁게 지냈다. 매일 무언가를 배우고, 학교에 가 침 튀겨가며 논쟁을 벌인다는 것이 힘든 삶의 원동력이었다. 오히려 힘들었던 것은 지루한 두 달의 'Bar Exam Prep(시험준비)'과 시험을 보고 결과를 기다리던 기간의 스트레스였다.

왜 Bar라고 하는 걸까

네이버 사전에서 '바(Bar)'를 찾으면 '빗장, 카운터' 등의 뜻으로 나와 있다. 옆으로 길게 뻗은 것들을 Bar라고 하며, 술집에 바텐더가 서 있는 옆으로 길게 뻗은 카운터가 Bar이고, 그 카운터에 모여 술을 마시기 때문에 술 마시는 곳을 Bar라고 한다.

미국에는 각 주마다 법조인을 선발, 관리하는 'Bar'라는 것이 있다. 네이버 사전을 찾아보니 '변호사협회'로 나오는데 그건 좀 오역인 것 같다. 변호사협회와 비슷한 단체는 'Bar Association'이라고 따로 있고, Bar는 그 주에서 변호사, 판사, 검사 등으로 일하는 모든 법률인들의 선발, 선서, 징계 등 일체를 주관하는 기관으로서 내가 속한 뉴욕주와 워싱턴DC Bar 등 대부분이 그곳의 법원에서 관할을 한다. 각 주의 Bar가 각각의 시험을 치러 각자의 법률인을 뽑고 그들이 나중에 각자의 선택과 상황에 따라 판사, 변호사, 검사 등이 되는 것이다.

그럼 법률인을 관리하는 곳을 왜 Bar라고 할까? 법정에 들어가

보면, 방청객이 앉아 있는 자리가 맨 뒤에 있고, 그 앞에 피고인, 청구인, 변호인, 검사 등이 앉는 자리가 있고, 그 앞에 판사가 앉는다. 방청객이 앉는 자리와 변호인단 자리를 구분하는 것이 긴 나무로 된 Bar인데 그 이름에 유래해 Bar라고 부르게 되었다고 한다. 참고로 시험은 'Bar Examination', 줄여서 'Bar Exam'이라고 부르고, 바 시험을 보는 것은 'To sit for the Bar Exam'이라고 한다. 시험에 합격하면 선서 'Swearing-in'을 하고 그 뒤에 드디어 Bar의 일원이 된다. 이를 'Admitted to the(New York 혹은 다른 주) Bar'라고 한다. 반대로 규칙을 어기거나 부도덕적인 행위를 해서 바에서 쫓겨나는 것을 'Disbarment'라고 하고 '쫓겨나다'를 'Be Disbarred'라고 한다. "그가 부도덕적 행위로 인해 바에서 쫓겨났다"는 "He is (혹은 has been) disbarred due to unethical behaviors"라고 한다.

시험을 보고 두 달여 통지를 기다리는 동안 나는 별별 악몽을 다 꾸었다. 그중 하나가 어느 큰 방에 앉아 있는데 갑자기 종이 울리더니 한 사람이 들어와 문을 닫고 지금 이 방에 있는 모든 사람은 Bar Exam을 다시 보라고 하는 것이었다. 놀랍게도 그 사람의 이름이 Bar Exam이었다. 나는 Mr. Bar Exam에게 걸어 나가 이미 시험을 봤고, 또 보고 다시 몇 달을 기다릴 수가 없고, "나도 내 인생을 살아야겠다(I've got to move on with my life)"는 취지로 열변을 토하다 깼다. 내가 이 꿈을 생생히 기억하는 이유는 이 꿈을 꾸고 3일 있다가 합격 통지를 받았기 때문이다. 나의 열변이 통했는지 모를 일이다.

합격 통지를 받고 잠시 세법 일을 하다 서울에 있는 로펌에서 원래 내가 집중하고 싶었던 분야에 사람을 뽑는다고 하여 이력서를 보냈는데 채용이 되어 청운의 꿈을 품고 서울로 이사를 갔다. 한국으로 돌아가기 위해 미국 생활을 한창 정리할 무렵 한국의 로펌에서 몇 년 일하다 다시 미국으로 돌아오는 교포 변호사 친구랑 우연히 안부 전화를 했다. 전에는 자신의 일에 대해 별로 말하지 않던 친구가 내가 한국으로 간다니 자신의 경험을 이야기해 주는데 그중 한 가지가 영어에 관한 것이었다. 그의 말에 의하면 한국 로펌에서 자신의 상사에게 영어를 배운 변호사들에게는 우리가 모르는 특별한 규칙이 있고, 자기들이 정해 놓은 사용할 수 있는 단어가 따로 있어 그 이외의 단어를 쓸 경우 그 단어를 결국 가차 없이 편지에서 빼도록 만든다고 했다. 그러면서 문장을 될수록 수동태로 쓰고 같은 단어도 길게 늘여 복잡하게 만들어 놓으면 좋아한다는 말도 덧붙였다.

수동태와 능동태 표현

수동태(受動態, the Passive Voice)는 학창시절 'Be+pp'라고 외우던 것으로, 일반적으로 사용하는 능동태(能動態, the Active Voice)에서 동사의 주체가 되는 주어를 목적어로 만들어 사용하는 것이다. 'You startled me'라고 하면 '네가 나를 깜짝 놀라게 했다'라는 뜻이다. 이는 능동태이다. 왜냐하면 깜짝 놀라게 만드는 주체 You가 주어로 등장하고 이를 당하는 Me가 목적어로 나오기 때문이다. 이를 수동태로 바꿔 목적어 Me를 주어로 끌어내면 "I was startled by you(나는 너에 의해 깜짝 놀라게 되었다)"라는 해괴한 뜻의 우리말이 되는데 영어에서는 흔히 쓰는 표현이다. "Pablo gave this painting to me(파블로가 나에게 이 그림을 주었다)"라는 문장은 'S+V+IO+DO'의 전형적 4형식 문장으로, Me는 간접 목적어(IO, Indirect Object), 그리고 Painting은 직접 목적어(DO, Direct Object)이다. 동사의 주체 Pablo를 위의 예문처럼 맨 뒤에 By 이하로 밀어내고 직접 목적어를 주어로 끌어내면 "This painting was given to me by Pablo(이 그림은 파블로에 의해 나에게 주어졌다)"라는 수동태가 된다.

이렇게 직역하면 무척 이상한 말이 되지만 영어에서는 매우 자연스러운 표현이고, 실은 우리말에도 이 영어의 수동태가 많이 들어와 있다. 나도 영어를 주로 사용하며 살다 보니 별 생각 없이 글을 쓰면 편집자가 '영어의 수동태 표현'이라고 지적하는 경우가 종종 있다. 바로 이 말도 "편집자에 의해 지적되었다"라고 쓰면 영어식 표현이 되고 우리말 어순으로 말하면 "편집자가 지적하였다"일 것이다.

그런데 미국에서 법대에 들어가 'Legal Writing(법률 작문)' 수업에 들어가면 가장 먼저 배우는 것 중 하나가 법률 서면이나 법원 문건을 작성할 때 수동태를 쓰지 말라는 것이다. 법률 문서는 어떤 경우든 자신에게 유리한 사실들을 최대한 수집해 자신감 있게 논리적 주장을 해야 하는데 이때 행동의 주체가 주어가 되어야지 행동을 당하는 목적어가 주어로 맨 앞에 나오면 문장에 힘이 들어가지 못한다는 것이다. 이런 훈련을 법대 3년 내내 받았던지라 이후로 조금 과장하면 수동태와 담을 쌓고 지낸 나는 친구의 말을 들으면서 그리 심각하게 생각하지 않고 그냥 웃으며 흘려들었다.

교과서 영어의 한계

처음 출근하면서 무엇보다 다양한 경험을 하고, 많이 배우겠다는 생각이었다. 아무래도 학교에서 배운 것, 인턴 하며 배운 것들에는 한계가 있기 때문이다. 실제로 그 로펌에 있는 몇 년 동안 많은 것을 배웠고, 그 소중한 경험들을 아직도 늘 감사하게 생각하지만, 한 가지 괴로웠던 것은 내 상사 변호사와 영어 문장을 가지고 사사건건 부딪힌 점이다.

변호사가 간단히 보내는 편지는 간단하게 보인다고 간단하게 쓰는 것이 아니다. 짧게는 몇 시간, 길게는 며칠, 법을 리서치하고, 회의하고, 편지 쓰고, 돌려보고, 고치고, 다시 토론하여 보낸다. 내가 있던 로펌도 예외는 아니었는데, 나의 상사는 매우 유능한 변호사로서 영어 실력도 상당했으나, 미국에 살며 영어를 배운 것이 아니라서 외국에 보내는 영어 편지 작성은 내 임무였다. 늘 편지를 최종 승인해야 하는 나의 상관과 작성자인 나만 만나 마지막 조율을 했는데 그때마다 단어 하나하나를 가지고 실랑이가 벌어졌다.

법률 문서를 작성할 때 단어 하나하나를 고심해서 고르고 다듬는 것은 중요한 일이다. 단어 하나 잘못 써서 문서의 내용이 완전히 빗나가 크나큰 낭패를 볼 수 있기 때문이다. 그러나 나와 상사가 다툰 것은 그런 종류의 다툼이 아니라 그냥 그의 생트집에 가까운 싸움이었다. 나중에는 악몽까지 꾸어가며 '어렵게 시험에 합격하고 청운의 꿈을 품고 일을 시작할 때 이런 걸 기대한 게 아니었는데'라는 생각을 하기도 했다. 그때쯤 피식 웃으며 흘려들었던 친구의 말이 생각

났다. 실제로 내 상사는 자기가 모르는 단어를 사용하면 다 틀렸다고 하고, 그런 말은 법률 용어가 아니라고 하고, 내가 쓴 능동태 문장을 수동태로 둔갑시켜 놓은 신성모독에 준하는 행위도 서슴지 않고 했다. 그리고 친구와 전화 통화하던 그때는 무슨 말인지 잘 이해하지 못했던, "쉬운 말도 길게 늘여 쓰면 좋아한다"는 말도 차츰 이해할 수 있었다.

Aha! Lately와 Of late

법률 작문은 늘 '할 말은 다 하면서 간결하게'가 필수이다. 그런데 가령 '최근에'라는 말을 내가 간결하게 'Lately'라고 쓰면 그걸 다 'Of late'이라고 고쳐놓았다. '필수적인, 중요한'이라는 뜻으로 'Essential'이라 쓰면 'Of the essence'라고 고쳐 놓았다. Of late 혹은 Of the essence는 나도 페이스북에 글을 올리거나 할 때는 가끔 사용하지만, 간결이 생명인 글에 두 단어짜리 Of late보다는 Lately, 세 단어짜리 Of the essence보다는 Essential을 쓰는 편이 훨씬 경제적이다. 그리고 '매해의'라는 말도 'Annual'이라 쓰면 될 것을 굳이 라틴어로 'Per annum'이라고 모두 고칠 때는 '이렇게 힘들게 글을 쓰다니 정성이 뻗쳤다'는 생각이 들었다.

내 비록 따지는 것을 심히 즐겨 늘 허벅지 한 쪽이 당기고 아프지만, 처음에는 그래도 상사의 취향이 그러니 참고 몇 번 의견을 피력해 보다가 금방 고치자는 대로 따랐다. 그러다 어느 하루 단어 하나를 가지고 실랑이를 하다 내가 툭 한마디 뱉었다. "이 세상에 자신이 생각하는 단어와 100퍼센트 똑같이 편지를 쓰는 사람은 자신밖에 없죠. 변호사님이 직접 쓰시죠." 이 말에 화가 머리끝까지 난 나의 상사는 책상에 있던 종이를 허공에 마구 집어 던지며 화를 내기 시작했다. 나는 옆에서 아무 말도 없이 '이 종이 나더러 주우라고 하기만 해봐라'라는 마음으로 그를 빤히 쳐다보았다. 그런데 그가 갑자기 떨어진 종이들을 줍기 시작하더니 자기는 이 단어의 이런 용법을 본 적이 없다고 했다.

WHAT?

without의 정체

문제의 단어는 'Without'이었다. 법은 자기 '관할구역(Jurisdiction)'이 있어서 그 테두리 안에서만 효력이 있다. 그런데 간혹 어떤 법이 주의 경계선, 나라의 경계선 너머에 있는 사람이나 단체에 적용되는 경우가 있는데 이를 법이 긴 팔처럼 뻗어서 적용된다는 뜻에서 '롱암 주리스딕션(long-arm jurisdiction)'이라고 한다. 이렇게 법이 한국 안에서 그리고 밖에서 적용된다는 내용을 설명하면서 내가 'Within or without Korea(한국 안팎)'에서라고 적었는데 Without을 '~없이'라는 뜻으로만 알고 있던 나의 상사는 내가 얼토당토않은 영어를 적어 놓았다고 노발대발한 것이다.

그냥 그간 해왔던 것처럼 직장 상사가 원하는 대로 Within or outside of Korea라고 고쳤으면 되는데 그때는 이미 그 로펌에 1년 넘게 근무하여 자기가 모르는 단어나 표현은 전부 틀렸다고 하는 그와 사사건건 싸우는 것도 짜증이 났고, Without이라고 쓴 것 하나

가지고 밤새 문자 폭탄을 맞은 것도 골이 나서 출근 전에 법률서적 등에서 Within or without이라는 문구가 들어간 책들을 골라 표시하고 사전을 준비해 가서 "이 표현이 맞다. Outside로 바꾸면 운율이 맞지 않아 안 된다"라고 벅벅 우기다 위에서 말한 대로 내가 쓰는 단어가 싫으면 당신이 쓰라는 식으로 들이받고 말았다.

메리엄-웹스터(Merriam-Webster) 사전에서 Without을 찾아보면 1번에 'Outside(밖)'라고 나온다. 그리고 2번에 '~없이라는 부족의 뜻을 나타내는 단어'라고 나온다. 그러나 우리는 중·고등학교, 길게는 대학, 그 후에도 Without이라는 단어는 '~없이'라는 뜻으로만 배우고 외우고 사용해 온 사람들이 대부분이다. 실제 구어체에서는 Outside라는 말을 더 많이 쓰겠지만, 법리적인 글에서는 굳이 어려운 단어를 골라 쓸 필요는 없어도, 글을 단정히 써야 하기 때문에 운율도 무시할 수 없는 것이 사실이다. Without이 그리 수준 높은 어려운 단어도 아니고, Within or without이라고 쓰면 훨씬 글이 매끄럽게 나가니 그 단어를 골라 쓴 것이다. 사실 이제 와 고백하지만, 한번 약을 올려 주려고 일부러 그 단어에 손이 간 이유도 2퍼센트쯤 있었다.

Keep Running

Opine

'의견을 밝히다'라는 의미의 'Opine'이라는 단어를 썼다가 "이건 법률 용어가 아니다"라는 그에게 "잠깐 기다리라"고 하고는 내 방에 가 법대 시절에 사용한 교과서를 들고 와 들이밀며 실랑이를 벌였던 적도 있다. Opine은 Opinion(의견)과 함께 프랑스어의 Opiner(의견을 내다)에서 나온 말로 법관들의 판결문을 인용할 때 "대법관 샌드라 데이 오코너가 (판결문에) 이렇게 적었다"라고 하면 "Justice Sandra Day O'Connor opined…" 라고 종종 쓰는 말이다.

언어를 교과서 밖 세상으로

나도 이제 나이가 들어 기력이 쇠퇴하는지 아니면 그간의 수양의 덕을 보는 것인지 예전에 비해 따지고 싸우는 일이 많이 줄었다. 그래도 아직 허벅지 한구석을 꾹 눌러보면 늘 근육이 뭉쳐 있는 것이 '만약 그 시절로 돌아가면 단어 하나 가지고 또 그렇게 싸워대겠지?' 하는 생각이 들기도 한다. 재미있는 것은 그렇게 싸웠는데 세월이 지나니 결국 그 편지의 최종본에 Without이 들어갔는지 Outside가 들어갔는지, Opine은 뭐라고 고쳐서 보냈는지 도무지 생각이 나지 않는다는 것이다.

내 상사에 대한 존경심은 아직도 변함이 없어 나는 한국에 갈 때면 꼭 그의 사무실로 찾아가 인사를 하지만, 이 일은 영어는, 아니 언어는 학교와 책만으로는 한계가 있고, 언젠가는 책 밖 세상으로 가지고 나가야 한다는 교훈으로 남아 있다. 그는 유능한 변호사이고, 열심히 공부하여 훌륭한 영어 실력을 갖췄지만, 늘 짜인 문구, 짜인 순서대로만 글쓰고 말하는 교과서 영어, 처음 자신이 로펌에 입사해 자신의 상사에게서 배운 한국 로펌 영어에 갇혀 있었던 것이다.

틀리기 쉬운 문법

Grammar

명사의 불규칙 복수형
: Syllabus or Syllabi

유학 초창기에 나는 매 시간 '과연 이번 시간 수업은 다 알아들을 수 있을까?'라는 불안감을 안고 교실로 들어가곤 했다. 한 2년 정도는 교수님께 시험 시간에 영한사전을 꺼내 놓아도 되느냐고 물어봤던 것으로 봐서, 그런 불안감은 몇 년간 나를 따라다녔던 것 같다. 그래서인지 신학기 첫 시간을 무척 좋아했다. 교수님들이 들어와서 자기소개도 하고 교과서 소개도 하고 한 학기 교과 과정을 설명한 '교수학습계획서(Syllabus)'도 죽 훑으며 설명하니까 별로 신경 쓰지 않아도 되고, 잘 들리면 듣는 것이고 아니면 말라는 식으로 앉아 있어도 되니 마음이 편할 수밖에 없었다.

우리 학교는 M-day 수업과 T-day 수업이 있었다. M-day는 월·수·금 수업이 있다고 월요일 즉 Monday의 M을 따서 M-day, T-day

는 화 · 목 즉 Tuesday와 Thursday에 수업이 있다고 T-day 수업이라고 불렀다. M-day 수업은 각 50분 수업이고, T-day 수업은 1시간 20분 수업이었다. 나의 미국에서의 첫 수업은 M-day인 수요일 아침 8시에 시작한 전공 필수 사회학 개론이었다. 그리고 두 번째 시간이 교양 필수 미국사 과목이었다.

사회학 개론 시간은 연세 지긋한 교수님께서 어찌나 말을 천천히 하는지 감사하기 그지없었다. 수업 끝나고 한국에서 하는 식으로 교수님께 감사하다고 인사까지 하고 나와서 걱정을 하며 두 번째 시간 미국사 수업이 있는 교실로 향했다.

미국사는 긴장을 많이 했다. 그 전 날 등록하면서 만난 한국 학생 하나가 "첫 학기에 미국사를 해요? 미국 온 지 이제 한 달도 채 되지 않았는데요?"라며 놀랐던 것이 마음에 걸렸다. 전공 주임 교수님께서 첫 학기는 전공 필수 하나에 교양 필수 세 개로 최소 학점인 12학점만 이수하라고 찍어 주어서 그냥 등록한 것인데, 그 학생 말이 자기는 이민 와서 미국에서 고등학교를 2년이나 다니고, 대학 와서 수강을 했는데도 말을 알아듣기 너무 힘들고 점수가 형편없이 나와 그 과목을 다시 수강했다는 것이다. 게다가 자기뿐 아니라 외국 사람들에게 미국사는 외울 것도 많고 시험 답안을 쓰려면 영작 실력도 좋아야 한다며 여러 가지로 겁을 주었다.

교수님 입 모양이라도 뚫어지게 바라보면 좀 더 잘 들리지 않을까 하는 생각에 교실에 들어가 맨 앞자리를 잡고 앉아 걱정하고 있는데 키가 작고, 언뜻 보면 히틀러처럼 생긴 아주 젊은 교수님이 들어왔다. '에구, 이 양반은 젊어서 말이 빠르겠다' 싶었다.

교수님은 학생들을 보며 "안녕하세요? 제 이름은 테리 빌하츠(Terry Bilhartz)입니다"라고 말을 꺼냈다. 예상대로 말은 전 시간에 비해 훨씬 빨랐다. 하지만 기차 화통을 삶아 잡수신 듯 목소리가 쩌렁쩌렁 울리는 것이 도전할 만하겠다 싶었다. 교수님께서는 계속해서 자신의 부인과 자녀 이야기 그리고 자신의 집안이 모두 공대 출신이라 자기도 덩달아 공대에 진학했다가 낙제하고 학교를 그만두었는데, 다른 학교로 옮겨 역사를 전공하면서 "평생 열정을 쏟을 대상을 찾았다(I found my lifelong passion)"는 말 등 개인적인 이야기를 하고 곧장 교수학습계획서를 설명하기 시작했다.

여기까지 거의 다 알아들은 나는 교수학습계획서도 들어보자 생각했다. "제 사무실 전화번호는 1492번입니다. 콜럼버스가 아메리카 대륙에 도착한 해이지요. 제 사무실은 아마도 사학과 내에서 가장 작은 방일 겁니다(사무실 방 번호는 역사적 연관성이 없는 번호여서 기억하지 못한다). 하지만 저는 작더라도 창문이 있는 방이 좋지, 아무리 커도 창문이 없는 방은 견디기 힘들어요"라고 하면서 일사천리로 말을 이어나갔다. 어느새 나는 걱정도 초조함도 다 잊고, 수업도 아니고 교수학습계획서를 설명하는 교수님의 말씀에 넋을 잃고 빠져들고 있었다.

고대 영어에서 온 복수형

그리고 그날 나는 교수학습계획서 설명을 제대로 들은 덕분에 한 가지 새로운 것을 배웠다. 실라부스(Syllabus)의 복수형은 실라바이(Syllabi)이라는 것이다. 왜 실라부스를 교수님이 복수형으로 말했는지는 그 앞뒤의 말을 알아듣지 못한 탓에 잘 모르겠지만 교수님이 교수학습계획서를 나눠주며 확실히 '실라바이'라고 하셨다. 스마트폰이 있던 시절은 아니었지만, 수업 첫날부터 가방에 영한 사전을 넣고 학교로 갔던지라 '에? 실라바이? 이건 또 뭐야?' 하면서 교수님이 교수학습계획서를 나눠 주는 동안 부랴부랴 사전에서 찾아보았더니 Syllabus의 복수형이라고 나와 있었다.

영어에서 명사의 복수형은 대체로 끝에 S를 붙이면 된다. 발음이 S, SH, CH, X, Z로 끝나면 ES를 붙인다. Boy의 복수는 Boys이고, Glass의 복수는 Glasses이다. 그런데 단어의 어원에 따라 독특한 복수형을 가진 명사들이 있다.

고대 영어(Old Englis)에서 나온 단어들이 많은데 '황소'라는 의미의 Ox는 복수형이 Oxen이다. 그밖에 우리가 잘 아는 Child-Children, Woman-Women, Man-Men, Mouse-Mice, Louse-Lice 등이 모두 고대 영어에서 나온 단어들이다.

고대 영어에서 나온 단어 중 짐승들 특히 주로 무리를 지어 사는 동물들은 단수와 복수형이 변하지 않는 것들이 있다. 사슴(Deer), 물고기(Fish), 무스(Moose), 양(Sheep) 등은 단수와 복수형이 같다. 이들은 늘 무리 지어 살기에 옛 사람들은 이들을 하나든 둘이든 그 이상이든 구별하지 않고 불렀나 보다.

중간에 알파벳 오(O)가 둘, 연거푸 들어 있는 단어들 즉 발(足) 혹은 길이를 측량하는 단위인 Foot, Goose(거위), Tooth(치아) 등이 Feet, Geese, Teeth로 변하는 것도 고대 영어에서 나온 것이다. 역시 고대 영어에서 나온 단어인 Eye(눈), House(집), Hose(물 뿌릴 때 쓰는 호스) 등도 복수형이 Eyen, Housen, Hosen이지만 현대 영어에서는 거의 쓰지 않고 그냥 Eyes, Houses, Hoses로 한다.

라틴어에서 온 복수형

라틴어에서 나온 단어로서 Syllabus처럼 끝이 US로 끝나는 단어 중 복수형이 US에서 I로 바뀌는 단어들이 있다. '선인장'은 영어로 'Cactus'이고, 복수형은 Cacti이다. '초점, 집중'이라는 의미의 'Focus'의 복수형은 Foci[fóusai 혹은 fóukai], '핵(核)'이라는 의미의 'Nucleus'는 Nuclei이다. '곰팡이'라는 의미의 'Fungus[fʌŋgʌs]'의 복수형은 Fungi이다. 파스타 집에 가면 풍기 파스타(Funghi Pasta)가 있다. 각종 버섯을 넣은 파스타이다. Funghi는 이탈리아어로 '버섯'의 의미인, Fungo의 복수형이다. 중간에 H는 푼지로 발음하지 않고, 풍기로 발음하기 위해 삽입한 것이다. 이 H를 뺀 영어의 Fungi [fʌndʒai 혹은 fʌŋgai]는 곰팡이의 복수형이다. 어차피 버섯도 곰팡이의 일종이니 그리 동떨어진 단어들은 아니고 어원은 같다.

유명한 가수들이 함께 앨범을 내면 '옴니버스 앨범'이라고 한다. 라틴어 'Omnibus(옴니부스)'의 의미는 '모두 함께' 혹은 '모두를 위하여'라는 뜻이다. 자동차가 없던 시절 유럽에는 택시 마차나 버스 마차가 있었다. 19세기 초엽부터 프랑스어에서 '버스 마차'를 Omnibus(옴니뷔스)라 부른 흔적이 보이고, 그 후 영국에서도 이를 사용하기 시작했다. 원래는 여러 사람이 한꺼번에 탈 수 있는 큰 마차는 중세 프랑스어의 남성명사 Coche에서 나와 영어화한 'Coach'라는 말이 있으나 Omnibus(옴니버스)도 함께 쓰였다. 그 후 우리가 타고 다니는, 말이 없이 자동으로 다니는 옴니버스가 나오고, 이를 프랑스어에서는 '자동버스'라는 의미의 '오토뷔스(Autobus)'라 부르고 영어에서는 그냥 줄여서 '버스'라 부른다. 그러나 아직 영어권에서 그레이하운드 등 고속버스를 타거나 관광버스를 타면 버스를 '코치'라고 부르기도 한다. Omnibus의 복수형은 Omnibi이다.

하지만 '문어'라는 의미의 'Octopus'는 US로 끝나지만 복수형이 Octopi가 아니다. Octopus는 라틴어에서 나온 단어가 아니라 그리스어에서 나온 말이기 때문이다. 라틴어의 많은 단어들이 그리스어에서 왔지만, Octopus는 그리스어에서 직접 영어로 들어왔고, 그에 맞는 복수형은 Octopodes이다.

위의 단어들은 모두 S로 끝나니 그냥 보통 하듯 끝에 ES를 덧붙여 Syllabus는 Syllabuses, Cactus는 Cactuses, Octopus는 Octopuses 등으로 복수형을 만들어도 된다. 좀 까다로운 사람들은 Cactus의 복수형 정도만 Cactuses를 인정하고 나머지는 라틴어 복수형을 써야 한다고 말하지만, 둘 중 어느 것을 써도 의사소통에는 아무 지장이 없다. 또 'Virus'는 라틴어에서 왔고, US로 끝나지만 복수형은 Viri가 아니라 Viruses이다.

이미 불규칙 복수형을 일상생활에서 자주 쓰고 있는 경우도 있다.

흔히 'Data(데이터)'라는 말을 쓴다. 전화요금 청구서를 봐도 데이터 사용료라는 것이 있다. 영어의 Data는 실은 복수형이고 단수형은 중세 라틴어 Datum(다툼)에서 나온 'Datum(데이텀)'이다. 중세 라틴어에서는 그냥 '주어진 것(들)'이라는 의미였다. 그러다가 1940년대 중반부터 Data를 '전송과 저장이 가능한 컴퓨터 정보'라는 의미로 쓰기 시작하고, 1950년대부터는 'Data Processing(데이터 처리)'이라는 말을 사용하기 시작한다. Datum과 Data가 서로 다른 의미의 단어로서 한 지붕 두 가족 생활을 시작하는 것도 이즈음이다. Data는 스스로 복수형도 되고 단수형도 되는 단어가 되었다. 말을 하거나 글을 쓸 때도 어떤 경우에는 복수 처리를 하고, 어떤 경우에는 단수 처리를 한다. 신문, 방송 등을 통칭해 쓰는 'Media'도 'Medium'의 복수형이다. 그러나 이제 Media의 복수형은 'Medias'로 되어, Data와 마찬가지로 원래의 단수형과 별개의 단어가 되었다.

'Bacteria'도 복수형이다. Data와 같은 종류의 복수형으로, 단수형은 Datum이나, Medium처럼 끝에 UM을 붙여 'Bacterium'이다. Bacteria는 단수로 존재하는 일은 거의 없으니 늘 복수형을 쓰지만, 전문가들이 여러 종류의 박테리아 중 한 종류를 일컬을 때는 Bacterium이라고 하는 경우도 있다.

'Curriculum'은 '교육 과정'이라는 뜻이고, 'Curriculum Vitae'라고 하면 '이력서'라는 뜻이다. 이 단어도 Datum이나 Bacterium처럼 UM으로 끝나는 라틴어 단어이므로 복수는 Curricula이나 Curriculums로도 종종 사용한다. 영어에서 '10년'은 'Decade'라고 하고 '100년'을 뜻하는 '세기'는 'Century'라고 하며, '1000년'은 'Millennium(밀레니엄)'이라고 한다. 라틴어에서 Mille은 1000이다. 아직도 프랑스어, 이탈리아어 등 라틴어 계열의 언어에서는 1000을 Mille이라고 쓰고 스페인어에서는 Mil이라고 쓴다. Milimeter에서의 Milli(밀리)는 '천분의 일'이라는 뜻으로 밀리미터는 '미터의 천분의 일'이다. 라틴어의 천이라는 의미의 Mille 그리고 연(year)이라는 의미의 Annus의 변형인 ENIUM이 붙어 만들어진 Millenium은 1600년대 근대 라틴어부터 나타나는 단어이다. 이 단어도 역시 UM이라는 어미가 붙는 단어로, 복수형은 'Millennia'이다.

그리스어에서 온 복수형

그밖에도 일반적으로 하는 식으로 S나 ES를 끝에 붙여 복수형을 만들면 될 것 같지만 틀리는 경우가 있다. 'Analysis'는 '분석'이라는 뜻이다. '(큰 것을 작은 것으로) 쪼개는 행위'라는 의미의 그리스어 Analysis에서 나온 이 단어는 15~16세기경부터 같은 모양으로 라틴어에 나오기 시작하다가 영어로 넘어왔다. Analysis는 S로 끝나니 끝에 ES를 붙여 Analysises라고 복수형을 만들 법도 하지만 그렇게 하면 틀린다. Analysis의 복수형은 끝에 SIS를 SES로 바꿔 'Analyses'로 써야 맞다.

'(작게) 쪼갬'이라는 의미의 Analysis와 반대로, '종합, 통합'이라는 의미의 'Synthesis'도 그리스어에서 왔다. 그리스어의 '구성(Composition)'이라는 단어가 라틴어로 건너와 '구성(Composition), 모음(Collection)'

을 뜻하는 Synthesis가 되었고, 이어 영어로 들어왔다. Synthesis의 복수형도 같은 식으로 바꾸면 'Syntheses'이다. 그리스어 Krisis에서 라틴어로 넘어온 '위기, 최악의 고비'라는 뜻의 'Crisis'는 Crises로 바뀌고, 그리스어 바시스(Basis)가 그대로 라틴어로 넘어온 '바탕, 기초'라는 뜻의 Basis는 'Bases'로 변한다. 그리스 신화의 복수의 여신 네메시스에서 나온 영어 단어 'Nemesis'는 '숙적'이라는 의미로 쓰는데 복수형은 'Nemeses'이다.

끝이 ON으로 끝나는 단어 중에는 복수형이 ON에서 A로 변하는 것도 있다. '기준(Standard)'이라는 의미의 그리스어 크리테리온(Kriterion)에서 라틴어로 들어왔다가 영어가 된 'Criterion'은 끝에 ON이 A로 바뀌어서 'Criteria'가 되었다. '보이는 것'이라는 의미의 그리스어 Phenomenon에서 나와 중세 라틴어에서 '사실, 발생'이라는 의미로 사용하다 영어로 넘어와 '현상(現像)'이라는 의미가 된 'Phenomenon'도 ON으로 끝나 복수형은 A로 바뀌어 'Phenomena'가 된다.

이탈리아어에서 온 복수형

이탈리아어에서 남성 명사 중 O로 끝나는 명사는 복수형에서 그 O가 I로 바뀐다. 그런 단어들이 영어에 들어왔을 때 간혹 이탈리아어 복수형을 그대로 사용하는 경우가 있다. 음악에서 '협주곡'이라는 의미의 '콘체르토(Concerto)'는 라틴어의 '함께, 화음'이라는 Concertare에서 나온 이탈리아어가 영어로 들어온 단어이다.

'Concerto'의 복수형은 'Concerti'이고, 영어권에서도 그 복수형을 사용하는 경우가 있다.

또한 이탈리아어에서 '농담'이라는 의미의 '스케르초(Scherzo)'는 음악의 한 형식은 아니지만, 베토벤, 브람스 등이 교향곡이나 협주곡 등 큰 곡의 한 악장 등에 즐겨 붙인 이름이다. 딱히 이런 경우의 음악을 '스케르초'라고 부른다고 말하기 힘들 정도로 그냥 작곡가 마음에 따라 붙인 이름인데, 베토벤의 스케르초는 상당히 경쾌하고 가벼운 느낌인 반면 쇼팽은 피아노를 위한 스케르초를 네 곡 썼는데 상당히 무거운 느낌이다. 이 단어도 영어에서 복수형을 'Scherzi'로 쓰는 사람들이 많아서 〈쇼팽의 피아노를 위한 4개의 스케르초〉라고 하면 〈Chopin, 4 Scherzi for Piano〉라고 쓴다. 음악을 얼마나 빨리 혹은 느리게 연주하느냐를 정하는 'Tempo(템포)' 역시 복수는 Tempi이다. 별로 비리지 않아 서양 사람들이 매우 좋아하는 '브론지노(Bronzino)'라는 생선이 있는데 사전을 아무리 찾아도 우리말 이름이 무엇인지 찾을 수가 없다. 이것도 복수형이 'Bronzini'이다. 이 단어들은 모두 Concertos, Scherzos Tempos 혹은 Bronzinos라고 써도 무방하다.

미국 사람들은 호박을 'Zucchini[zu:kí:ni]'라고 한다. 이탈리아어의 호박(Zucchino)의 복수형 Zucchini를 그대로 가져와 사용하는 것인데, 복수형만 영어로 들여와 호박은 단수나 복수나 Zucchini라고 한다. 복수를 Zucchinis라고 하는 사람도 간혹 있으나 단수나 복수나 이탈리아어의 복수형으로 쓰는 것이 보편적이다. 반면 어느 음식

블로그를 읽다 우연히 알게 된 사실이 있다. 영국 사람들은 호박을 칭할 때 프랑스어에서 들여온 'Courgette'이라는 단어를 사용하나 캐나다나 호주에서는 미국과 마찬가지로 Zucchini라고 한다는 것이다. 호박을 특히 좋아하는 사람들은 여행 가기 전에 그 나라에서는 호박을 무엇이라 부르는지 필히 확인하고 가야겠다.

S를 붙이기 애매한 단어들

불규칙 복수형은 아니지만 어디다 S를 붙여야 할지 애매한 단어들이 있다. 군대의 참모총장이나 미국 대통령의 비서실장은 'Chief of Staff'라고 하고, 때로 하이푼(Hyphoon)을 붙여 'Chief-of-Staff'라고 쓰기도 한다. Chief는 '우두머리'라는 뜻이고 Staff는 '직원, 참모'라는 뜻이다. 오바마 대통령의 초대 비서실장은 람 이마뉴엘 (Rahm Emanuel)이었다. 그가 시카고 시장 선거 출마를 위해 사임하자 오바마는 임시 비서실장을 뽑아 1년 정도 근무시키다 정식 비서실장을 새로 임명했다. 그러자 대통령이 되기 전부터 오바마를 못마땅해하던 도날드 트럼프는 "대체 비서실장을 얼마나 자주 갈아치울 것이냐"라는 트윗을 하면서, 'Chief of Staffs'라고 복수형을 썼다. 이건 틀린 영어이다. 참모총장이나 비서실장의 복수는 맨 끝에 S를 붙이지 않고 Chief에 S를 붙여 'Chiefs-of-Staff'라고 한다. Of는 전치사이니 복수형이 없고, 직원이나 참모를 복수화하려는 게 아니라 그 우두머리를 복수화하려는 것이니 Chief의 뒤에 S를 붙인다.

가족관계에도 비슷한 경우가 있다. 영어에서는 결혼한 상대방의 가족은 여자든 남자든 모두 'In-law'라고 부른다. 결혼이라는 법 제도 안에서 가족이기 때문이다. '시집 식구들 혹은 처가 식구들'이라고 말할 때는 'In-law'라고 하고, 복수로는 'In-laws'라고 한다. 그럼 '장모님 혹은 시어머니'라는 뜻의 'Mother-in-law'의 복수형은 무엇일까? 이것도 Chief-of-Staff와 마찬가지로 어머니를 복수화해서 'Mothers-in-law'라고 한다. 이외에도 'In-law'가 붙는 단어들은 모두 Father, Brother, Sister 등을 복수화한다. 길에 지나가는 '행인'은 'Passerby'라고 한다. Passer는 Pass(지나가다)에 ER을 붙여 '지나가는 사람'이라는 뜻이다. By는 '옆에'라는 전치사이다. 그래서 '옆으로 지나가는 사람(행인)'이 된 것이다. 이 단어도 전치사를 복수화하지 않고 명사를 복수화해서 Passersby가 복수형이다.

생활 속에서 배우는 영어

미국사 이야기 하다 그리스어와 라틴어를 거쳐 생선 이야기에 참모총장까지 건너왔는데 그 첫 미국사 수업을 마치고 나올 때는 이미 Syllabus의 복수형 Syllabi가 내 머릿속 깊숙한 곳에 똬리를 틀었다. 그때는 영어 하나만 따라가기도 힘겨운 시절이라 라틴어 어원을 찾아볼 생각은 하지도 못하고, 왜 복수형이 그렇게 되는지도 몰랐지만, 내 머리에 한번 박힌 기억은 오늘날까지 요지부동으로 남아 있다. 그게 바로 살며 생활 속에서 배우는 영어의 위력이다. 그리고 그 시간 이후로 수업이 들리지 않는다고 포기할 것이 아니라 매시간 앉아서 유용한 영어 표현이라도 한두 개 적어 가지고 나오자고 다짐했다.

그러나 그 미국사 수업은 집중하려고 애쓸 필요가 별로 없었다. 오늘도 알아들을 수 있을까 하는 불안한 마음으로 매번 교실로 들어갔지만, 교수님의 카리스마 그득한 수업은 늘 50분 강의가 어느새 끝나버렸는지 아쉬울 정도로 재미있었다. 수업이 재미있으니 나도 더욱 열성적으로 공부했다. 교수님이 첫 시간에 교수학습계획서를 설명하며 말씀하신 대로 매일 교과서를 5페이지씩 읽으며 예습과 복습을 했다. 시험은 객관식 문제에 단답형 몇 문제와 긴 주관식 1문제가 나왔는데, 시험 때면 답안 작성할 때 영작이 힘들까봐 예상 문제를 5~6개 정도 내가 생각해 내고, 그 답안을 미리 작성해 아예 외워 가서 답을 썼다.

미국은 중간고사 기간이 따로 없이 대부분 과목마다 교수님들이 각자 날짜를 정해 한 학기에 네 차례 정도 시험을 보고 학기말 고사를 본다. 약 한 달마다 시험을 보니, 그날만 되면 녹화장에 와서 대본 외우는 배우처럼 그 예상 문제 답을 종이를 보지 않고 중얼중얼 외우느라 고생도 많이 했고, 한 번은 예상 문제에서 나오긴 했는데 두 문제를 혼합한 듯한 하이브리드형 문제가 나와 외워온 답을 머릿속에서 다시 하나의 답안으로 만들어 쓰느라 진땀을 빼기도 했지만 그러면서 영어 실력도 늘었고, 그렇게 열심히 한 덕분에 그다음 학기에 나는 이미 친해져 형이라 부르던, 그 등록하면서 만난 한국 학생에게 자랑스럽게 성적표를 보여줄 수 있었다.

빌하츠 교수님은 지난 2014년 60세 초반의 나이로 갑작스레 쓰러져 세상을 떠나셨다. 교수로서, 학자로서 왕성히 활동했던 교수님. 길에서 만나면 너무도 수줍게, 들릴까 말까한 목소리로 인사를 하셨지만, 강의실에만 들어서면 돌변하여 열과 성을 다해 역사의 소용돌이 속으로 실제 빠져 들어가듯 열정적으로 강의하셨던 교수님이기에 무척 안타까웠다. 교수님의 부인도 잘 알고 있던 나는 교수님의 부고를 듣자 부인께 위에 적었던 교수님의 첫 수업시간 이야기들을 적어 보냈다. 며칠 후 답장이 왔는데 내가 써 보낸 이야기들이 소중해서 온 가족에게 보내 함께 읽었다고 하셨다.

나는 역사 전공도 아니고, 교수님 수업은 몇 십 년 전 단 한 학기 들었던 것이 전부이지만, 아직도 교수님의 그 열정을 경험했다는 것이 감사하고, 실라부스의 복수형이 실라바이라는 것을 알게 해주셔서 더욱 감사하다. 이 글을 읽는 모든 이들이 여기 적힌 단수형과 복수형의 단어들을 모두 한 번씩 사전을 찾아 발음을 확인해 본다면 그도 매우 감사하겠다.

목적어를 찾아라
: Lie, Lay, Lie

미국에 《뉴요커(New Yorker)》라는 유명한 잡지가 있다. 정치 평론부터 추적 기사, 시, 단편소설, 영화 평론, 음식점 기행 등 여러 분야의 글을 싣는 매우 수준 높은 잡지이다. 이 잡지에 종종 글을 기고하는 한편 카피 에디터(Copy Editor)로서 《뉴요커》에 실릴 모든 글의 교정, 교열을 책임지는 사람이 '콤마의 여왕(The Comma Queen)'이라는 별명으로 유명한 메리 노리스(Mary Norris)라는 사람이다.

나는 자동차를 운전하고 갈 때면 늘 NPR(미국 공영 라디오)의 뉴스 프로그램을 듣는다. 어느 하루 오후에 운전을 하고 가며 〈Here and Now〉라는 NPR의 오후 뉴스쇼를 듣고 있는데 메리 노리스가 출연해 올바른 문장의 중요성에 대해 대담을 하고 있었다. 한창 이야기를 하다 프로그램 진행자가 메리 노리스에게 "저는 늘 Lie와 Lay를 혼동해 사용한다고 애청자들에게 지적을 많이 받아요"라며 하소연했다.

자동사 Lie와 타동사 Lay

Lie와 Lay는 미국 사람들도 심하게 헷갈리는 단어 중 하나이다. 가령 "침대에 눕다"라고 말하려면 "I lie in bed" 혹은 "'I lie down in bed"라고 해야 하는데 열이면 적어도 일고여덟 명은 "I lay in bed"라고 한다.

나는 미국에서 요가를 자주 하는데 요가 중에 '샤바사나(Shavasana, 시체 자세)'라는 자세가 있다. 누워서 자신의 호흡에 집중하며, 온몸에 힘을 빼고 짧게는 몇 초 또는 몇 분, 드물게는 몇 시간 누워 있는 것이고, 이는 정식 요가 자세 중 하나로 많은 요가 선생님들이 매우 중요한 자세라고 말한다. 몸의 힘을 모두 빼고 호흡에 집중하며 움직이지 않고 2~3분 누워 있는 것이 그리 쉬운 일이 아니어서 가장 어려운 자세 중 하나이다. 샤바사나도 배를 깔고 누워서 하는 샤바사나와 등을 땅에 대고 바로 눕는 샤바사나가 있어 선생님들이 "엎드리세요" 또는 "등을 땅에 대고 누우세요"라고 말하는데 이때도 올바른 표현은 "Lie on your stomach(직역하면 '배 위에 눕다' 즉 '엎드리다')"와 "Lie on your back('등 위에 눕다' 또는 '등을 땅에 대고 눕다')"이라고 해야 한다. 그러나 거의 대부분의 요가 선생님들이 "Lay on your stomach"라고 하거나 "Lay on your back"이라고 말한다.

반면 내가 1년에 한 번씩 정기검진을 받을 때마다 의사 선생님은 늘 나를 앉혀 놓고 청진기로 숨소리를 들은 뒤 의자 밑에 긴 판을 쭉 꺼내며 "누우세요"라고 한다. 그런데 이 선생님은 "Lie back"이라고 한다. 매우 드물게 문법에 맞게 말해서 내가 "Good grammar(문법이 정확하네요)"라고 했더니 이 선생님이 "What? What did I do(뭐요? 내가 뭐라 그랬는데요)?"라고 반문하는 것이다. 내가 "대부분 Lay back이라고 하는데 선생님은 Lie back이라고 하네요"라고 했더니, 선생님은 "나는 문법에 대해 잘 모르지만 어릴 때 말을 틀리게 할 때마다 어머니가 고쳐 주셔서 그냥 나오는 말들이에요"라고 대답했다.

목적어를 찾아라

'Lie'는 자동사로 '눕다'이고, 'Lay'는 타동사로서 '눕히다'이다. 자동사와 타동사는 다시 완전 자동사, 불완전 자동사, 완전 타동사, 불완전 타동사로 갈라지지만 여기서는 그냥 자동사와 타동사만 생각하도록 하겠다. 동사 중에서도 자동사는 목적어가 없어도 '자동으로' 말이 되는 동사이다. 타동사는 반드시 목적어가 있어야 말이 된다. 그럼 목적어는 무엇일까? 중학교 1학년 영어 선생님께서는 문장을 해석할 때 '을' 혹은 '를'이 붙는 단어를 찾으라고 했다. 나중에 직접 목적어, 간접 목적어 등이 나오면 이것도 예외가 있지만, 중학교 1학년이라면 그 정도면 우선 어려움 없이 목적어를 찾을 수 있다. 여기서도 '을'이나 '를'의 조사가 붙는 단어를 목적어라고 정의하겠다.

동사는 주어가 없어도 완벽한 문장을 만들 수 있다. Go는 자동사이다. 'Go!'라고 하면 '가라'라고 하는 명령문이 되고, 명령문은 자동사 한 단어만 있어도 완벽한 하나의 문장이다. Go 뒤에 어디로 가라는 'To school', 'To church', 'Over there' 등이 붙을 수는 있지만, 이들은 직역하면 '학교로 가라', '교회로 가라', '저곳으로 가라'라는 뜻으로, 조사 '을'이나 '를'이 붙지 않으니 목적어가 아니다.

하지만 같은 동사라 하더라도 Do가 '하다'라는 본동사로 쓰일 때는 그냥 'Do'만 하면 말이 되지 않는다. "도대체 무엇을 하란 말이야?"라는 질문이 곧 따라 나온다. 항공사 승무원을 하는 친구가 서울에서 뉴욕 가는 직행 비행기의 1등실 근무를 하고 있는데 식사 서비스를 마치고 소등을 했더니 딱 둘뿐이던 남녀 승객이 슬쩍 서로 옆자리로 옮겨 앉아 키스를 하더란다. 당황한 친구는 다가가 영어로 "Don't do"라고, 그것도 한국식 발음으로 "돈두"라고 했다고 했다. 승무원이 1등석의 두 승객에게 다가가 "하지 마" 한 것이다. 그 말이 사실인지는 그 자리에 없었기 때문에 모르겠지만, 전후 사정을 모르는 채 "Don't do"라는 말만 들으면 "무엇을 하지 마?" 하고 자연스레 묻게 되고 하다못해 목적격 It이라도 하나 맨 뒤에 붙여 "Don't do it"이라고 해야 말이 된다. 이렇게 '무엇을'이 있어야 말이 되는 동사가 타동사이다.

Lie의 사전적 의미가 '눕다'이고 Lay는 '눕히다' 혹은 '놓다'이면, 이 중 단어를 들었을 때 '무엇을?'이라는 질문이 나오는 단어는 둘 중 어느 것일까? '눕히다'이다. 눕히다는 '무엇을' 눕히는가가 나와야 말을 이해할 수 있다. 영어로 "I lay"라고 하면 "나는 놓는다(혹은 눕힌다)"라는 뜻이다. 그 말을 듣는 사람은 "You lay what?"이라고 묻는다. 대답하는 사람이 "I lay my 'head' on the pillow(나는 나의 '머리를' 베개 위에 놓습니다)"라고 대답하면 비로소 이해가 된다.

반면 Lie는 '눕다'라는 의미로 주어만 명확히 해주면 따로 목적어가 오지 않아도 이해할 수 있는 문장이 된다. 위에서 말한 것처럼 "I lie"라고 하거나 "I lie in bed"라고 하면 주어 I만 가지고도 목적어 없이 문장이 완성된다. 여기서 'In bed'는 '침대에'라는 뜻이고, 직역하면 '침대 안에로'라는 뜻이다. '을'이나 '를'이 붙지 않았으니 목적어가 아니다. 이는 구문(具文)이라는 것인데 이것도 여기서는 생각할 필요가 없고 그냥 왜 목적어가 아닌지만 알면 된다. Lie 뒤에는 습관처럼 'Down'이라는 단어가 잘 붙어서 "I lie down" 혹은 "I lie down in bed"라고 하는데 이때는 'Lie down'을 Lie와 같은 뜻의 숙어로 보면 되고, Down이 목적어는 아니다.

위에서 예를 들었던 "배 위로 눕는다(엎드리다)"와 "등 위로 눕는다", "뒤로 눕는다"에서 '배 위로'와 '등 위로'도 모두 목적어가 아니니 Lie를 써서 "Lie (down) on the stomach"라고 하거나 "Lie (down) on the back", "Lie back (down)" 등으로 써야 한다.

그럼 Lay를 사용하는 예문은 어떤 것들이 있을까? 위에서 말한 "나는 베개 위에 내 머리를 놓는다"라는 의미의 "I lay my head on the pillow"가 있고. "아버지의 무덤 위에 꽃을 놓는다"는 "I lay some flowers on my father's grave"라는 말이 있다. "책 한권을 책상 위에 놓다"는 "I lay a book on the desk"이다. 모두 조사 '을' 혹은 '를'이 붙는 목적어가 오고, "나는 책상 위에 놓는다"라고 하면 대번에 "무엇을 놓느냐?"는 질문이 따라오게 되어 있다. 또 닭이 알을 낳는 것을

'Lay eggs'라고 한다. 닭이 낳아 땅에 놓기 때문이다. 무엇을? 알을. "닭이 알을 낳는다"는 "The chicken lays an egg"라고 하면 된다.

WHAT? Lie와 Lay의 삼단 변화

이번에는 한 단계 높여 이 두 동사의 과거와 과거 분사형인 삼단 변화를 알아보겠다. '눕다'라는 자동사 Lie의 과거는 어처구니 없게도 Lay이다. 타동사 현재형 Lay가 자동사 Lie의 과거형도 되는 것이다. 이것이 사람들의 헷갈림에 부채질을 하는 것 같다. 그리고 과거 분사는 Lain이다. "나는 지금 침대에 눕는다"는 "I lie in bed now"이고, "나는 어제 침대에 누웠다"는 "I lay in bed yesterday" 이다. Lain은 과거 분사로서 수동태나 현재 완료, 과거 완료 등에 쓰는데 여기서는 설명을 생략하도록 하겠다.

'눕히다, 놓다'의 의미인 타동사 Lay는 과거와 과거 분사가 같아서 둘 다 Laid이다. "나는 지금 내 머리를 베개에 누인다(놓는다)"는 "I lay my head on the pillow now"이다. "나는 어제 내 머리를 베개에 뉘였다"는 "I laid my head on the pillow yesterday"이다. 또한 "닭이 어제 알을 세 개 낳았다"라는 과거형 문장은 "The chicken laid three eggs yesterday"라고 한다.

정리를 하면, 자동사 Lie는 '눕다'라는 의미로, 삼단 변화는 Lie-Lay-Lain이다. 타동사 Lay는 '눕히다, 놓다 혹은 (알을) 낳다'의 의미로 삼단 변화는 Lay-Laid-Laid이다.

이제 심하게 헷갈리는 이 상황에 한 가지 더욱 헷갈리는 사실을 덧붙이겠다. 자동사 Lie는 '눕다'라는 의미 이외에 '거짓말하다'라는 의미가 또 있다는 당황스러운 사실이다. 그리고 Lie를 '거짓말하다'라는 의미로 쓸 때도 자동사이기 때문에 목적어는 필요 없고 삼단 변화는 규칙 변화로 Lie-Lied-Lied이다. "내가 거짓말 한 거야"라고 말한다면 간단하게 "I lied"라고 하면 된다. Lie의 현재 분사(~ing)형은 '눕다'나 '거짓말하다'나 모두 Lying이고, Lay의 현재 분사형은 Laying이다.

총정리를 하면 자동사 '눕다'라는 뜻의 Lie는 삼단 변화가 Lie-Lay-Lain이다. 목적어가 꼭 필요한 타동사 '눕히다, 놓다, 알을 낳다'의 의미인 Lay는 삼단 변화가 Lay-Laid-Laid이다. 그리고 '거짓말하다'라는 뜻의 Lie는 삼단 변화가 Lie-Lied-Lied이다. 현재 분사형으로 쓸 때 Lie는 두 의미 모두 Lying이고, Lay는 Laying이다.

미국 친구 하나가 Lie와 Lay를 잘 구별하지 못하겠다고 해서 내가 "You lie down or lay your head down unless you lay down yesterday"라고 말해 주었더니 더 헷갈린다고 했다. 하지만 찬찬히 뜯어 해석해 보면 훌륭한 요점 정리가 될 수 있다. 현재형에서 맞는 것은 분명 'Lie down' 아니면 목적어를 써서 'Lay your head down'이다. 그러나 과거형으로 간다면 'You lay down'이 맞다는 뜻이다. 이 영어 문장을 여러 번 주의 깊게 읽어보면 그 의미가 명확해지고, 이 문장을 외우고 있으면 Lie/Lay 중 어떤 것을 사용해야 할지 혼동스러울 때 좋은 길잡이가 될 것이다.

너무 복잡해서 과거 분사형을 사용하는 수동태나 현재 완료 등의 예문은 들지 않았지만 단 한 가지 목적어가 필요한 타동사 '눕히다, 놓다, 알을 낳다'의 의미인 Lay는 수동태(Be+pp)인 'I am laid' 등으로 쓰지 않기를 권한다. Lay라는 단어 자체를 전반적으로 슬랭으로 쓰는 경우가 종종 있지만, 수동태는 특히나 여기에 그 뜻을 옮기기 힘들 정도로 심히 성(性)적인 표현이 된다. 전에 대학에서 토플을 가르치던 친구가 갑자기 중요한 일이 생겨 수업을 할 수 없다고 내게 사정해서 내 일을 취소하고 친구 대신 수업을 한 적이 있다. 그때도 Lay를 설명하는데 어느 여학생이 "그럼 수동태는 I am laid인가요?" 하고 물었다. 순간 당황스러워 말을 해줄까 말까 망설이다 다른 학생들 앞에서 그 학생이 너무 창피할까 봐 결국 말해 주지 못하고 대충 얼버무리고 넘어갔다. 여기서도 정확한 뜻은 차마 설명하지 못하겠지만 그 뜻을 정확히 이해할 때까지는 함부로 쓰지 말라고 권한다.

Keep Running

문법은 언어 교육의 바탕이다

왜 미국 사람들 특히 젊은이들이 이 두 동사를 그토록 헷갈리는 것일까? 나는 궁극적으로 문법 공부를 게을리한 데서 그 원인을 찾아본다. 나의 학창 시절 고등학교에서 영어 좀 한다는 아이들은 문법을 신들린 듯이 꿰고 있었다. 나도 그 신들린 듯 문법을 꿰고 있던 아이들 중 하나였다. 이제는 많이 잊어 그냥 소리 내어 읽어보고 이상한 곳에서 틀린 것을 찾아내는 경우도 많지만, 그래도 아직 문법에 대해 다른 사람들에 비해 많이 기억하는 편이다.

법대에서 나의 지적재산권법 교수님은 법전 해석을 할 때 "이 단어의 선행사(Antecedent)가 어떤 단어죠?"라고 묻는 경우가 많았다. 법전이라는 것이 단어 하나에 따라 해석이 하늘과 땅처럼 달라질 수 있기 때문에 단어 하나하나를 짚어가며 읽어야 하는 까닭이다. 그런데 선행사를 집어내는 사람은 수많은 학생들 중 늘 한국에서 선생님께 손바닥 맞으며 문법 공부한 나였다. 원어민이 대부분인 그 수업에서 선행사가 무엇인지조차 그 시간에 교수님이 따로 설명해서 알게 된 사람도 꽤 있었다. 자연히 도서관에 앉아 공부를 하고 있노라면 수업 시간에 나를 눈여겨봤던, 미국에서 나고 자란 같은 반 친구들이 가끔 내게 법전을 가져와 "이거 무슨 뜻이니?" 하고 물었다. 그러면 나는 모든 삽입구들을 손으로 가리고 우선 주어와 동사부터 찾으라고 말한 뒤, 그 뒤에 목적어를 찾고 그 뒤에 관계절을 찾고, 관계절을 이끄는 관계대명사의 선행사를 찾으며 해석해 주었다.

Lie/Lay도 결국은 목적어가 무엇인지 알고 목적어를 정확히 집어내는 능력이 없을 때 더욱 헷갈린다. 많은 원어민들이 'Lie down in bed'에서 'Down'이나 'In bed'가 목적어라고 대충 생각해 'Lay down'이라는 말을 쓰는 것도 사실이다. 우리나라에서는 문법 때문에 학생들 영어 실력이 늘지 않는다고 하지만 실은 문법은 모든 언어 교육의 중요한 바탕이 되고 문법 교육 없이는 남의 말은커녕 우리말도 제대로 배우기 힘들다. 단지 문법을 전화번호부에 나온 이름과 번호를 외우듯 전후맥락 없이 줄줄 외우기만 하는 것이 문제일 뿐이다.

나에게는 미국에서 태어나고 자란 사촌들이 몇 있는데 그 사촌들이 가끔 여름방학을 이용해 한국을 방문했다. 나는 늘 영어 수업시간에 숙어를 배우면 '이 표현을 외워뒀다 사촌들이 오면 꼭 한번 써봐야지' 생각하고 숙어를 문법적으로 해부한 후, 여러 다른 인칭의 주어와 다른 목적어와 동사들을 삽입해 혼자 문장을 만들고 반복하여 중얼거리면서 쉽게 말이 나오도록 훈련하고, 사촌이 오면 그 반복 학습한 표현들을 이것저것 써보면서 그들이 그 말을 알아듣는지 시험해 보았다. 어느 해는 사촌들이 아무도 방문하지 않아 2년을 기다렸다 써본 표현도 있다. 이처럼 문법을 정확히 이해하고, 외울 것은 일부러 소리 내어 외우고, 스스로 변형을 만들어 보고(나는 이 변형을 만드는 과정을 '숙어에 생명을 불어넣는 과정'이라고 부른다), 반복하여 쉽게 입에서 나오게 한 후 그것을 실생활에 적용하는 훈련을 시키는 것이 이상적인 언어 교육이 아닐까 한다. 물론 과외만 가지고 될 일이 아니라 스스로 훈련하는 능력을 우선 길러야 가능하다. 어쩌면 스스로 공부하는 능력도 과외를 통해 배워야 하는 요즘 같은 시대에 그리 쉬운 일은 아닐 듯하다.

Dicta, 노래로 익히는 영어

'덧붙이는 말'은 라틴어로 'Dictum'이라고 한다. 영어에서도 법원 판결문 등에 덧붙이는 말을 Dictum 혹은 복수형으로 'Dicta'라고 한다. 나도 중학교 입학 후 영어를 배우기 시작하면서 영어 노래들을 많이 들으며 자랐다. 뜻도 제대로 모르고 하도 따라 불러 외워 버린 가사들 중, 미안한 말이지만 아바의 〈Dancing Queen〉 같은 노래는 이제 와 곰곰히 새겨보면 유치해 도저히 다시 따라 부르기 힘들 것 같은 노래지만, 돈 맥클린(Don McLean)이 빈센트 반 고흐의 생을 노래로 만든 〈Vincent〉라는 노래는 음미하면 할수록 울컥 눈물마저 쏟아질 것같이 아름답다. 사이먼 앤 가펑클의 〈Sound of Silence〉는 음산하고 무섭기까지 하지만 그 단어의 선택이 타의 추종을 불허하는 고품격의 시로 느껴진다.

위에서 "Lay (my, your) head on the pillow"라는 예문을 여러 차례 언급한 것은 이유가 있다. 한창 Lie/Lay를 갖고 씨름하던 중학교 시절, 라디오에서 우연히 옛날 노래를 들었다. 프랭크 시나트라의 목소리로 흘러나온 그 노래의 제목은 "Don't look so sad. I know it's over(슬픈 표정 짓지 말아요. 나는 모든 게 끝났다는 것을 알아요)"라는 가사로 시작하던 〈For the Good Times〉였다. 약간 멋을 부려 의역하면 〈행복했던 그 시절에 부쳐〉쯤 될 것이다.

그 당시 내 영어 실력이 그리 좋지 못해서 가사를 전부 알아들었던 것은 아니지만 그래도 후렴의 한 구절은 정확히 알아들었다. "Lay your head upon my pillow"라는 구절이었다. "베개를 베고 누워요"라는 이 후렴구를 듣는 순간 모든 것이 명확해졌다. '아, 이것이 타동사 Lay의 용법이구나.' 그 노래를 듣는 동안 아무리 애를 써서 자동사 Lie를 사용해 문장을 바꿔보려고 해도 "베게에 머리를 눕혀 보세요"라는 말을 만들 수가 없었다. '머리를'이라는 목적어를 아무데도 끼워 넣을 수가 없고 기껏해야 "이리 와 누워요"라는 다소 느끼한 말밖에는 만들 수가 없었다. 이래서 자동사 Lie와 타동사 Lay를 구별해 사용하는 것이고 이래서 정확히 둘을 구별해 올바른 장소에 각각을 사용해야 하는 것이다. 고등학교 때 영어 선생님께서 칠판에 삼단 변화를 쭉 적어가며 설명할 때는 그냥 '무슨 말인가?' 했던 것이 노래 한 구절을 듣자 명확해졌다.

나는 프랭크 시나트라의 목소리로 들었지만, 이 노래는 실은 미국의 유명한 가수이자 영화배우인 크리스 크리스토퍼슨(Kris Kristoferson)이 작곡하여 자신의 데뷔 앨범에 실은 것을 여러 가수들이 리바이벌하여 불렀고 그중 하나가 프랭크 시나트라이다. 예전에는 첫 구절과 후렴구밖에 아는 것이 없어 그냥 연인들이 헤어지며 "슬픈 표정 짓지 마요. 다 끝났어요"라는 것쯤으로 알았는데, 오늘 이 글을 쓰려고 인터넷에서 가사를 찾아 읽어보니 〈Vincent〉처럼 아름다운 시는 아니지만 그래도 〈Dancing Queen〉보다는 훨씬 시적이고, 무엇보다 내용이 특이하다. 연인이 마음이 맞지 않아 헤어지는 이별이 아니라 한 사람이 죽어가며 사랑하는 사람에게 말하는 듯한 내용이다.

나는 요즘 노래보다는 옛날 노래들이 훨씬 음악적으로 훌륭하다는 생각을 종종 하는데 요즘 가수들도 1970~ 1990년대 노래에 매력을 느껴 자주 리메이크해서 부르는 것을 보면 그리 시대에 뒤처진 생각도 아닌 것 같다. 여기서 내가 언급한 노래들 모두 듣기 편하고 아름다운 노래들이니 한번 찾아 들으며 Lie/Lay의 의미도 새겨보고, 〈Vincent〉의 그 아름다운 가사들의 의미를 사전을 찾아가며 감상하는 것은 어떨까 싶다. 요즘은 'For the good times lyrics' 혹은 'Dancing queen lyrics' 라고 치면 가사들을 금세 찾아볼 수 있다. 전화기에 사전을 펼쳐 놓거나 태블릿에 가사를 펼쳐 놓고 단어 찾아가며 해석해 보고, 노래도 한번 들어보길 권한다. 아마도 〈Dancing Queen〉부터 도전하면 그리 어렵지 않게 시작할 수 있을 것이다. 아, 그리고 크리스 크리스토퍼슨이 바브라 스트라이샌드와 주연한 〈스타 탄생(A Star Is Born)〉의 사랑의 테마인 〈Evergreen〉은 나의 애창곡이다. 사랑을 늘 변치 않는 상록수에 비유한 노래이다. 이 노래도 권한다.

오늘은 하루 종일 귓가에 노래 한 구절이 맴돌 것 같다. "Lay your head upon my pillow …. Hear the whisper of the raindrops…."

조동사(助動詞, Auxiliary Verb), 그 오묘한 세계

중학교 때 그룹 과외를 하다 그 과외가 갑자기 깨지면서 한 달여 즐거운 나날을 보내고 있었는데 어느 날 어머니가 로비를 해서 어머니 동창생 아들 S와 그의 친구들이 하던 과외에 나를 꾸겨 넣었다. 그 과외의 선생님은 S가 다니던 학교의 수학과 영어 과목 선생님이었다. S와 다른 아이들은 이미 학교에서부터 알던 선생님들이라 영어 선생님을 '써진'이라고 불렀고, 나는 왜 그 선생님이 '써진'이라는 별명을 얻었는지도 모르면서 "써진, 써진" 하며 그 그룹에 끼려고 애썼다. 아이들과는 금방 친해지고 몇몇은 같은 고등학교로 진학해 아직도 친한 친구로 남아 있지만, '써진'은 영 마음에 들지 않았다.

나는 선생님 입장에서 보면 맹랑한 아이였다. 초등학교까지는 선생님들을 잘 따르고 말도 잘 듣는 아이로서 선생님들의 사랑을 독차지했는데 어쩐 일인지 중학교에 진학하면서부터 선생님을 심하게 가리기 시작해서 선생님이 내 마음에 들지 않으면 그 과목은 공부를 하지 않았다. 영어는 내가 워낙 관심을 갖고 있던 과목이라 나름 열심히 했지만, 영어로 대화할 실력은 갖추지 못하고 발음은 수준 미달인 영어 선생님이 무조건 문법만 가르치면, 그 선생님은 그때부터 나에게 찍혔다. 그런 선생님이 설명하는 것은 잘 듣지도 않고, 어린 것이 어쩔 수도 없으면서 선생님을 무시했다. 써진도 내가 간 첫날 뉴욕을 '뉴뇩'이라고 잘못 발음해서 나에게 찍혔다.

써진 선생님이 늘 물고 늘어지는 문법 중 하나가 의지 미래와 단순 미래였다. 도표까지 그려가며 '의지 미래 우수수(Will, Shall, Shall), 단순 미래 수우우(Shall, Will, Will)' 하고 읊어댔고 우리는 의지 미래, 단순 미래를 줄여서 '우수수 미래'라고 불렀다. 의지 미래는 의지로 이루거나 바꿀 수 있는 미래형 시제이고, 단순 미래는 단순히 시간만 가면 내 의지와 상관없이 이루어지는 것이다. 이렇게 설명하면 간단하게 들리지만, 이것이 의문형이 되고 부정문이 되고, 주어가 바뀌고, 화자의 의지냐 듣는 자의 의지냐로 넘어가기 시작하면 복잡해진다. 써진 선생도 늘 헷갈려 천장을 쳐다보며 '우수수 수우우'만 외울 뿐 확실한 답을 말하지 못하는 경우가 허다했다.

조동사 Will과 Shall

'Will'과 'Shall'은 조동사이다. Will은 본동사로서 '의지력을 발휘하다' 혹은 명사로서 '의지력'이라는 뜻도 있지만 이는 여기서 언급하지 않겠다. 조동사는 말 그대로 조수 역할을 하기 때문에 조동사이다. Will과 Shall은 조동사 중에서도 미래 시제(時制, Tense)를 나타내는 조동사이다. 조동사 뒤에는 늘 본동사가 원형 혹은 과거 분사로 오기 때문에 조동사는 본동사를 대신해 문장의 시제를 정하고 문장의 강도를 정하는 등 여러 역할을 한다.

조동사의 종류부터 살펴보면 Do/Does는 본동사나 대동사로도 사용하지만 조동사로서 의문문과 부정문을 만들고, 이 문장들이 과거형이냐 현재형이냐 하는 시제도 결정한다. Can은 '~할 수 있다'라는 조동사로서, 본동사가 의미하는 행위를 할 수 있다는 가능성의 뜻을 가진 문장의 평서문, 부정문, 의문문, 부정 의문문을 만든다. 위에서 예를 들었던 Will과 Shall은 미래형 조동사로서 미래형 평서문, 부정문, 의문문, 부정 의문문을 만든다. 'May'는 본동사의 의미에 '할지도 모른다'라는 의미를 더해 잠정적인 의미를 주거나 '하고 싶으면 해도 된다'는 허가의 의미도 된다. 'Have/Has/Had'는 '갖다'라는 동사의 다른 인칭과 시제들이지만 또한 그들은 조동사로서 현재 완료나 과거 완료 시제를 만든다.

'Can', 'Will', 'Shall', 'May' 그리고 조동사로서의 'Have'는 모두 과거형을 갖고 있고 과거 분사는 없다. 왜냐하면 과거 분사를 사용할 일이 없기 때문이다. Can의 과거는 Could, Will은 Would, Shall은 Should, May는 Might이다. 그런데 이 과거형들은 실제로 영어의 '시제 일치(Tense Agreement)'라는 것을 위해 과거 시제를 표현하기도 하지만, 그 나름의 의미를 따로 갖고 있는 독립된 단어이기도 하다. 차근차근 알아보자.

의지 미래와 단순 미래: Will과 Shall

WHAT?

우선 의지 미래와 단순 미래부터 알아보자. "나는 내일 너를 만날 것이다"라고 하면 미래에 만날 것이라는 뜻인데 미래 중에서 '내 의지로 미래에 만나겠다'는 뜻이니 이는 의지 미래이다. 이런 경우 "I will meet you tomorrow"라고 하며, Will이라는 미래형 조동사를 쓴다. 반면 단순 미래는 내 의지와는 상관없이 단순히 시간이 흐르면 이루어지는 것을 말할 때 쓴다. 가령 "시간이 지나면 알게 되겠지"라고 말하려면 영어에서는 '보다'라는 'See'를 종종 사용한다. 우리말의 "기다려보면 알겠지"와 비슷한 말이다. 이는 단순 미래이다. 왜냐하면 내가 보려고 하든 말든 시간이 지나면 보는 것이기 때문이다. 이 경우 "I shall see"라고 쓴다.

2016년 노벨 문학상 수상자로 결정되었으나 본인이 별로 달가워하지 않아 시상식에 참석하지 않은 밥 딜런(Bob Dylan)의 노래 중에 〈I Shall Be Released〉는 매우 심오한 시로서 종교적으로 죄에서의 해방을 감옥에서 출소하는 것에 비유해 쓴 가사인데 여기서 "I shall be released"는 "석방될 것이다"라는 뜻이다. 석방은 누가 해줘야 하는 것이지 내 의지로 되는 것이 아니니 이는 단순 미래로, 이때는 같은 미래형 시제라도 Shall을 썼다고 볼 수도 있겠으나, 가사를 잘 읽어보면 다른 사람의 의지와 상관없이 "나는 석방되고야(자유로워지고야) 말리라"라는 자신의 믿음과 의지를 표현한 것이다. 이렇게 1인칭 단수에 Shall을 붙이면 때로 단순 미래가 아니라 강한 의지의 표현도 되면서 상당히 헷갈린다.

써진 선생님은 일찌감치 나의 관심권에서 벗어나 그가 하는 말에 귀를 닫아 버려 나는 독학으로 과외 공부를 따라가는 기이한 상황에 놓여 있었다. 교과서에는 그리스 신화에 나오는 사랑의 신 에로스(Eros)가 누가 자신의 화살을 달라고 하자 "You shall not have mine"이라고 말하는 대목이 있었는데 그것 딱 한 번 나오고 웬일인지 이 '우수수' 미래에 대한 언급이 없었다. '우수수 미래'는 내가 고등학교를 졸업할 때까지 시험 문제에 나온 적이 없지만 그래도 나에게는 풀리지 않는 숙제였다.

오죽하면 미국에 처음 유학을 갈 때 나의 결심 중 하나가 의지 미래와 단순 미래를 정확히 배우겠다는 것이었다. 그러나 유학 가 주위에 고등학교 갓 졸업하고 대학에 온 같은 반 친구들이 말하는 것을 들어보니 그들도 Will과 Shall을 구별해 사용할 능력이 있어 보이지 않았다. 교수님들이 말하는 것을 잘 들어봐도 '어, 저것은 Shall을 써서 말해야 하는 것 아닌가?'라고 생각한 경우가 있지만 원어민도 이를 정확하게 구별하여 말하는 사람이 없었다. 그래서 질문하는 것을 그만두고 그냥 다들 하는 대로 따라 하기로 했다.

현대 영어에서 특히 북미의 캐나다와 미국 영어에서는 단순 미래와 의지 미래를 정확히 구별해 사용하는 일은 거의 없다. 물론 나의 이웃 할머니는 아직도 Shall을 자주 사용한다. 내가 "내일 아침 10시까지 모시러 갈 테니 준비하고 기다리세요"라고 하면 "I shall"이라고 대답한다. 1인칭 강조용법 Shall로 "반드시 그 시간까지 준비하고 기다릴게"라는 뜻이다. 그러나 그 할머니는 청바지를 'Dungaree'라는 옛날 말로 부르는 분이니 현대 영어를 사용한다고 말하기가 쉽지 않다. 현대 영어에서 문어체를 사용할 때를 제외하고는 Will과 Shall을 그다지 신경 써서 구별해 사용할 필요는 없고 몇 가지 용법만 익혀두면 된다.

강조용법으로서의 'I shall'은 Will을 대신 사용해도 상관없지만, 일상생활에서도 종종 쓸 만한 표현이다. 또 한 가지가 "Shall I?" 혹은 "Shall we?"의 1인칭 단수와 복수 의문문이다. 주로 상대방의 의견을 물을 때 사용하는데 "Shall I open the window?"라고 하면 "제가 창문을 열까요?"라는 뜻이다. "Shall we?"는 "우리 ~할까요?"의 뜻이다. "Let's~"와 비슷하지만 좀 더 완곡한 표현이다. "Shall we dance?"는 "우리 춤출까요?"인 반면, "Let's Dance"라고 하면 "우리 춤춥시다"라는 뜻이다. ""Shalle we go?"라고 하면 "(그만) 갈까요?"라는 뜻인데, 파티에 참석했다가 집에 가고 싶은데 같이 간 사람이 갈 생각을 하지 않을 때 "Shall we?"라고 말해도 뜻이 통한다. 아직도 Shall이 가장 빈번하게 쓰이는 경우가 "Shall we~"이다.

Aha! 부가 의문문

나의 중학교 1학년 교과서 제5과에 부가 의문문(Tag Question)이라는 것이 나왔다. 평서문에 꼬리를 붙여 의문문으로 만드는 것으로, 당시 교과서에 나온 문장은 교과서의 주인공이었던 창호가 지금은 이름을 잊어버린 미스터 베이커의 아들과 축구 경기를 보며 하는 말로 "This gmae is interesting, isn't it?"이었다. "이 경기는 재미있다, 그렇지 않니?"라는 문장이다. 그럼 "우리 춤추자"라는 "Let's dance"처럼 Let's가 나오는 권유형 명령문을 부가 의문문으로 만들려면 어떤 꼬리를 붙여야 할까? "Let's dance, shall we?"라고 하면 된다. 이때도 함께 춤추고 싶은 사람에게 다가가 약간의 손 제스처를 섞어 "Shall we?"라고 해도 된다.

의무나 금지

Shall의 또 하나의 용법이 의무나 금지를 나타내는 것이다. "Thou shalt not steal"이라는 문장을 놓고 보자. Thou는 You의 고어이다. Shalt 역시 고어로서 Shall의 2인칭 현재형이다. Thou는 You로 고치고, Shall은 현대 영어에서 인칭 변화가 없으므로 Shalt를 그냥 Shall로 바꾸면 된다. "You shall not steal"은 기독교의 십계명(十誡命, the Ten Commandments) 중 하나로 "도둑질 하지 말라"라는 뜻이다. 이는 금지의 의미로, 이 말을 듣고 있던 모세의 의지가 아니라 모세에게 이 계명을 내리는 화자인 기독교의 신의 의지를 표현하는 말이다. 다시 말해 "I will not let you steal(나는 네가 도둑질하도록 허락지 않겠다)"라는 의미이다. 평서문으로 바꿔 "You shall steal the diamond"라고 하면 "너는 그 다이아몬드를 훔칠 것이다"라는 뜻이다. 말하는 사람의 명령 혹은 의지를 나타낸 말로서 "I will make you steal the diamond(나는 네가 그 다이아몬드를 훔치도록 만들겠다)"라는 의미이다.

Shall이 3인칭 단수나 복수와 만나도 역시 강제의 의미를 갖는다. “All employees shall report to work by Friday 9 AM”이라고 하면 “모든 직원들은 금요일 오전 9시까지 출근을 하라(혹은 해야만 한다)”라는 강제의 의미이다. 법률용어로서 Shall도 이런 강제의 의미를 가진다. 법조문이나 계약서에서 Shall이 써 있다면 조심해서 살펴봐야 한다. ‘Shall~’이라고 한다면 선택의 여지가 없고 ‘그렇게 해야만 한다’는 의무 조항이기 때문이다.

허가 혹은 재량권

반면에 Shall이 아니라 ‘May~’ 하고 나오면 꼭 할 필요는 없지만 ‘그렇게 해도 무방하다’는 허가 혹은 재량권 조항이다. 미국 이민법에서는 불법 체류자를 추방할 때 법무장관의 재량으로 일정 기준을 마련하고 실행한다. 이때 “Attorney General may deport~”라고 쓴다. “법무장관은 (불법체류자를) 추방할 수 있다”라는 표현이다. 법무장관은 재량껏 일정한 기준을 만들고 그에 의거해 추방을 해도 되고 하지 않아도 된다는 허가의 의미이다.

지금껏 본 것같이 의지 미래와 단순 미래는 그리 걱정할 문제가 아니다. 써진 선생님은 유난스레 매달렸지만 학교 시험 문제로 나온 것을 본 기억이 없다. 별로 중요하지 않기 때문일 것이다. 굳이 ‘우수수’ 따질 필요 없이 예를 들었던 ‘I shall’, ‘Shall I?’, ‘Shall we?’ 그리고 의무나 금지를 나타내는 ‘You shall (not)’, 3인칭의 ‘Shall (not)’, 거기에 덧붙여 ‘Shall’과 ‘May’의 차이 정도를 알아두면 된다.

허가의 의미로서의 May

'May'의 '허가'의 의미를 좀 더 설명하겠다. 영어 시간에 가게에 가면 점원이 "Can I help you?"라고 묻는다고 배웠다. 사실이 그렇다. 그러나 문법적으로 따지자면 "May I help you?"라고 해야 한다. 미세한 차이인데 "Can I help you?"는 "내가 육체적으로 도울 능력(힘)이 되느냐"라는 뜻이고 "May I help you?"는 "도와드려도 될까요?"라는 허락을 구하는 말이다. 남의 집에 벨을 누르고 주인이 문을 열면 "Can I come in(들어갈 수 있습니까)?"라고 물을 수 있고, "May I come in(들어가도 될까요)?"라고 물을 수도 있는데 문법적으로 맞고 더욱 공손한 표현은 'May I'이다.

때때로 미국의 가정 교육이 상당히 엄하다는 것을 느낄 때가 있다. 아직도 많은 가정에서는 아이들이 저녁 식사를 하러 앉은 뒤 아빠나 엄마가 "먹자"고 할 때까지 조용히 앉아 기다려야 하고, 다 먹은 후에도 역시 아빠나 엄마가 "You may leave the table now(이제 식탁을 떠나도 좋아)"라고 허락할 때까지 떠나지 못하고 조용히 앉아 있어야 한다. 이렇게 가정교육을 신경 써 시키는 부모들은 어린 아이들이 "Mom, can I have it(엄마 나 그거 가져도 돼요)?"라고 물으면 'May, may'라고 하면서 'May I'로 고쳐 말하라고 가르친다.

잠정적 의미로서의 May

May는 'Maybe'라고 쓸 때는 '아마도'의 의미도 있다. 또 그냥 May에 본동사를 함께 사용하여 비슷한 뜻을 만든다. "Maybe I will go to the concert"나 "I may go to the concert"는 모두 "아마도 그 콘서트에 갈 거야"라는 미래의 잠정적 의미이다.

'Might'는 May의 과거이지만 독립적으로 May와 비슷하게 '아마도'의 의미를 갖는다. "I might go to the concert"라고 하면 위의 두 문장과 비슷한 의미로 "아마 그 콘서트에 갈 거야"라는 뜻이다. Might의 부정형 'Might not'은 줄여서 'Mightn't'라고 쓰는데 요즘은 거의 쓰는 것을 보지 못했다.

미국 문학계 추리탐정 소설의 대부라고 하면 누가 뭐라 해도 대실 해밋(Dashiell Hammett)을 꼽는다. 그의 소설에 늘 등장하는 냉혈한이지만 여자에게는 한없이 약하고 그래도 일을 위해서는 가차 없는 복잡한 성격의 탐정이 있는데 그의 이름이 샘 스페이드(Sam Spade)이다. 해밋이 1929년 발표한 그의 대표작 『The Maltese Falcon(몰타의 매)』을 읽어 보면 도입부에 젊은 여성이 사라진 자신의 남자 친구를 찾아달라고 스페이드를 찾아와서 "Mightn't he~?"라는 질문을 계속한다. 그녀의 질문 중 "Mightn't he run away?"라는 것이 있는데, "(우리가 그를 찾고 있다는 것을 알면) 그가 도망가지 않을까요?"라는 뜻이다. 1929년에는 이런 표현도 많이 썼나 보다. 요즘은 거의 듣지 못하는 말이다.

WHAT? 공손한 의미로서의 May

Might의 또 다른 용법으로는 "Might I speak to you for a moment?"라고 하면 "May I speak to you for a moment?"와 비슷

한 매우 공손한 표현으로 "잠시 말씀 좀 나눌 수 있을까요?"라는 뜻이다.

"May I speak to you?"와 "Might I speak to you?" 외에 또 하나의 공손한 표현이 "Could I speak to you?"이다. 그러나 일상생활에서는 "Can I speak to you?"를 훨씬 많이 쓴다. 전화를 걸 때도 "Can I speak to Bob?"이라고 하는 사람이 대부분이다. 'Could I' 혹은 'May I'를 쓰면 좀 더 공손하고 'Might I'는 그리 자주 쓰는 표현은 아니다.

Keep Running

조동사 Do

Do동사를 조동사로 쓸 때는 뭐니 뭐니 해도 문장의 일반동사를 도와 의문문을 만들고, 부정문을 만드는 경우이다. 문장에 Be동사가 있을 때는 의문문에 Do를 사용하지 않아 "What is your name?" 하고 비동사로 의문문을 만든다. 그러나 가령 Know(알다)라는 일반 동사가 올 때는 "What do you know?"라고 Do동사를 사용해 의문문을 만든다. 부정문일 때는 "I don't know"나 "She doesn't know", "He didn't know"라는 식으로, 인칭과 시제에 맞게 Do동사를 부정형으로 만든다. 또한 Be동사가 들어가는 문장도 명령문을 부정문으로 만들 때에는 Do동사의 힘을 빌려야 한다.

"I am afraid (나는 무섭습니다)"를 부정문으로 바꾸면 "I am not afraid"라고 하면 되지만 "무서워하지 말라"는 명령문을 부정문으로 바꾸려면 "Don't be afraid(무서워하지 말라)"로 Do동사를 사용한다.

문어체에서는 "Be not afraid"라고 쓰기도 하나 현대 영어에서는 "Don't be afraid"로 쓰는 것이 대세이다.

또한 Do동사는 일반 동사의 평서문을 강조하는 역할도 한다. 누가 다 아는 이야기를 하면 "I know that"이라고 해도 되지만 "I do know that"이라고 하면 안다는 것을 강조하는 말이다. 이때 Do를 강조해 읽어야 한다. 비슷한 경우로 "He did say that"은 "He said that"의 강조로 "그가 그 말을 했다"라는 뜻이다. 이때도 Did를 강조해서 읽는다. Be동사가 들어가는 명령문으로 "조심하세요"라는 의미의 "Be careful"도 강조 용법은 "Do be careful"이라고 Do를 사용한다.

Would와 Should의 용법

'Would'와 'Should'의 용법은 매우 광범위해서 다 설명할 수가 없다. 몇 가지만 설명하면 Would는 공손한 표현으로서 Will을 대체하여 "Will you come in?"이라고 할 것을 "Would you (please) come in"이라고 하면 상당히 공손한 표현이 된다. 얼마 전에 내가 우리 지역구 국회의원에게 화가 나서 친구에게 "이 사람 어떻게 이럴 수가 있지?"라고 했더니 나보다 그를 더 싫어하는 친구가 반 농담으로 "목을 확 베어 버려"라고 말했다. 나는 다시 "Oh, I wouldn't(would not) go that far"라고 응대했다. "아니 그 정도는 아니고"라는 뜻인데 직역하면 "그렇게 멀리 가지는 않을 것이고"라는 뜻이다. 이를 "I won't (will not) go that far"라고 하면 "나는 그렇게 멀리가지 않을 것이다"라는 강한 표현이 된다. 농담으로 한 말에 이렇게 강하게 답할 필요는 없고, 완곡한 표현으로서 Would를 쓰면 좋다.

또 과거에 어쩌다 한번 일어난 일을 설명할 때도 Would를 쓰면 좋다. 어디를 급히 가려는데 "자동차의 시동이 걸리지 않더라"라고 이야기할 때 "The car wouldn't start"라고 표현하면 좋다. 학교 다닐 때 이 표현을 이해하지 못해 애를 먹었는데 미국에 와서 살다 보니 주변에서 자주 써 절로 내 입에 붙었다.

Should는 상황에 따라 'Must' 혹은 'Have to'를 대신해 사용하면 좋다. 다른 사람 집에 가서 이야기를 하다 "그만 가봐야겠네요."라고 할 때, "I should go" 혹은 "I should get going"라고 이야기하면 분위기상 Must나 Have to보다 적절하다. 또한 Should는 'If절'을 만드는 데도 사용할 수 있어 "If you have any question, plase contact us(만약 질문이 있으면 연락 주십시오)"라는 말에서 If 대신 Should를 넣어 "Should you have any question~"이라고 써도 무방하다.

WOW! Would와 Should의 가정법

위에서 설명한 Would와 Should의 용법들은 극히 단편적인 것들이고 그냥 살면서 배우기 전에는 입에 익기가 힘들다. 그러나 'Would have+pp(과거 분사)', 'Should have+pp', 'Could have+pp'는 과거 사실의 반대를 의미하는 가정법 과거 완료의 종속절에 사용하는 표현인데 잘만 익혀두면 그냥 따로 떼어서 실생활에서 널리 활용할 수 있다. 'Would have'는 '~했을 텐데'이다. "If I had seen you, I would have said hi"라고 하면 "내가 너를 봤다면 인사를 했을 텐데"

라는 뜻이다 'Could have'를 대체하면 "인사를 할 수도 있었을 텐데"가 되고, 'Should have'를 넣으면 "인사를 했어야만 했을 텐데"가 된다. 이들의 축약형은 각각 'Would've', 'Should've', 'Could've'이다.

미국 HBO 방송의 히트 드라마 중에 〈Sex and the City〉라는 것이 있다. 한 에피소드에서 네 여자들이 모여 과거의 후회되는 일들을 이야기하다 그중 한명이 "Oh, would've, should've, could've"라고 하며 자리를 털고 일어났다. "그렇게 할 수도 있었고, 해야 했었고, 할 수 있었겠지만(그런데 지금 와 이런 넋두리가 무슨 소용이니?)"이라는 뜻을 함축하고 있다.

조동사가 문장에 주는 겹겹의 의미

6~7년 전 프랑스의 오르세 미술관이 건물 수리를 하면서 미술관의 소장품들을 미국 캘리포니아주 샌프란시스코의 드영 미술관(de Young Museum)에 1년간 대여해 주어서 그 그림들을 보러 간 적이 있다. 빈센트 반 고흐가 정신병원에서 창문을 내다보며 그렸다는 그 유명한 〈별이 빛나는 밤〉은 뉴욕 현대 미술관(MoMA)에 있다. 오르세 미술관에도 같은 제목의 그림이 있는데 그 오르세의 〈별이 빛나는 밤〉 역시 다른 오르세의 소장품들과 함께 샌프란시스코까지 와 있었다. 뉴욕에 있는 〈별이 빛나는 밤〉과 달리 오르세 미술관의 〈별이 빛나는 밤〉은 별들이 하늘에 빛나고 그 별들이 물 위에 비친 모습이다. 고흐의 푸른색은 사람을 빨아들이는 흡입력이 있다. 깊이를 알 수 없이 두껍게 칠한 물감은 강렬하게 휘몰아치면서도 더

없이 영롱하고 투명하기까지 하여 그 속으로 내가 뛰어들고 싶다.

조동사는 참으로 오묘한 존재이다. 스스로 문장을 완성하지는 못하지만 동사를 원형이나 과거 분사로 묶어놓고 시제, 글의 분위기, 인칭 등 일치와 화법(Agreement and Narration)을 주관한다. 어떨 때는 동사를 도와 문장을 고호의 푸른색처럼 영롱하게도 만들고 강렬하게도 만들고 또 어떨 때는 파스텔을 덧칠하듯 한 단계 낮춰준다. 여기서 살펴본 것들은 그중 매우 한정된 예들이고, 조동사가 문장에 주는 여러 가지 겹겹의 미묘한 변화(subtly)들은 영어를 사용하며 체득하는 수밖에 없다. 쉬운 글부터 시작해서 여러 문장들을 접하다보면 오랜 세월을 거쳐 자연히 몸에 스며들지 않을까 한다. '같은 말이라도 아 다르고 어 다르다'는 말이 있다. 조동사가 바로 이런 일들을 하는 것이다.

인칭 대명사
: I, My, Me, Mine

얼마 전 이미 방영하고 끝난 지 꽤 지난 한국 드라마 한 편을 정신없이 재미있게 보았다. 〈응답하라 1988〉이었다. 우리 세대는 '1988'이라는 말만 들어도 울컥하는 게 있다. 나는 그때 미국에 살고 있었다. 처음 미국으로 갈 때는 우리나라가 이미 굉장히 잘 사는 나라라고 생각하고 갔으나, 막상 미국에 가니 교수님들이나 좀 알까, 한국에서 왔다고 하면 그게 어디 있는 나라냐고 묻는 사람들이 훨씬 더 많았다. 어린 미국의 학생들이 나도 모르는 한국의 보이밴드 이름을 줄줄이 꿰고 있는 요즘 같은 시대가 아니었다.

그러나 88올림픽이 다가오자 현대 자동차가 미국에 상륙하고, 일반 텔레비전 광고에도 한국과 올림픽에서 착안한 것들이 하나둘씩 나오면서 한국을 알고자 하는 사람들이 생기기 시작했다. 나는 동네에서 아는 사람들을 통해 부탁이 들어와 초등학교 등에 가서 한국 문화에 대한 이야기도 해주고, 올림픽 홍보 자료들을 보여주기도 했다. 그리고 88올림픽 개막식 날은 아파트 창문에 대형 태극기를 붙여 놓고 텔레비전을 통해 개막식을 봤다. 하루는 학교에서 돌아와 텔레비전을 켜니 태극기 세 개가 올라가며 〈애국가〉가 나오는데 눈물이 쏟아질 것만 같았다. 여자 양궁 개인전 시상식이었는데 한국 선수들이 금·은·동을 휩쓸어 태극기만 세 개가 게양되고 한국 선수 세 명이 시상대에 서 있었던 것이다.

내가 〈응답하라 1988〉을 심취해 봤던 이유는 분명 노래며 소품이며 그 감격스럽던 1988년 당시를 회상할 것들이 많이 나온다는 것이 큰 이유였다. 그러나 배신도 복수도 출생의 비밀도 없는 이 평범한 이야기가 특별하게 나에게 다가온 것은 그 시절을 추억할 것들이 많다는 이유만은 아니었다. 친구가 이성으로 보이고, 두 친구가 한 친구를 사랑하게 되면서도 끝까지 지켜 낸 우정이 대견하고, 지지리 못살다 올림픽 복권에 당첨돼 '돈벼락 맞아' 졸부가 된 뒤에도 가난하던 시절을 잊지 않는 정봉의 가정이 사랑스럽고 그런 정봉의 가족을 부러워는 해도 시기하지 않는 이웃들이 아름답고, 바둑의 신이 되어서도 늘 골목길과 친구들에게로 돌아가 거기서 안식을 찾는 택이가 따스했다.

그 〈응답하라 1988〉에서 골목길 친구 덕선, 정환, 선우, 동룡이 덕선의 언니 보라에게 과외 지도를 받는 장면이 나온다. 정환과 선우는 공부를 잘하지만, 덕선과 동룡은 전교 꼴등을 다투는 사이인지라 과외 분위기가 이 둘 때문에 어수선했다. 한참 한숨만 쉬던 보라가 덕선과 동룡에게 "아는 단어는 좀 있냐?"고 물었더니 동룡이 "네"라고 하고는 아주 자신 있게 'I, my, me, mine'라고 하자 덕선이 경쾌하게 받아 'You, your, you, yours'라며 인칭 대명사를 읊어대기 시작했다. 그리고 인칭 대명사를 모두 외우자 덤으로 독일어 정관사 'Der, des, dem, den'까지 신나게 외웠다.

요즘도 이렇게 I, my, me, mine라고 외우게 만드는지 모르겠지만, 우리 때는 I, my, me, mine은 중학교 1학년 1학기에도 꽤 초반에 나왔다. 그만큼 영어의 기본이 되기 때문이고, 기본이 되는 것을 우리 때는 이렇게 무조건 읊으며 외우게 만들었다. 그 결과 전교 꼴등을 다투는 동룡과 덕선도 인칭 대명사는 외울 수 있게 되었다. 분명 고무적인 일이다. 나중에 덕선이 항공사 승무원이 되기 위해 토익 시험까지 봤다니 그때도 분명 큰 도움이 되었을 것이다. 허나 방금 외운 것들이 무슨 뜻인지, 언제 어떻게 사용해야 하는 것인지를 모르고 외우기만 했다면 그건 좀 문제가 있다.

나의 대학 시절 전공인 사회학은 사회과학 분야이기 때문에 통계학을 꽤 필요로 한다. 특히 사회학에서도 인구학 쪽으로 넘어가면 연구에 통계는 필수이다. 대학원 때 통계학 교수님은 늘 "계산만 정확하게 하면 낙제할 것이다"라고 우리에게 경고했다. 백만 단위, 억 단위의 숫자를 손으로 계산하기도 힘들고 어차피 계산은 숫자만 정확히 입력하면 기계가 다 해준다. 문제는 계산해서 나온 숫자를 보고 어떤 이야기를 끄집어내느냐에 있다. 왜 이 숫자가 나왔는지, 이

나라 인구 문제에 있어 이 숫자가 의미하는 것은 무엇인지를 해석해 낼 수 없으면 힘들게 계산한 숫자는 그냥 숫자일 뿐 아무런 사회학적 의미가 없고, 나는 통계학 과목을 낙제하고 말았을 것이다.

우리가 I, my, me, mine이라고 외우는 인칭 대명사는 통계학의 숫자들과 마찬가지이다. 기껏 계산은 했는데 그것이 무슨 뜻인지를 모르면 헛고생이 되는 것처럼, 선생님께 손바닥 맞으며 열심히 외웠는데 I, my, me, mine을 어떻게 사용해야 할지, 무엇이라고 해석해야 하는지 모르면 괜히 손바닥만 아프게 된다. 지금부터 이것저것 인칭 대명사에 대해 짚어보자.

소유격, 소유 대명사, 이중 소유격

'I'는 '나는'이라는 뜻이다. 우리말로 해석할 때 '은, 는, 이, 가' 등의 조사가 붙으면 이는 주어이다. 그래서 I는 주격이다. 'My'는 '나의'라는 소유격이다. 'Me'는 '나를 또는 나'라는 목적격이고, 'Mine'은 '나의 것'이라는 소유 대명사이다. 소유격과 소유 대명사는 무슨 차이일까? 소유격은 '나의~'라는 뜻으로 My 뒤에 무엇인가가 나와야 '나의 무엇'이라고 말이 된다.

"My name is Michael" 즉 "나의 이름은 마이클입니다"라고 할 때는 '나의' 다음에 '이름'이라는 명사가 와서 내가 소유하는 나의 무엇을 밝혀줘야 한다. 반면 "나의 이름은 마이클입니다"라는 말을 들은 폴은 똑같이 "My name is Paul"이라고 할 수도 있지만, 줄여서 "Mine is Paul"이라고 할 수도 있다. 이 경우 해석은 "제 것은(저의 이름은) 폴입니다"가 된다. 앞에 마이클이 'My name'이라는 말을 이미 했으므로 이렇게 줄여서 말을 해도 뜻이 통한다.

'나의 이름'을 하나의 대명사로 만들어 '나의 것' 즉 Mine으로 만들어 놓은 것이 소유 대명사이다. 물건이나 이름뿐 아니라 사람에게도 소유 대명사를 쓸 수 있다. "My father is 60 years old"는 "나의 아버지는 60세입니다"라는 뜻이다. 이때 상대방이 "Mine is 60 years old, too"라고 하면 "나의 것(나의 아버지)도 60세입니다"라는 뜻이다. 해석해 놓으면 이상하게 들리지만 영어에서는 전혀 이상할 것이 없이 매우 자주 사용하는 표현이다.

의문 대명사로서 'Who, whose, whom, whose'가 있다. 이때도 소유격을 사용해 "Whose car is this(이것은 누구의 자동차입니까)?"라고 물을 수도 있고, 자동차라는 말을 생략하고 그냥 자동차를 가리키기만 하며 "Whose is this(이것은 누구의 것입니까)?"라고 물을 수도 있다. 첫 번째 문장에서의 Whose는 소유격으로 '누구의'라는 뜻이고, 두 번째 문장의 Whose는 소유 대명사로서 '누구의 것'이라는 뜻이다.

이중 소유격은 또 무엇인가? 가령 "My car is red(나의 자동차는 붉은색입니다)"라고 할 경우 같은 의미이지만 이를 이중 소유격으로 만들어 "The car of mine is red"라고 할 수 있다. 'My~'라고 할 때는 관사를 붙일 수가 없어 'My a car' 혹은 'My the car'라고 할 수 없으나 이중 소유격에는 관사를 붙여 'A car of mine'이나 'The car of mine'이라고 한다.

It, Its, It

3인칭 단수 'It'은 소유 대명사가 없고, 'It, its, it' 딱 세 가지 대명사만 있다. It은 주로 무생물체를 받는 대명사로 많이 쓰지만 그 밖에도 'A dog', 'A cat', 'A child', 'A student' 등 성별을 알 수 없는 3인칭 단수에 두루 쓸 수 있다. "I have a dog. It is a he"라고 하면 "나는 개 한 마리를 가지고 있다. 그것은 수컷이다"라는 뜻이다. 이렇게 말하면 그다음부터는 He로 받아도 된다. "그것의 눈은 파란색이다"라고 한다면 "Its eyes are blue"이다. 여기서 'Its'를 쓸 때 아포스트로피를 넣어 'It's'로 쓰지 않도록 주의해야 한다. It's는 It is의 준말이고 Its는 '그것의'라는 소유격 대명사로 완전히 다른 말이기 때문이다.

나는 대학교 때 학교 오케스트라에서 활동했는데 1년에 한 번씩 피크닉을 갔다. 매년 그 피크닉을 주관하는 팀을 뽑아 그들이 행사를 맡아 계획하고 준비했는데, 오케스트라 리허설 시간에 피크닉 날짜와 장소를 공지하면서 피크닉 준비위원회 회장이 "If you have a child, bring it(아이가 있는 사람은 데려오세요)"이라고 했다. 여기서 Child는 단수라서 남자 아이, 여자 아이 둘 다 될 수 있다. 어느 집 아이가 여자 아이인지, 어느 집 아이가 남자 아이인지 알 수 없으니 'He'나 'She'를 일괄적으로 쓸 수가 없어 'Child'를 'It'으로 받은 것이다.

목적격과 주격을 쓸 때

미국에서 텔레비전을 보는데 어느 여자가 헤어진 연인과

함께 자주 가던 중국집에 갔다가 그 헤어진 연인이 한구석에 혼자 앉아 밥을 먹고 있는 것을 발견한다. 여자가 다가가 둘이 반갑게 인사를 한 뒤 마주앉은 여자가 남자에게 물었다. "사람들이 내가 너를 쫓아냈대. 내가 널 쫓아냈니?" 그러자 남자가 대답했다. "우리 둘 사이에 일어난 일은 우리 둘만이 아는 거야. 그 사람들이 뭘 안다고 그런 말을 하니?"라고 했다. "Only you and I can really know whatever happened between you and I"라고 했는데 여기서 'Bewteen you and I'가 아니라 'Between you and me'라고 목적격을 써야 한다. 'Between'은 전치사인데 전치사 뒤에는 목적격이 와야지 주격이 올 수 없다. 이 문장에서 'You'도 주격 You가 아니라 목적격 You인 것이다. '나'라는 말도 'Me'라는 목적격을 써야 한다.

연전에 오바마 대통령이 간호사 협회에 가서 연설을 하면서 "Nurses have always been nice to Michelle and I(간호사들은 저와 미셸에게 늘 잘 해주었습니다)"라고 했다. 나는 그날 거동이 불편한 옆집 할머니에게 온 편지를 가져다 드리며 그 할머니께 "글쎄 오바마 대통령이 'to Michelle and I'라고 했어요"라고 말했다. 그러자 할머니는 기함을 하며 "Oh my God, that Haravard educated man(오 마이 갓, 아니 그 하버드에서 교육을 받은 사람이)?"라고 하셨다.

이 경우에도 'To'라는 전치사 뒤에 오는 말이므로 'Michelle and me'가 맞는 표현이고 Michelle을 대명사로 바꾸면 "Nurses have always been nice to her and me"라고 해야 한다. 미국 사람들 대다수가 아무렇지도 않게 'Between you and I'나 'Write to you and I' 또는 'Nice to Michelle and I' 등으로 말하지만 옆집 할머니나 나처럼 I, my, me, mine을 줄곧 외우고 있는 사람들은 이런 것들이 모두 거슬리고 견딜 수 없이 짜증이 난다. 말할 때는 그리 신경을 쓰지 않아도 되지만 학교를 다닌다거나 회사를 다니며 글을 써야 할 때는 반드시 지켜야 한다. 일을 하다 보면 서로 이메일을 주고받게 되고, 이런 기본적인 것을 헷갈려 잘못 써 보내는 사람들이 있는데 이런 사소한 것들이 그 사람에 대한 신뢰도에 큰 영향을 주는 것이 사실이다.

위에 예를 든 것과 반대로 주격을 써야 할 곳에 목적격을 주로 쓰는 경우도 있다. "그는 나보다 어리다"를 영작하면 뭐라고 할까? 영어 표현을 직역하면 "그는 내가 젊은 것보다 더 젊다"라고 해야 한다. "He is younger than~"이라는 표현에서 열의 아홉은 Than 이하에 Me라고 적어 넣는다. 그리고 그렇게 말해도 의사 전달에 아무 문제가 없다. 그러나 실제로 맞는 말은 목적격 Me가 아니라 주격 I이다. 왜냐하면 그의 나이와 나를 비교하는 것이 아니라 그의 나이와 나의 나이를 비교하는 것이기 때문이다. 우리말로 하면 "나보다 네가 더 젊다"라고 하면 되지만 영어 표현은 "내가 젊은 것보다 네가 더 젊다"라고 해야 하니까 그것을 영어로 옮기면 "You are younger than I am young"이고, 이것을 줄여서 "You are younger than I" 혹은 "You are younger than I am"이라고 해야 맞는 것인데 그것도 더 줄여 대부분 "You are younger than me"라고 한다. "He is taller than I am tall(그는 내가 큰 것보다 더 키가 크다)"이나 "She is prettier than you are pretty(그녀는 네가 예쁜 것보다 더 예쁘다)"라고 하거나 "He is taller than me" 또는 "She is prettier than you" 등으로 간단히 표현할 수 있다. 이 영어식 표현은 우리말의 표현 방식과 완전히 다르니 자꾸 사용해서 몸에 익히는 것이 좋다. 일단 몸에 익힌 다음에는 간편하게 목적격을 사용해 미국 사람들이 하듯 말해도 별 상관이 없지만 제대로 된 문법적 표현을 알아야 글로 쓸 때는 정확히 쓸 수 있다.

WHAT? 현대 영어에서 광범위하게 쓰는 Who, 사라져가는 Whom

1984년에 대 히트를 했던 영화 중 하나가 〈고스트버스터(Ghostbusters)〉이다. 몇 년 전에 그 후편이 만들어졌는데 후편은 보지 않아 주제곡을 같은 것을 썼는지 알 수 없지만 1편은 주제곡도 큰 히트를 했다. "If there's something strange in your neighborhood, who you gonna call"이라는 가사로 시작하는데 번역하면 "당신의 동네에 이상한 일이 벌어지면 누구를 부르겠습니까"라는 뜻이다. 'Who you gonna call'은 노래 가락에 맞추기 위해 구어체로 쓴 말인데 'Who are you going to (gonna) call'이라고 표현해야 맞고 더 정확히 말하면 '누구를' 부르겠느냐? 즉 목적격 '누구를'을 사용해 'Whom are you going to call(Whom you gonna call)'이라고 해야 맞는 표현이다.

친구에게 "너, 'Who you gonna call'이 아니라 'Whom you gonna call'이라고 해야 맞다는 걸 아니?"라고 했다가 친구로부터 "넌 Grammar Police(문법 경찰)냐?"라는 핀잔을 맞았다. 현대 영어에서

Who는 Whom도 대신한다고 봐야 할 것이다. 그만큼 주격, 목적격 모두 'Who'를 쓰고, 목적격 'Whom'은 소설 등 문어체에서도 거의 사용하지 않는다. "나와 그 중 누구를 믿겠느냐?"고 하면 "Whom would you believe: me or him?"이라고 해야 맞는 말인데 거의 모든 경우 "Who would you believe"라고 쓴다. 여기서 관계 대명사까지 설명하지는 않겠지만, 관계 대명사 'Who'도 주격, 목적격 모두 사용하고 'Whom'은 거의 사용하지 않는다. 몇 년 전 나는 친구가 만든 페이스북 페이지인 〈Restore Whom(Whom을 되살리라)〉에 가입한 적도 있지만, 대세는 이미 기운 것 같고 머지않아 중학생들이 'Who, whose, whom, whose'가 아니라 'Who, whose, who, whose'라고 외울 날이 올 것 같다.

여러 개의 주어를 모아 묶는 인칭 대명사

중학교 1학년 영어 선생님은 문장에 긴 주어 'He and I', 'You and I', 'He and you', 'Mary, David and David's mother' 등이 나오면 늘 그 주어들을 묶어 하나의 인칭 대명사로 바꿔보라고 하셨다. 'He and I'나 'You and I'는 하나의 인칭 대명사로 바꾸면 'We'이다. 여러 명의 주어가 있을 때 그 주어 중에 'I'가 있으면 그 주어 집단은 'We'로 바꿀 수 있다. 'He and you'나 'She and you', 'Mary, David and you' 등 I는 없고 You는 들어 있으면 그 집단은 복수 'You'가 된다. 그 외에 주어가 여럿 나오는 경우는 아마도 'They'일 것이다. 이 훈련은 자꾸 반복해서 척 보고 여러 개의 주어를 모아 하나의 인칭 대명사로 후딱 바꿀 수 있는 수준까지 올라가면 매우 좋다. 동사는 주어와 일치해야 하므로 주어가 여럿 나올 때는 머릿속에서 재빨리 그 모든 주어들을 아우르는 하나의 인칭 대명사를 생각하면서 동사와 주어를 일치시킬 수 있어야 한다.

영어를 처음 배울 때 'I' 다음에 'Are'이 나오면 상당히 이상하게 들린다. 그러나 문장이 "She and I are eating lunch"라고 하면 이 주어는 하나의 인칭 대명사로 'We'가 되고 "We are eating lunch"라고 하면 'Are'이 나오는 것이 하나도 이상하지 않다. "Mary, David and their mother are going to move to California(메리, 데이비드 그리고 그들의 엄마는 캘리포니아로 이사를 갈 것이다)"도 주어를 모두 모아 하나의 인칭 대명사로 바꾸면 "They are going to move to California"로 'Are'이 오는 것이 당연하다. 여러 주어를 묶어 하나의 인칭 대명사로 바꾸는 훈련을 반복하다 보면 머릿속에서 신속하게 변환이 되고, 그 단계도 지나면 하나의 인칭 대명사로 바꾸는 과정을 생략하고 여러 주어를 모아 그에 어울리는 동사를 사용하는 것으로 직접 넘어가는 능력이 생긴다.

외우고 반복하라

요즘은 언어를 가르치는 것도 과학적인 연구를 통해 만들어 냈다고 주장하는 방법들이 많아 여러 가지 기발한 방법으로 언어를 교육하는 예를 많이 본다. 그래도 나는 외울 것은 확실히 외워서 잠꼬대로도 외우고, 주어 찾기, 주어 집단을 아우르는 인칭 대명사

찾기 등의 연습도 진력이 나도록 해서 저절로 입에서 나오도록 하고 넘어가야 한다는 주의이다. 어린이들이 자신의 모국어를 얼마나 자연스럽게 습득하느냐는 대부분의 경우 우리와 별 상관이 없다. 왜냐하면 우리는 이미 성인이고 자신에게 노출된 언어를 놀라운 속도로 배우는 능력을 이미 상실했기 때문이다. 단, 외우더라도 내가 이것을 왜 외우는지를 알고 좀 더 입체적으로 언어를 바라보며 외우는 것은 필요하다. 외우고, 반복 연습을 하고, 입에 붙여 원어민과 부딪히면, 처음에는 헤매면서도 '아, 이게 바로 그 소리였구나!' 하는 순간들이 계속되고 그러면서 영어 실력이 성장한다.

아마 덕선도 아무 생각 없이 인칭 대명사를 외웠겠지만, 그래도 그 바탕이 있어 토익 공부를 하면서 체계가 잡히고, 승무원이 되어 짧은 영어부터 한마디씩 하면서 말이 되어가는 것을 느꼈을 것이다. 외우고, 지루하게 반복하는 것이 재미있는 일은 결코 아니다. 이 세상에 쉽고 재미있기만 한 것은 없다. 그게 현실이고 진실이다. 그러나 노력이 즐거워지기 시작하면 그런 현실도 즐거움이 될 수 있다.

발음
Pronunciation

영어 발음의 기본 음절과 고저장단

가끔 우리말이 점점 게을러지는 것이 아닌가 하는 의구심이 든다. 화요일을 '하요일'이라고 발음하는 사람도 많고, 초등학교 1학년 때 배운, "눈에 눈이 들어갔다" 혹은 "밤에 밤을 구워먹는다"라는 말에서 어느 눈과 밤이 짧은 발음이고, 긴 발음인지에 대해서는 더 이상 생각하는 사람이 없고, 말을 해도 알아듣는 사람이 별로 없다. 어떤 사람은 나에게 왜 그리 세상을 복잡하게 사느냐고 묻기도 한다. 훈-민정음은 '훔민정음', 대-검찰청은 띄어 읽기도 제대로 못해 '대검찰청', 초저-리금리는 '초절이금리', 한-강은 '항강', 명-불허전은 '명부러전'처럼 말하기 일쑤이다.

얼마 전에는 신용카드 문제로 은행에 전화해서 이야기를 하는데 전화로는 문제를 해결할 수 없으니 '내점하셔서' 풀라는 이야기를 들었다. 나는 그 말을 알아듣지 못해 서너 번을 물어본 후에야 '안 내(內)'자가 아니라 '올 래(來)'자에 '가게 점(店)'을 뜻하는 말로, 직접 와서 해결하라는 말임을 깨달았다. 이 경우 '내'는 길게 발음해야 단번에 알아들을 수 있다. 이때 손님이 알아듣지 못하면, "직접 와서 해결해야 합니다"라고 말하면 된다.

일상생활에 사용하는 외래어 단어들도 이런 장단을 지키지 못해 뜻을 제대로 전달하지 못하는 경우가 있다. 흔히 말하는 '싱어송라이터'는 '싱어송 라이터'라고 발음하는 사람들이 많아서 'Sing a Song Writer'라는 말도 안 되는 영어처럼 들린다. 허나 실은 'Singer-Songwriter'로서, 노래하면서 작곡도 하는 '가수(Singer) 겸 작곡가(Songwriter)'를 의미한다. 그러니 싱어송이 아니라 싱어 띠고 송 라이터라고 해야 맞다. 외래어 발음을 누가 그리 신경을 쓸까 싶지만, 자기가 자주 쓰는 단어라면 남이 하는 말을 대충 듣고 그대로 따라 할 것이 아니라 한번쯤 그 뜻을 찾아보는 것도 좋다.

영어 단어들을 우리말에 섞어 쓸 때도 이럴진대, 실제로 영어로 이야기할 때는 모음의 길고 짧음과 강세가 매우 중요하다. 이를 지키지 않으면 아무도 내 영어를 알아듣지 못한다. 이렇게 강세와 장단이 중요하기 때문에 내가 공부할 때는 대입 영어 시험의 처음 네다섯 문제는 '늘 다음의 단어와 같은 위치에 강세가 있는 단어를 찾으시오' 혹은 '밑줄 그은 모음과 소리가 같은 것을 고르시오' 같은 문제들이 출제되었다. 어쩌면 그리도 헷갈리는 단어들을 찾아 출제해 놓았는지 애매하기 그지없었다.

음절을 먼저 알아야

강세와 모음의 장단을 알기 위해서는 음절(Syllable)을 알아야 한다. 음절은 한 단어의 소리를 세분하여 단어를 발음할 때 소리가 나는 모음이 나올 때마다 끊어 놓은 발음의 기본 단위이다. 예를 들어 'Go'는 단음절이다. 'Deal'은 모음이 두 개가 있는 것 같지만, 알파벳 E와 A가 합쳐져 긴 '이[i:]' 소리가 나므로 하나의 모음이고 그래서 단음절 단어이다. 비슷한 소리를 가진 허브의 일종 'Dill'은 짧은 '이[i]' 소리가 나는 모음 I가 딱 하나 있으므로 단음절이다. 'Nice'는 단어 맨 끝에 소리가 나지 않는 E는 음절로 치지 않기 때문에 단음절이고, 'Beautiful'은 3음절이다.

그럼 'Neon'이라는 단어는 몇 음절일까? 오래전에 어떤 친구가 미국에 언어 연수를 가서 알게 된 한국 학생들과 렌터카(Rent a Car) 회사에 가서 Neon이라는 차를 빌려 여행을 가기로 했다. Neon이라는 단어를 한국에서는 '네온'이라고 하지만 미국 사람들은 '니안' 비슷하게 발음한다는 것을 안 이 학생들은 직원에게 "니안 빌리고 싶다"고 말했는데 그들이 전혀 알아듣지 못했다. 그런데 일행 중 한 명이 '네온'이라고 했더니, "오, 니-안"이라고 해서 기가 막혔다고 한다.

Neon은 연거푸 붙은 모음 E와 O가 하나의 소리로 나지 않고 두 개의 모음으로 따로 소리가 나는 단어이다. 그래서 Ne와 On이 서로 다른 음절이다. 두 개 이상의 음절이 있을 때는 그중 한 음절에 강세를 줘야 하므로 우리말 '미안, 미안' 하듯이 '니안, 니안' 하면 아무도 알아듣지 못하고, 차라리 '네온'이라고 할 때는 두 음절로 들리니 직원이 알아듣기가 더 쉬웠을 것이다.

이와 반대로 음절이 아닌데 음절처럼 발음해서 의사소통이 힘들어지는 예가 요즘 젊은이들 사이에 인기 있다는 머리염색약 'Ash Grey'의 발음이다. 열에 아홉은 이를 '앳쉬 그레이'로 발음한다. Ash는 보다시피 모음이 하나인 단음절인데 '앳쉬'라고 하면 미국 사람들은 이를 2음절로 알아들어 'Ash'의 형용사형인 'Ashy'인가 생각한다. 염색약 설명하는 데는 별 문제가 없겠지만, 다른 대화에서는 말이 통하지 않을 수도 있다. 나는 한국의 한 영어학원에서 영어 회화를 잠시 가르쳤는데 그때도 SH, CH 등으로 끝나는 단어의 발음을 가르치느라 무척 애를 먹었다. 모음이 없이 자음만으로 소리를 내야 하는데 자꾸 모음으로 끝마무리를 해서 앳쉬, 잉글릿쉬, 왓치로 발음하는 학생들이 많았기 때문이다. 나중에 '애~sh', '잉글리sh', '와앗ch'라고 써 놓고 읽으라고 했더니 조금 근접한 발음이 나왔다.

강세

그럼 이번에는 음절의 개념을 바탕으로 강세에 대해 알아보자. 미국에서 살다 보면 듣게 되는 여러 가지 전설적인 일화들 가운데 '맥도날드'의 강세에 관한 이야기가 많은데 그중 하나를 소개한다. 어떤 사람이 '맥도날드'라고 아무리 말해도 미국 사람들이 자신의 발음을 알아듣지 못해 이렇게 저렇게 해보다가 '맥도날드으으으으'라고 악을 썼더니 더 알아듣지 못하더라는 것이다. 맥에 강세를 주어 '맥도날드'라고 하니까 알아듣지 못해 '맥도날드으으으'라고 맨 뒤에 강세를 준 것인데 더욱 알아듣지 못한 모양이다. 이때는 맥도날드의 1음절 '맥'은 짧게 끊고 2음절 '도'에 강세를 주는 것이 정답이다. 끝에 '드'는 너무 크게 발음하면 안 되지만, 앞에 '도'에 정확하게 강세를 주면 알아듣지 못하는 사람은 별로 없다. 미국 사람들은 '맥도날드'보다는 '맥다날드'에 더 가깝게 발음하지만, 그건 그리 중요한 문제가 아니라 어디에 강세를 주느냐가 훨씬 더 중요하다. 아무리 '맥다날드'라고 해도 '맥다날드으으으으'라고 하면 아무도 못 알아듣기는 마찬가지이다. 아울러 위에서 말했던 'Neon'도 '니'에 강세를 주어야 한다. 우리말과 달리 영어에서는 강세를 잘못 주면 이렇게 말을 전혀 알아듣지 못한다.

강세가 까다로운 문제이긴 하지만, 잘 보면 몇 가지 규칙대로 움직이는 것도 있다. ATION으로 끝나는 단어들 가령 'Nation', 'Intonation', 'Pronunciation', 'Globalization', 'Procrastination' 등이 모두 ATION의 A에 강세가 온다. CKET로 끝나는 단어들, 'Ticket', 'Cricket', 'Packet', 'Docket' 등은 그 바로 앞 모음에 강세가 온다. '맥도날드'처럼 대문자 M 뒤에 소문자 c 그리고 대문자가 오는 사람 성씨들이 있는데 이들도 모두 맥을 짧게 발음하고, 그다음 첫 대문자가 나오는 음절에 강세를 주면 된다.

Aha! 모음의 장단

중학교 1학년 영어 선생님 앞에서 내가 'Busy'를 '[bi:zi]'로 발음한 적이 있다. 선생님이 대번에 "철재야, 비-지가 아니라 짧게 비지"라고 하셨다. 그 뒤로 나에게 올바른 음절의 장단은 하나의 미션이 되었다. 강세만큼이나 헷갈리고 틀리기 쉬운 것이 모음의 길고 짧음이다. Neon의 '니[ni:]'도 강세를 줄 뿐 아니라 길게 읽어야 하고, 맥도날드의 '도' 역시 강세를 주면서 길게 발음해야 한다. Fill(채우다)은 짧은 '이[i]'이고 Feel은 긴 '이[i:]'이다. Dill과 Deal, Kill과 Keel, Fit과 Feet, Pick과 Peak 모두 모음의 길이만 다르고 발음이 같아 모음의 장단에 따라 뜻을 구별해야 한다.

또 어떨 때는 사전에는 분명 둘 다 단음으로 나와 있지만 실생활에서 하나는 장모음에 가깝고 하나는 확실히 단모음인 것들이 있다. 'Man'과 그 복수형 'Men' 중 어느 것이 긴 모음이고 어느 것이 짧은 모음일까? 잘 알고 있다고 생각하는 사람도 발음할 때는 종종 뒤바꿔 하는 경우가 있다. 이 경우 단수형 Man이 약간 더 긴 모음이고 복수형 Men은 짧은 모음이라고 생각하고 발음하는 것이 편하다. [æ] 발음을 좀 더 입술을 옆으로 열어 발음하는 경향이 있는 미국 발음에서 더 심하게 구별이 되는 경우이다.

여기서도 몇 가지 규칙들이 있다. A가 두 자음 사이에 오면 그 A는 E가 자음 사이에 올 때보다 조금 더 길게 소리를 낸다. 여자 이름 'Jennifer'의 애칭은 'Jen'이고, 역시 여자 이름 'Janet'의 애칭은 'Jan'이다. 어느 모음이 길고, 어느 모음이 짧을까? 위의 규칙을 적용해 보면 되는 경우이다. Jen은 짧게, Jan은 길게 한다. 남자 이름 'Daniel'의 애칭 'Dan'과 역시 남자이름 'Dennis'의 애칭 'Den'도, Dan은 길고 Den은 짧다. 그밖에도 'Brad'와 'Bread', 'Lad와 Led', 'Bland

와 Blend', 'Mass와 Mess', 'Vast와 Vest' 모두 같은 경우이다.

모음의 장단과 음절의 강세는 서로 보완 관계에 있다. 장모음을 길게 발음해 주고, 단모음을 짧게 발음해 주면 올바른 장소에 강세를 넣기도 더 쉽다. 그 반대의 경우도 마찬가지이다. 위에서 언급했던 앳쉬 그레이, 잉글릿쉬, 왓치 등이 모두 모음의 길이를 제대로 발음하지 않는 데서 문제가 시작되는 것이다. 'Ash'의 SH 발음은 아기 오줌 누일 때 내는 소리 비슷하고, 이때 A가 장모음이므로 충분히 길게 해주면 자연히 SH 발음은 짧게 나온다. 'English'도 '잉글릿쉬'로 모두 같은 길이로 발음할 것이 아니라 '잉~~글리SH'라고 하고, 'Watch'도 장모음 Wa를 충분히 길게 해준 후 잠시 시간을 두고 입 모양을 준비해 클래식 음악 연주회장에서 아주 조용히 재채기할 때처럼 '취'라고 짧게 해주면 제대로 된 발음이 나온다.

또 한 가지는 영어에도 발음을 편리하게 하기 위한 여러 연독의 장치들이 있지만, 그것이 꼭 우리말의 규칙들과 일치하지는 않는다는 것이다. 가령 우리말에 있는 자음접변이 영어에는 없다. 'Good luck'은 '군넉'이 아니라 '굳럭'이라고 발음해야 한다. 요즘 뉴스에 자주 오르내리는 'Blacklist'는 '블랭니스트'가 아니라 '블랙리스트'이다. 물론 우리말에 섞어 말할 때는 상관없지만 영어로 이야기할 때는 이런 발음들이 문제가 된다.

거기다 근래에 우리말에 생긴 습관 중 하나인 말끝을 길게 끌며 올리는 억양을 영어에 적용하는 사례가 있어 영어 의사소통에 방해가 되는 경우가 있다. 가령 '감사합니다'라는 말을 할 경우 '감사합니다

아아아아'라고 하며 끝을 마치 의문문인 듯 억양을 올리는 사람이 있다. 우리말에서는 그렇게 해도 말이 통하지만 영어의 'Shoulder'를 발음하면서 '숄더어어어어어어', 'Thank you'를 '땡큐우우우우', 'One second(1초)'를 '워어어어언 세커어어어언' 하는 등 끝을 끌면서 올리면, 잘못된 음절에 강세가 들어가고 모음을 올바르지 않게 길게 늘이는 결과가 되어서 의미가 통하지 않는다. 우리의 억양을 자제하고 올바른 음절에 강세를 주고 모음의 장단을 지켜 '쇼울더', '땡큐', '원 세컨드'라고 발음해야 한다.

아는 단어도 다시 찾자

몇 가지 규칙을 알아두면 강세와 장단을 구별하는 데 큰 도움이 된다. 여기에 나온 예 이외에도 단어를 자꾸 찾다 보면 저절로 그런 규칙들을 깨달을 수 있다. 그리고 계속 공부하다 보면 강세와 장단을 미루어 짐작할 수 있는 능력도 생긴다. 하지만 언어는 절대로 규칙대로 움직이지 않는다. 그럼 어떻게 해야 할까?

결국에는 자꾸 사전을 찾아보고, 소리 내어 발음해 보고, 원어민이 발음하는 것을 들어보는 수밖에 없다. 예전에 '꺼진 불도 다시 보자'라는 표어가 있었다. 나는 '아는 단어도 다시 찾자'라고 말하고 싶다. 짐작이 가능한 단어들 혹은 안다고 생각하는 단어도 한 번씩 사전을 찾아 뜻뿐 아니라 강세의 위치와 모음의 장단도 확인하는 정성어린 습관이 필요하다. 요즘은 온라인 사전들이나 앱도 있고, 그 사전 안에 원어민의 발음을 녹음으로 재생할 수 있도록 되어 있으니 편하게 단어를 찾아볼 수 있을 것이다. 나는 누가 단어의 뜻을 물어오면 바로 뜻을 가르쳐 주지 않고 온라인 사전의 링크를 준다. 남에게 한번 물어보는 것은 편하고 쉽지만, 온라인 사전 시대에 그건 게으름이라고밖에 볼 수 없다. 길을 걸으며 스마트폰으로 점심 먹을 음식점을 찾을 수 있는 사람이라면, 영어 단어도 찾을 수 있다. 기왕에 영어 공부를 하겠다고 마음을 먹었다면, 이 정도 노력은 쏟아 부어야 할 것이다.

"Always stay a student." 이 영어 문장의 뜻을 모르는 사람들은 어려운 단어는 없으니 강세와 장단을 맞춰 백번을 소리 내어 읽기를 권한다. '같은 글을 100번 읽으면 그 뜻이 저절로 밝아진다(讀書百遍義自見)'고 했다.

영어 원어민들의 발음

중학교 때 영어 과외 선생님은 영어 발음에는 영국식 발음과 미국식 발음이 있다고 하면서 영국 영어는 고상하고 품격이 높은 데 반해 미국 영어는 그렇지 못하지만, 미국의 경제·정치력이 영국에 비해 월등하니 미국 발음을 익혀야 한다고 하셨다. 과연 그럴까? 실제로 영어권에서 살다 보니 그리 간단한 문제가 아니다. 영어 안에는 수많은 발음이 있다. 그럼 과연 그 안에 고급 발음과 그렇지 못한 발음이 따로 있는 것일까?

우리가 현재 사용하는 영어의 발상지는 영국이라고 하는 것이 맞다. 앵글로색슨(Anglo-Saxon)족이 영국 제도(the British Isle)로 들어오기 전 그곳에는 켈트(Celt)족이 그들 고유의 언어를 공유하며 살았다. 그 후 5세기 중엽 무렵부터 앵글로색슨족이 급속히 세력을 키우고, 켈트족의 언어가 여러 지방을 중심으로 갈라지면서 앵글로색슨족이 사용하던 잉글리시가 영국 제도의 가장 힘 있는 언어가 되었다. 하지만 켈트족의 언어는 세력이 날로 줄어들기는 해도 아직 조금씩 사용되고 있다.

영어의 역사는 간략하게 고대 영어(Old English), 중세 영어(Middle English), 근대 영어(Modern English)로 나누고, 근대 영어는 초기 근대 영어(Early Modern English)와 근대 영어(Mdoern English)로 다시 나눈다. 고대 영어는 게르만어 계열이다. 대학 때 우리 학교에서 고대 영어를 가르치는 교수님이 하루는 우리 영어 작문 수업시간에 들어와 고대 영어에 대해 설명하고 기독교의 '주기도문'을 고대 영어로 읽어 주셨는데 독일어 같은 파열음 소리가 나는 데다 무슨 말인지 전혀 알아들을 수가 없고, 써 놓은 것을 봐도 읽기조차 힘들었다. 인터넷에서 'Lord's Prayer Old English'를 검색해 보면 현대 영어와 얼마나 다른지 직접 확인해 볼 수 있다.

옮겨 적기도 힘들지만 첫 문장만 여기서 소개하겠다. 영문 '주기도문'은 'Our Father(우리들의 아버지)'로 시작한다. 이것이 고대 영어에서는 'Fœder ure'로, 우선 Our와 Father의 순서가 바뀌었고, 철자법도 현대 영어의 철자법과 매우 다르다. 하지만 읽는 것을 들어보면 'Fœder ure'의 발음은 현대 영어와 무척 비슷하다. 유튜브에서 995년판 '주기도문'을 낭독하는 것을 찾아 들어보면 Father, Our, Forgive 등 고대 영어에서 살아남은 단어들이 별 전문 지식이 없는 나의 귀에도 거의 같은 발음으로 가뭄에 콩 나듯 한 번씩 들린다. 그래도 '주기도문'이라고 하니 그런 줄 알지 말해 주지 않으면 들으면서도 도대체 무엇인지 가늠할 길이 없다.

IT'S FINE

프랑스어의 영향을 받은 영어

프랑스어를 사용하던 정복자 윌리엄(William, the Conqueror)이 영국을 정복하면서, 프랑스어는 영어에 스며들기 시작했다. 이로 인해 중세 영어가 형성되었고 프랑스어는 법률 용어에서부터 일상 용어까지 광범위하게 영어 안에 남아 오늘날도 막강한 영향력을 행사하고 있다. 메리엄-웹스터(Merriam-Webster) 사전의 사이트에 들어가 보거나 그들의 페이스북 페이지에 들어가 '좋아요'를 클릭하면, 그들이 매일 올리는 '오늘의 단어'나 '영어 단어 어원 설명' 등 재미있는 글을 많이 읽을 수 있다. 얼마 전에는 왜 '소'는 'Ox'나 'Cow'인데 '쇠고기'는 'Beef'라고 하는지, '돼지'는 'Pig'인데 '돼지고기'는 'Pork'이고, '사슴'은 'Deer'인데 '사슴 고기'는 'Venison'이고, '송아지'는 'Calf'인데 '송아지 고기'는 'Veal'인지에 대한 글이 있었다. 이 고기 이름들은 모두 중세 영어부터 보이기 시작하는데, 재미있는 것은, Ox, Cow, Pig, Deer, Calf가 모두 고대 영어에서 나온 단어인 반면, Beef는 Bœuf, Pork는 Porc, Venison은 Venaison, Veal은 Veau 등 모두 프랑스어에서 나온 단어라는 점이다. 중세 영어의 근원지인 윌리엄을 비롯한 지배층이 프랑스어를 사용하면서, 외양간에서 짐승을 기를 때는 고대 영어를 계속 사용했지만, 일단 도살하고 음식으로 조리하여 웃전에 올릴 때는 프랑스어로 이름이 바뀐 것이다.

중세 영어의 대표적인 작가로는 『켄터베리 이야기(the Canterbury Tales)』로 유명한 초서(Geoffrey Chaucer)가 있다. 『켄터베리 이야기』를 보면 단어들이 영어처럼 보이기는 하는데 일반인이 읽고 이해하기는 힘들다. 『켄터베리 이야기』의 처음에 이런 문장이 있다. "Here bygynneth the Tales of Canterbury." 이것은 "캔터베리 이야기가 시작된다"라는 것을 알리는 문장인데 'Bygynneth'라는 단어는 현대 영어의 'Begin' 즉 '시작하다'의 3인칭 현재 단수형인 Begins이다. 자세히 들여다보면 그런 것 같기는 한데, 이렇게 현대 영어와 완전히 철자법이 다른 단어들이 지뢰밭처럼 글 전체에 여기저기 퍼져 있어 읽고 이해하기가 쉽지 않다.

시작 부분에 이런 문장이 있다. "4월의 그 감미로운 소나기가 3월의 가뭄을 뿌리까지 꿰뚫고…." 원문은 "When that April with his shoures soote, the droughte of March hath pierced to the roote"이다. 'Shoures'는 현대 영어의 'Shower(샤워, 소나기)'이고, 'Soote'는 고대 영어에서 나온 '달콤한'이라는 의미의 'Sweet'이고, 'Roote'는 '뿌리'를 의미하는 'Root'이다. 좀 읽을 만하면 이상한 단어가 나와 해석을 가로막고, 그냥 소리 내어 발음만 해보려고 해도 애매해서 읽기가 쉽지 않다. 『켄터베리 이야기』는 고대 영어와 중세 영어의 형용사들을 적재적소에 배치한 초서의 놀라운 문장력 덕분에 오늘날 영어를 연구하는 학자들에게 고대 영어에서 중세 영어로 넘어가는 과정을 짐작하는 데 더없이 귀중한 사료를 제공한다고 하지만, 우리는 그저 해석판이나 읽어야 할 듯하다.

그 후 15세기 영국에 튜더 왕조가 들어설 무렵부터 현대의 일반인이 대충이라도 읽고 이해할 수 있는 초기 근대 영어가 나타나 진화하기 시작한다. 『킹 제임스 성경(the King James Bible)』이나 셰익스피어의 작품들은 초기 근대 영어의 대표적인 예이다. 전 세계 기독교인이라면 누구나 외우고 있을 법한 '주기도문'은 성경에 「마태복음」과 「누가복음」 딱 두 곳에만 나오고 그나마 두 곳의 기도가 상당히 다르다. 기독교인들이 외우는 '주기도문'은 「마태복음」에 나오는 좀 더 긴 기도문이다. 1661년에 완성된 『킹 제임스 성경』의 「마태복음」에 들어 있는 '주기도문'은 995년판 고대 영어의 '주기도문'을 거의 직역해 놓은 것으로 요즘도 영어권에서는 이를 수정하지 않고 계속 사용하고 있다. 나오는 단어 중 'Thy(Your, 당신의)', 'Thine(Yours, 당신의 것)', 'Art(Be동사의 2인칭 단수 직설법, 현재형 Are)' 등 요즘 말과 다른 것이 조금 나오지만, 이 단어들은 엄밀히 말해 아직 죽은 단어(Obsolete)는 아니고 잘 쓰지 않는 고어(Archaic)로서 많은 사람들이 별 어려움 없이 이해할 수 있다. 그 이외의 단어들은 현대 영어와 거의 다르지 않다.

영어에도 사투리가 있다

그럼 이렇게 영어가 고대부터 근대까지 발달해 온 영국, 그 영국의 수도 런던에 사는 사람들은 모두 정확한 표준어만 사용할까? 한마디로 아니다. 서울을 예로 들어도, 서울 사투리라는 것이 있다. 게다가 서울에는 각 지방 사람들은 물론 외국 이민자들이 많이 살다 보니 수많은 사투리가 섞여 있다. 마찬가지로 대도시 런던에도 여러 발음이 있고 그중 '코크니(Cockney)'라는 런던 토박이 발음은 매우 특이해 알아듣기가 힘들다.

나는 대학을 졸업하던 해에 동생과 함께 유럽 배낭여행을 갔는데 그 첫 방문지가 런던이었다. 공항에서 기차를 타고 빅토리아 역으로 가서 역 구내에 있는 관광 안내소에서 지금도 잊지 않고 이름을 기억하는 코로나 호텔이라는 싸구려 호텔을 잡고 밖으로 나와 호텔로 향했다. 그러나 아무리 런던 거리를 헤매도 코로나 호텔이 보이지 않아 여기저기 두리번거리고 있는데 런던 경찰이 한 명 다가와 무엇을 찾느냐고 물었다. 코로나 호텔을 찾는다고 했더니 여기서 멀지 않다고 하는데 그 말 한마디 알아들었을 뿐 그 뒤에 그가 공포의 코크니 발음으로 손가락을 이리저리 가리키며 하는 말은 한마디도 알아들을 수 없었다. 런던의 길 이름이라도 잘 알았다면 대충 알아들었을 텐데 그것도 잘 몰라 더욱 이해하기 어려웠다.

그가 말을 끝내자 그와 내가 약 1~2초 아무 말 없이 서로를 멀뚱멀뚱 쳐다보고 서 있었다. 그러다 내가 얼떨결에 "한 번만 더 설명해 주시겠어요?"라고 말하고는 그 즉시 마구 후회하기 시작했다. 두 번째도 그의 말을 한 마디도 알아들을 수가 없었기 때문이다. 그에게 고맙다고 인사를 하고 돌아서는데 동생이 "뭐래?"라고 물었다. "몰라, 빨리 걸어. 따라와서 또 가르쳐 주겠다 그러기 전에 우리가 찾자." 런던이 이럴진대 아일랜드(Ireland, 원 영어 발음은 '아이어랜드'에 가까우나 표기법상 '아일랜드'로 쓴다. 영어에서 아일랜드(Island)는 섬이라는 뜻이고 나라 이름과는 아무 상관이 없다), 스코틀랜드(Scottland), 웨일즈(Wales)

등의 지방 발음까지 가세하면 일은 더욱 복잡해진다.

미국은 모든 행정 업무와 일상생활이 영어로 이루어지고, 영어를 사용하는 사람이 80퍼센트 정도로 가장 많지만 공식 언어(Official Language)는 없으며, 스페인어의 세력도 점점 커지고 있다. 그리고 영국과 마찬가지로 갖가지 찬란한 발음을 자랑한다.

처음 미국 가서 대학 다닐 때 영어 시간에 교수님이 시를 하나 적어 놓고 그걸 설명하기 시작했다. 미국에 처음 가서 영어로 강의를 들어본 사람들은 알 것이다. 교과서에 있는 이야기를 할 때면 그래도 좀 알아들을 만한데, 의외로 알아듣기 힘든 것이 중간중간 교수님이 던지는 농담이다. 짧은 한마디 속에 문화적 혹은 언어적 상징이 농축되어 있기 때문이다. 처음에는 교수님이 농담을 시작하면 남들 웃을 때 웃는 척만 했다. 농담도 이해하지 못하는데 상징과 언어적 유희로 써 놓은 시는 도저히 이해할 길이 없었다. 그날도 그냥 칠판만 바라보고 앉아 '첫 학기부터 어쩌자고 영어 수강 신청을 해서 대체 뭐 하고 있는 것일까?'라고 생각하고 있는데 교수님이 계속 말끝에 '와, 와'라고 덧붙이는 것이었다. 수업을 잘 알아듣지 못하는 날은 유용한 생활 영어 표현이나 익히자며 귀에 들리는 몇 가지 표현들을 공책 한구석에 받아 적곤 했던지라 그날은 그 '와'의 뜻을 알아야겠다는 생각이 들었다.

기숙사에 돌아와 사전에서 '와'를 찾기 시작했다. 'Wah, Wau, Wa, Waah' 등 생각할 수 있는 모든 스펠링을 동원해 사전을 뒤졌지만 '와'를 찾을 수 없었다. 그 문제의 '와'는 'Why'였다. 교수님이 시를 설명하면서 '왜? 왜냐하면'이라고 반문적 의문문(Rhetorical Questions)을 계속 사용한 것인데 내가 공부하던 텍사스와 다른 남부 지역에서는 '아이' 발음을 길게 '아'로 늘이기 때문에 '와이'를 '와아아'라고 발음하는 것이고 그걸 내가 알아듣지 못한 것이다.

몇 년 전 영화로 만들어져 인기를 끌었던 〈헬프〉에서 가정부 미니(Minny)의 초콜릿 파이(Chocolate Pie)는 온 동네에서 유명하다. 그 영화의 배경이 남부 미시시피주인데 잘 들어보면 그 파이 이야기를 할 때 사람들이 '파이'라고 하지 않고 '파~'라고 한다. 이것이 대표적인 남부 발음이다.

흉보면서 배운다고 나도 남부 지방에서 대학 4년을 다니다 남부 발음이 입에 붙은 채 대학원에 진학해 뉴욕으로 이사했더니 한동안 많은 사람들이 내 영어를 알아듣지 못하거나 뒤에서 "잰 한국에서 왔다는데 남부 사투리를 써"라며 쑥덕거리기 일쑤였다. 한 가지 신기했던 것은 뉴욕으로 이사해 두 달 정도 살다 사촌 누나의 결혼식 때문에 텍사스에 다시 가 며칠 있는 동안 교수님 몇 분을 찾아갔는데 내가 처음 미국에 와서부터 4년간 배우고 매일 만났던 교수님들의 텍사스 발음이 그렇게 강한지 그때 처음으로 알았다는 것이다. 그곳에 살 때는 주변의 모든 사람들이 텍사스 발음으로 말하고, 나까지 거기 젖어 텍사스 발음으로 말하다 보니 다른 사람들보다 상대적으로 사투리가 강하지 않았던 교수님들의 발음은 느끼지 못한 것이 사실이다. 2개월 떠나 있다 돌아오니 그제야 교수님들의 텍사스 발음이 귀에 가득히 들렸다.

Aha!

지명에 남아 있는 갖가지 언어의 잔재

그럼 세계 금융과 문화의 중심이라는 뉴욕은 어떨까? 내 남부 발음을 흉볼 것도 없다. 뉴욕 발음이야 말로 어디서 들어도 단번에 식별이 가능할 정도로 투박하고 강렬하다. 뉴욕은 원래 알곤퀸(Algonquin)어를 쓰는 북미 원주민(Native Americans, 미국에서는 이제 '인디언'이라는 말을 잘 쓰지 않는다)이 뉴욕주 남부와 뉴잉글랜드 지방에 주로 살았고, 12세기 경 다섯 원주민 부족이 대연합을 하면서 생겼던 이로쿼이 연합(the Iroquois Confederacy)이 뉴욕 북부에서 오대호를 아우르며 살았다. 그러다 네덜란드가 맨해튼에서 허드슨강을 따라 북으로 올라가며 현재 뉴욕주의 많은 부분을 식민지화했기 때문에 뉴욕은 서양인들에게는 애초에 '뉴 암스테르담'이었고 지금도 뉴욕주에 암스테르담, 로테르담, 할렘 등 네덜란드 지명에서 나온 도시와 동네 이름이 남아 있다. 그들이 맨해튼 남부에 살며 원주민들의 공격을 피해 담을 쌓았고, 그 담이 있던 길이 자연스레 '월스트리트(Wall Street)' 즉 담이 있는 거리가 되었다. 후에 영국이 뉴욕의 대부분을 빼앗으면서 영국 요크 지방의 이름을 따 뉴욕이 되었고, 프랑스 혁명이 일어나 운 좋게 탈출한 귀족들이 미국으로 왔을 때, 미국의 독립전쟁을 도왔던 그들을 모른 척할 수 없었던 미국 정부가 뉴욕주 북부의 많은 땅을 그들에게 나누어 주어서 그들이 한동안 살다 프랑스로 대부분 돌아갔다. 그 뒤에도 많은 인종의 이민자가 뉴욕으로 들어와 길 이름 하나, 도시 이름 하나에도 북미 원주민 이름부터 시작해 갖가지 언어의 이름이 섞여 있고 발음도 천차만별이다.

대학원 때 한 교수님은 수업 중에 하키를 예로 들어 이야기하는 것을 상당히 즐겼는데 하키를 자꾸 '호아키'라고 발음해서 '호아키가 뭘까' 했다. 이게 대표적인 뉴욕 발음이다. 커피도 '코아피,' 7시 정각도 '세븐 어클락(7 o'clock)'이 아니라 '세븐 어클로아악' 식으로 발음한다. 흔히 R 발음을 하지 않는 것을 영국식 영어라고 하는데 R 발음을 하지 않는 것은 뉴욕의 브루클린 발음도 마찬가지이다. 2016년 미국 대통령 선거 때 민주당에서 힐러리 클린턴과 경합했던 버니 샌더스(Bernie Sanders)도 상당히 투박한 브루클린 발음을 사용하며, R 발음을 거의 하지 않는다.

캐나다는 미국의 13개 주와 국경을 맞대고 있다. 뉴욕주도 그 13개 중 하나로 내가 사는 동네에서 2시간 조금 넘게 차를 몰고 가면 캐나다 국경을 넘을 수 있다. 지리적으로 가까운 만큼 캐나다 영어도 미국 영어와 별 차이가 없을 것 같은데 크게 다르지는 않으면서도 듣다 보면 뭔가 다른 점이 느껴진다. 그리고 캐나다 사람들은 말끝마다 '에이(Eh)'를 붙이는 것으로 유명하다. Eh는 구어체에서 '뭐라고?'라는 의미로 쓴다. 그런데 캐나다 사람들은 그런 경우 외에도 자주 사용하고, 어떤 캐나다 사람들은 말끝마다 붙여서 '뭐라고?'의 의미 말고도, '그렇지?' '그렇지 않니?' '그렇구나' 등 이루 열거할 수 없이 수많은 경우에 'Eh'를 붙인다.

대학교 1학년 마치고 처음 한국 집에 다니러 가는데 비행기 옆자리에 캐나다인이 앉았다. 내가 읽는 책을 보며 "Good book, eh?" 하고 묻는 것이었다. 미국 남부 발음을 겨우 적응해 가고 있던 나는

'이건 또 뭐라는 소리야? 대체 좋은 책이냐고 묻는 말이야, 아니면 좋은 책이라고 나에게 말해 주는 거야?' 하는 생각이 들고, 이 멀고도 험한 영어의 길에 또 한 번 좌절하며 어찌 대답해야 좋을지 몰라 망설이다 "Good book"이라고 했더니 "You like it, eh?"라는 대답을 들었다. 처음 말은 "이 책 좋니?"라고 묻는 것이었고, 두 번째 문장은 내가 좋다고 대답하자 "너, 이 책 좋아하는구나"라는 뜻이었다. 그는 서울까지 날아가는 비행기 안에서 모든 문장 끝에 Eh를 붙여가며 한국에 대해 물어보았다. 오죽하면 인터넷에서 'Canadian Eh(캐나다식 에)'라는 글을 꽤 찾아볼 수 있을 정도이다.

영어는 앵글로색슨족이 주류를 이루는 나라에서만 사용하는 것이 아니다. 아시아로 넘어가면 영어와 중국어의 사성조를 섞어 놓은 듯한 '싱글리시(Singlish)'라는 싱가포르식 영어가 있고, 필리핀도 영어가 여러 개 공식 언어 중 하나이다.

아프리카도 영국 식민지였던 나라들이 많아 영어를 사용하는 국가들이 있다. 한동안 미국 가톨릭교회에서는 신부가 부족해 영어를 구사하는 아프리카 신부님들을 모셔왔다. 그런데 영어는 유창한데 발음이 너무 달라 신자들이 신부님의 말을 알아듣지 못하자 디액센타이징(Deaccentizing)이라는 발음 교정 훈련을 거친 후에야 일선에 투입할 수 있었다.

오래전에 내가 잘 아는 분이 암에 걸려 입원했는데 가톨릭 신자였던 그분이 신부님을 모셔와 죽음이 임박한 환자가 갖는 의식인 종부성사를 받는다고 하여 지인 몇몇이 병실로 갔다. 나이지리아에서 온 신부님이 기도를 시작하자 나는 눈물이 앞을 가려 어쩔 줄을 몰랐는데 막상 환자는 그냥 눈만 감고 미동도 않고 누워 있었다. 나중에 그 환자가 건강을 회복하여 나에게 고백했는데 사실 아무 말도 알아들을 수가 없어서 눈물이 나지 않았다고 했다.

발음은 이렇게 원어민 사이에서도 지방마다 다르고 사람마다 조금씩 다르다.

IT's FINE

발음 공부를 위해 들어야 할 원어민 발음

대학 때 교양과목으로 들었던 인류학 시간에 나는 영어에 고급 영어와 저급 영어가 따로 있는 것이 아니라고 배웠다. 과연 현실에서도 그 말이 통용될까? 몇 년 전 뉴욕 브로드웨이에서 이안 맥켈런(Ian McKellen)과 패트릭 스튜어트(Patrick Stewar)가 공연한 사무엘 베케트(Samuel Becket)의 연극 〈고도를 기다리며(Waiting for Godot)〉를 보았다. 셰익스피어의 나라 영국에서 정통 무대 발성과 발음 훈련을 받은 그들이 작지 않은 극장에서 내뱉는 대사는 매우 아름다운 소리로, 속삭이는 말조차 정확히 전달되었다.

정통 훈련을 받은 배우들, BBC나 NPR의 뉴스 아나운서들, 훌륭한 연설가는 아니지만 군더더기 없는 깨끗한 미국 중부식 발음과 정확한 문법으로 연설의 내용을 명확히 전달하는 힐러리 클린턴, 강한 남부 발음에 풍부한 어휘력과 논리로 청중을 사로잡는 빌 클린턴, 버락 오바마의 고저장단을 기막히게 이용하는 연설법, 2007년 암살당한 파키스탄의 베나지르 부토(Benazir Bhutto)의 강한 파키스탄식 발음에 논리 정연한 단어 선택은 들을 때마다 '야, 정말 영어 잘한다'라는 생각이 들지만, 그건 그들이 어떤 특정한 지방의 발음을 사용하기 때문이 아니라 어느 발음을 사용하든 간에 정확한 발성과 발음, 강세, 모음의 장단 그리고 논리에 바탕을 둔 기본에 충실한 어투로 말했기 때문일 것이다.

우리가 외국어를 배우는 이상 모델로 삼아야 할 발음은 한 가지 있어야 할 것이고, 시사 문제에 관심이 있는 사람이라면, BBC나 NPR의 뉴스 아나운서들의 발음 중 하나를 집중 연구할 것을 권한다. NPR에 매 정시마다 나오는 간추린 뉴스 아나운서 중 하나인 코바 콜만(Korva Coleman)의 발음은 개인적으로 추천한다.

그러나 위의 예시에서 보듯 정작 중요한 것은 영국식 발음이냐 미국식 발음이냐가 아니고, 외국인으로서 영어를 하는 사람이 얼마나 원어민처럼 발음을 하느냐도 아니고, 영어의 가장 중요한 기본인 강세와 장단을 잘 맞추는 것이다. 강세와 장단이야말로 영어 발음 훈련의 기본이기 때문이다. 아울러 어휘를 늘리고, 논리력을 향상시키는 것은 영어뿐 아니라 우리말을 잘하기 위해서, 혹은 사회생활을 잘하기 위해서 꼭 필요하다는 점을 덧붙인다.

입술에서 나오는 소리 순음
: B와 V 발음

고교 시절 나는 문과를 지원했다. 2학년이 되자 국어2라고 부르는 고전 과목을 배우게 되었다. 교과서를 처음 받아 집에 온 날, 나는 그 교과서에 나오는 문학 작품들을 읽기 시작했다. 특별히 좋았던 것은 향가 중에 "나를 아니 부끄러하시면 꽃을 꺾어 받자오리이다"라는 글귀의 「헌화가」였다. 그밖에 숙종과 장희빈, 인현왕후 민씨의 이야기를, 인현왕후를 직접 모셨거나 같은 서인 계열의 궁녀가 쓴 것으로 추측하는 『인현왕후전(원명은 인현성모덕행록仁顯聖母德行錄)』이나 『춘향전』 등도 읽은 기억이 있고, 몇 가지 실려 있던 20세기 초 단편 문학 중에서는 현진건의 「빈처」를 단숨에 읽었다.

그런데 실제 고전 시간은 문학 작품을 공부하는 것이 아니라 대학 입시 준비 시간이었다. 주로 시험에 잘 나오는 한글의 15세기 표기법을 죽어라 공부했다. 순경음 비읍(ㅸ)이 비읍이 되고 비읍 탈락이 되는 과정 같은 것이었다.

첫 시간은 '나랏 말ᄊᆞ.미'라고 시작하는 훈민정음 언해본을 공부하고, 훈민정음의 원리부터 시작했다. 선생님이 훈민정음의 오음(五音)을 설명하는데 '아, 세종대왕이 이런 분이셨던가?'라고 감탄하며 한 시간 정신없이 빨려 들어갔다. 선생님이 '어금닛소리 ㄱ, ㅋ, ㄲ, ㆁ'이라고 하는데 신기하게 그 말이 맞다는 것을 알 수 있었다.

그 오음 중 순음(脣音)은 비읍, 피읖, 쌍비읍이 있다. '입술 순(脣)'에 '소리 음(音)', 이들 순음은 모두 입술을 붙이고, 입 안에 공기를 모았다가 입을 열고 일순간 그 공기를 뿜어내며 내는 소리라는 공통점이 있다. 비읍과 쌍비읍은 이때 목청을 울리는 반면 피읖은 목청이 울리지 않는 무성음이다.

순음 중 비읍은 아마도 영어의 B와 가장 비슷한 발음일 것이다. 영어 'Bill'은 대문자로 쓰면 남자 이름 윌리엄(William)의 애칭이다. 또한 전기요금, 수도요금 등 '요금'을 Bill이라고 한다. 국립국어원이 정한 표기법에 영어는 한글에 섞어 쓸 경우 모든 글자를 대문자로 쓰라고 결정해 놓아서 여기서는 Bill이라는 대문자로 적었지만, '요금'이라는 의미의 Bill은 일반 명사이므로, 늘 대문자로 쓰지는 않고 문장의 맨 앞에 올 때만 대문자로 쓴다.

요금의 의미든 남자 이름이든 Bill은 처음에 윗입술과 아랫입술을 꼭 붙인 채 시작한다. 그리고 입 안에 공기를 채운 뒤, 그걸 터뜨리면서 발음한다.

엄밀히 말해 B의 발음은 비읍과 똑같은 것은 아니다. 단지 그 원리가 같고 상당히 비슷한 소리이다. 그러나 그런 차이는 이차적 문제이고, 일단 비읍 발음하듯 입술을 붙여 발음하고, B 발음 뒤에 나오는 모음을 짧게 발음하면 별 문제없이 Bill이라고 의사소통할 수 있다.

훈민정음의 오음 발음에 주목하면

'Veal'은 '송아지 고기'라는 뜻이다. 이 Veal과 조금 전에 설명한 Bill은 무엇이 다를까? Bill은 짧은 '이[i]' 발음이고, Veal은 긴 '이[i:]' 발음이다. 또 하나는 B와 V의 차이이다. 그럼 B와 V의 발음상 차이는 무엇이며, V는 어떻게 발음해야 할까?

고등학교 다닐 무렵 우리 집에 목포 근처에서 온 도우미 아주머니가 계셨다. 따뜻한 남쪽에 살던 분이라 그런지 아주머니는 겨울만 되면 춥다는 말을 입에 달고 사셨다. 그런데 밖에만 나갔다 오면 손을 호호 불면서 "아이 추워" 하는 게 아니라 "아이 추버라, 아이 추버라"라고 하셨다.

추워라의 원형은 '춥다'이다. 춥다가 '추워라, 추우니까, 추워서'로 바뀔 때 비읍변칙을 하여 탈락한 초성(初聲) 자음 자리에 이응이 들어가 메꾼다. 우리글에서 초성에 오는 이응은 아무 소리가 없다는 뜻이고, 중성(中聲) 즉 모음부터 발음하라는 뜻이다. 훈민정음 제정 당시에는 예쁜 버찌처럼 꼭지가 달린 옛이응이라는 것이 있어서 종성(終聲)에 받침음으로 '응[ŋ]' 소리가 날 때는 옛이응을 쓰고 초성에 아무 소리가 없다는 표시는 꼭지가 없는 이응이 맡았다. 현재는 옛이응은 없어지고 이응이 종성에 와서 받침으로 쓰기도 하고 초성에서 탈락한 자음 자리에 들어가기도 한다. 그러니 세월을 거슬러 올라가면 '추워'의 '워' 자리에 비읍이 들어가 있었을 것이다.

그 아주머니의 '추버라'는 마땅히 표기할 길이 없어 이렇게 적었지만, '버'가 아니라 뭔가 바람 새는 소리가 났다. 그때도 발음에 민감했던 나는 '어, 저건 영어의 V 발음인데?'라고 생각했다. 고등학교 시절 나의 짧은 지식으로 어쩌면 그것이 지금은 사라진 순경음 비읍(ㅸ)의 소리가 아닐까 생각했다. '춥+아'가 '추방 - 추아-추워' 등으로 변하지 않았을까?

언어는 방언과 식민지에서 더 원형에 가깝게 보존된다는 설이 있다. 일본어 속에 지금은 사라진 우리의 옛 단어와 발음을 찾는 노력도 그래서 생긴 것이다. 그렇다면 지금은 사라진 순경음 비읍의 소리가 아직 방언에 살아남은 흔적이 그 아주머니의 '추버라'였는지 모른다. 실제로 '춥아'를 연속해서 빨리 발음하면 가끔씩 아주머니의 순경음 비읍 같은 소리가 난다. 왜냐하면 '춥아'보다는 순경음 비읍을 일상의 빠른 말투로 사용하기가 더 쉽기 때문이다. 그리고 그보다 더 쉬운 '추아'가 비읍을 대체했을 것이라 혼자 상상해 본다.

순음에 '가벼울 경(輕)'을 덧붙인 순경음은 입술에서 가볍게 나오는 소리이다. 그 아주머니의 발음에 의하면 그건 아랫입술과 윗입술이 닿으려다 말고 조금 떨어진 상태에서 대신 윗니가 아랫입술 뒤에 살짝 붙어서 목청을 울리며 '브'라고 할 때 나는 그런 소리이다. 순경음의 '가벼울 경'은 입술을 붙이다 말고 입술 대신 윗니를 아랫입술에 붙이고 낸다는 의미가 아닐까.

WHAT? 영어의 v와 우리말 순경음 비읍 발음의 유사성

영어의 V는 바로 그 아주머니의 순경음 비읍처럼 발음하면 B와 구별할 수 있다. 학창시절 주로 발음이 별로 좋지 않았던 영어 선생님들께서 V는 입술을 깨물고 발음하라고 가르친 경우가 많았는데 입술을 깨물었다가는 제 시간에 소리를 낼 수가 없다. V도 윗니를 살짝 아랫입술 상단에 대고 위아래 입술이 서로 붙는 것을 막아준 뒤 B 발음하듯 목청을 울려주면 된다. Bill이라고 할 때는 윗입술과 아랫입술이 서로 붙은 상태에서 '비' 하고 불고, Veal이라고 할 때는 입술을 살짝 떼고 그 대신 윗니를 아랫입술 뒤쪽에 댄 다음 '비' 하고 분다.

위의 설명들을 연습해 볼 수 있는 단어를 소개하겠다. 'Bevel'이라는 단어이다. 뜻까지 알아두고 일상생활에 쓰면 좋지만, 우선은 B와 V를 연습하는 도구로 사용하면 매우 좋다. 단어 안에 B와 V가 연달아 나오기 때문이다.

네이버나 그밖에 온라인 사전에 들어가면 발음을 들어볼 수 있다. 듣고 따라 하고, 거울을 보면서 B에서 입술이 붙고, V에서는 떨어지는지 보며 계속 연습해 보면 대화 중에 순간적으로 입술을 어떻게 움직여서 올바른 위치에 가져다 놓을 수 있는지 훈련할 수 있다.

이와 반대로 V 발음으로 시작해 B 발음으로 끝나는 단어로는 'Vibe'를 갖고 연습하기를 권한다. 이도 마찬가지로 원어민 발음을 틀어 놓고 거울을 보며, 때로 입 모양을 조금 과장해 소리를 내는 연습을 하다 보면 순간적으로 입술이 붙고 떨어지는 능력이 점점 생기는 것을 느낄 것이다.

B와 V의 차이는 우리 한국인의 귀에는 별 차이 없이 들릴지도 모른다. 어쩌면 그래서 더 구별해 발음하기 힘든 것인지도 모른다. 구별해 듣는 것이 입으로 발음하기 위한 선별 조건이기 때문이다. 그러나 영어를 모국어로 하는 사람들에게는 이 둘의 발음을 구별하는 것이 상당히 중요하다. 'Van'이라고 할 것을 'Ban'이라고 하면 전혀 다른 의미가 된다.

이밖에도 '투표하다'의 'Vote'와 '배'의 'Boat', '검열하다' 등 여러 의미가 있는 'Vet'과 '돈을 걸다'의 'Bet' 등은 B와 V만 제외하면 발음이 똑같은 단어들이다. 맨 앞 글자를 구별해 발음해 주지 않으면 어느 단어를 사용한 것인지 모른다. 또한 '상품권'이라는 의미의 'Voucher'와 '푸주한'이라는 의미의 'Butcher'도 발음이 똑같지는 않지만 매우 비슷해 B와 V를 명확히 구별해 주어야 하는 단어이다.

연극배우가 되었다 생각하고 매일 거울을 보며 연습해 볼 것을 권한다. 길을 걸으면서도 한 번은 입술을 붙이고, 한 번은 윗니를 아랫입술에 걸치고 'BVBVBV'라고 하며 중얼거려 보기 바란다. 그리고 주변에 원어민 친구가 있으면 들어봐 달라고 부탁하는 것도 좋다. 그들의 입모양을 유심히 본 뒤 따라해 보고 고쳐 달라고 하는 순서로 연습하면 발음법 자체는 그리 어렵지 않을 것이다. 원어민의 입모양을 볼 때 입술 어디에 윗니가 닿느냐를 보는 것이 관전 포인트이다. 바로 윗니의 위치가 V와 B를 구별 짓는 것이기 때문이다.

처음 고전 시간에 배울 때부터 내가 매우 좋아했고, 지금도 가끔 혼자 읊조리는 글귀가 「용비어천가」 125장의 마지막 구절이다.

"님금하 아ᄅᆞ쇼셔 낙수예 산행 가 이셔 하나빌 미드니잇가(임금이여 아소서. 낙수에 사냥 가 할아버지를 믿으니이까)."

우리 옛말은 된소리가 적고 참으로 아름다웠던 듯하다. 우리 집에 있던 도우미 아주머니의 비읍 발음이 옛 순경음 비읍이 맞다면, 우리 모두 V 발음의 기억을 우리 안 어느 곳엔가 아직도 간직하고 있지는 않을까. 프랑스의 사회학자 모리스 알박은 '기억은 사회 공동체 안에서 태어나고 유지된다'고 했다. 어쩌면 개개인뿐 아니라 우리 민족은 아직도 순경음 비읍에 대한 기억을 우리 사회 어느 기억의 창고 속에 간직하고 있지 않을까?

혀가 입천장에 붙었나?
: L과 R 발음

중학교 1학년 영어 시간, 선생님이 읽으셨다. "Baseball." 우리가 따라했다. "Baseball." 그리고 선생님이 옷만 새까만 중학생 교복 차림이지 모습은 아직도 초등학생 티를 벗지 못하고 올망졸망 앉아 있는 우리를 보고 물으셨다. "얘들아, 끝에 혀가 입천장에 가서 붙었니 안 붙었니?" 지금도 얼굴이 기억나는 B가 큰소리로 대답했다. "안 붙었어요." 선생님은 잠시 아무 말이 없더니 이렇게 말하셨다. "그건 끝이 R일 때 이야기지. 자, 모두 따라해 봐. L은 혀를 붙인다." "L은 혀를 붙인다." "R은 혀를 붙이지 않고 뒤로 넘긴다." "R은 혀를 붙이지 않는다."

중학교 1학년. 내가 처음 영어를 배우기 시작할 때는 원어민이 녹음한 교재용 자료들이 주변에 흔히 있지 않았다. 다행히 나는 선생님의 발음이 원어민 못지않게 좋아서 선생님 발음을 따라 흉내 냈다. 선생님은 늘 새 단원을 시작할 때면 새로 나온 단어들을 선생님을 따라서 쭉 한 번씩 읽도록 하셨다. 그리고 어느 날 선생님은 L과 R을 구별해 발음하는 법을 가르쳐 주셨고, 지금도 나는 L과 R을 발음할 때마다 선생님이 하신 말씀을 생각한다.

우리 말 '리을'을 발음할 때 끝에 혀가 어떻게 되는지 잘 생각해 보길 바란다. 리을의 '을'을 발음할 때 혀가 입천장 맨 앞부분에 가서 붙는다. '으' 하고 발음하다 혀를 입천장 앞부분에 갖다 붙이면 비로소 받침이 붙고 '을'이 된다. 바로 이 혀가 올라가 붙는 것이 L을 발음하는 원리이다.

Keep Running 우리말 리을과 영어 L 발음

그러나 우리말 리을과 영어 L은 약간 다른 소리가 난다. 혀가 올라가 붙는 이치는 같지만 그 붙는 위치가 우리말 리을과 영어의 L이 약간 다르기 때문이다. 우리말 리을은 좀 더 뒤쪽에 입천장 맨 앞에 혀를 붙이지만, 영어 L은 윗니의 뒤편에 붙인다. 그로 인해 목구멍에서 나오는 공기가 리을을 발음할 때보다 좀 더 입의 바깥으로 나오다 혀에 막힌다. 우리나라 가수 중에 리을 발음을 L처럼 하는 사람들이 가끔 있는데 그 사람들은 그 차이를 알고 일부러 그렇게 하는 것인지 궁금하다. 가령 〈사랑 사랑 누가 말했나〉라는 노래 가사가 있다고 할 때 '말'이라는 단어를 한 번은 입천장에 혀를 붙이고 한 번은 윗니 뒤에 붙여서 발음해 보면 당장에 차이를 알 것이다. 혀를 윗니 뒤에 붙여 '말'이라고 소리 내면 흔히 말하는 '빠다(버터)' 먹은 발음이 된다.

물론 리을과 L의 세밀한 위치 차이까지 구별하여 정확한 장소에 혀를 가져다 대면 더없이 좋겠지만, 영어 원어민과 영어로 대화할 때 실제로 더 중요한 것은 혀를 붙이느냐 마느냐이지 정확히 입천장에 붙이느냐 조금 더 앞쪽으로 붙이느냐는 그다지 중요하지 않다. 리을처럼 발음한 L은 원어민들이 알아듣지만 혀를 붙이지 않고 굴리면 알아듣지 못한다.

끝이 아니라 시작을 L로 하는 단어도 마찬가지로, 리을의 을을 생각하고 그 자리에 혀를 가져다 댄다. 이때도 완벽하게 하려면 준비 과정으로 윗니의 뒤편에 혀를 대고 '을'이라고 발음하다 혀를 앞으로 차며 '라' 소리를 내면 된다. 이때 중요한 것은 혀를 정확한 위치에 대고 시작하는 것이고, 처음에 연습할 때는 '을'을 하다가 L 발음을 하고, 점점 '을'을 약하게 해서 나중에는 들리지 않게 하는 것이 중요하다. 혀를 안으로 집어넣고 뒤에서 시작하면서 입천장에 혀가 닿으면 그것으로 L 소리가 났다고 착각하기 쉬운데 이는 혀를 입천장 앞에 댄 것이 아니라 혀가 뒤에서부터 입천장을 훑으며 앞으로 나오는 소리로, 원어민들은 이를 R에 가깝게 알아듣는다. 반드시 혀를 윗니 뒤에 딱 붙이고 '을'이라고 하는 훈련을 시작해야 정확한 위치를 찾을 수 있다.

L은 혀를 윗니 뒤에 붙여야

고등학교 3학년 때 생물 선생님은 유전자에 대해 설명하면서 우성 인자와 열성 인자를 각각 A, B와 a, b로 표기하고 우성 인자는 Large A, Large B로, 열성 인자는 Small a, Small b라고 읽으셨다. 그런데 이 선생님이 늘 우성 인자를 '롸지 에이'나 '롸지 비'라고 발음하셔서 나는 들을 때마다 몸서리를 쳤다. 내가 좋아하는 선생님이었다면 그냥 들었겠지만, 뼛속에 사무치도록 싫어하던 선생님이었기 때문이다. 그 선생님은 아침 자습 시작하기 1분 전부터 계단을 막고 서서 종이 치면 그때부터 늦게 오는 아이들을 잡아 세워 놓았다가 모두 조용히 자습하는데 복도에 줄 세워둔 아이들을 한 명씩 몽둥이로 패기 시작했다. 나야 아침에 일어나 창문을 열면 학교가 보이고, 미술 시간에 풍경화를 그리라면 열에 대여섯은 우리 집을 그리는 거리에 살았으니 지각을 모르고 학교를 다녔지만 가뜩이나 스트레스로 힘든 고3 수험생들이 밤새 공부하다 잠시 깜박하여 늦은 것을 아침부터 몽둥이질을 하면, 종칠 때 뛰어 들어오다 한 발짝 상관으로 걸려 아침부터 매를 맞는 아이나 교실에 앉아 있는 나나 기분이 상하기는 마찬가지였다.

인간이 폭정에 시달리면 독재자가 어찌할 수 없는 나만의 정신적 자유에 집착하게 된다. 나는 생물 선생님의 틀린 발음을 비웃는 데서 자유와 치유를 찾았다. 처음에는 친구들에게 이야기도 해보았지만 별로 반응이 없어 혼자 속으로 비웃었다.

혀의 위치를 잘 생각하며 '롸지'라고 발음해 보면 혀가 뒤로 말려 입 안으로 들어간 상태에서 입천장에 닿지 않고 제자리로 온다. 이게 바로 소위 '혀 굴린다'라고 할 때의 그 굴리는 소리이다. 영어라고 무조건 혀를 굴리는 것이 아니다. Large는 L로 시작하는 단어이므로 위에서 설명한 대로 혀를 윗니 뒤와 입천장 사이에 붙이고 시작해야 한다. 혀를 올바른 위치에 대고 '을' 하고 소리를 내다 혀를 차며 '을라아지'라고 발음해 보면 혀가 뒤로 꼬부라져 들어갈 이유나 시간적 여유가 없고, '롸'라는 소리는 내려고 애를 써도 낼 수가 없다. 생물 선생님께서는 영어 발음을 잘해 보고자 '롸지'라고 혀를 굴렸지만 실은 굴릴 때와 말아야 할 때를 구별하지 못하고 잘못 굴린 것이다.

영어로 '사랑' 혹은 '사랑하다'의 의미인 'Love'도 혀를 윗니 바로 뒤에 대고 '러브'라고 발음한다. 마찬가지로 처음에 '을러브'라고 연습하면 된다. 그런데 종종 '을러브' 대신 '으러브'라고 발음하는 사람들이 있다. 이때도 혀가 입천장에 닿기는 한 것 같으니 그렇게 발음하면 L 발음이 되었다고 생각하는 사람들이 많은데 '으러브'라고 발음하면 원어민들은 대부분 이를 L로 알아듣지 못해 의미를 제대로 전달할 수 없다. '으러브'라고 해보면 첫째 혀가 윗니 뒤에 붙어서 시작하지 않고 입 안쪽에 어정쩡하게 서서 시작한다. 그러고 나서 입천장에 닫는 것이 아니라 입천장을 뒤에서부터 훑으며 앞으로 나온다. 이는 정확한 L 발음이 아니다. 그러나 Love는 분명 L이 단어의 맨 앞에 오지만 Love라는 단어가 문장의 맨 처음에 오는 일은 드물다. 영어로 '사랑한다'는 표현은 'I love you'라고 한다. 연인 사이에도 쓰고, 부모 자식 간, 아주 친한 친구들끼리 쓰기도 한다. 이때는 아예 '아일 러뷰'로 발음해야 정확한 L 발음이 된다.

손에 끼는 장갑 'Glove'에서 'love(사랑)'를 발음할 때 '을러브' 대신 '글러브'라고 하여 '글' 발음을 해야지 잘못해서 '그러브'라고 하면 'Grub'라고 잘못 알아듣기 쉽다. 참고로 Grub는 '곤충의 유충'을 가리키는 말로서 장갑과 무관하다. 처음 연습할 때 '을러브'의 '을' 대신 '글~'이라 발음하다 '글러브'라고 하고 점점 '글'을 짧게 해서 '글러브'라고 발음하면 된다.

L이 단어 가운데 올 때도 혀를 붙이는 원리나 붙이는 위치는 같지만 처음에 나올 때처럼 준비할 시간이 있는 것도 아니고, 끝에 올 때처럼 발음하고 끝날 것도 아니고 혀가 갈 길이 바쁘므로 재빠르지만 정확하게 붙여야 한다.

대학이나 입사 원서를 'Application'이라고 한다. 처음에 A는 우리말의 '어'와 '애'의 중간 정도 발음이 나지만 여기서는 편의상 '애'로 표기하고 전체 발음을 하면 '애플리케이션'이다. 이때 혀를 어정쩡하게 두고 시작하면서 뒤에서부터 입천장을 훑으며 나오면 '애프리케이션'이 된다. 위에서 말했다시피 어정쩡하게 혀로 입천장을 훑으며 나오면 원어민들은 이를 R에 가깝게 알아들어 무슨 말인지 이해하지 못한다.

나의 한 인척이 미국에 사는데 그가 사는 동네 이름이 'Halle'이다. 이를 주변의 교포들이 혀를 어디에 둘지 몰라 입 안에서 계속 돌리다 결국 한 번도 제자리에 붙이지 않아 '하레'라고 발음해 미국에서 자란 2세들이 키득거리고 웃는 일이 잦다. 이도 L이 들어가는 단어이니 중간에 혀를 정확히 윗니 뒤에 붙여 '하알레'라고 발음해야 한다. L은 단어의 어디에 있든지 혀를 윗니 뒤에 붙인다는 것을 기억해야 한다. 여기서 또 하나 중요한 것은 L 앞에 나오는 모음이 장음인지 단음인지를 꼭 확인하고 그 길이를 정확히 지켜 발음해야 한다는 것이다. Love나 Glove의 O는 짧은 모음이다. 허나 Halle의 A는 장모음인 '하알레'이므로 '아'를 길게 발음해야 한다.

입술을 내밀고 R 발음을 하라

이번에는 R 발음에 대해 알아보자. R이 단어의 맨 앞에 올 때, 자음 다음에 올 때 그리고 모음 다음에 올 때의 경우로 나누어 살펴보겠다.

과거에 한창 인기가 있던 어떤 방송인이 발음을 정확히 하려 애를 쓰다 라디오를 '을라디오'라고 발음했다. 위에서 L 발음을 연습하기 위해 '을' 소리를 내다 L을 발음하라고 했는데 이 사람은 너무나 정확하게 L 발음을 한 나머지 '을' 소리까지 따라 나와 '을라디오 방송'이라고 말한 것이다.

나의 중학교 1학년 영어 선생님이 말씀하셨듯 R 발음은 혀가 입천장에 닫지 않게 뒤로 말아 들이면 된다. 혀를 뒤로 감아 넣고 '으' 하고 소리를 내면 음식이 넘어가다 목에 걸린 듯한 소리가 나면서 R 발음이 난다.

'라디오(Radio)'의 영어 발음은 라디오가 아니라 '뢰이디오'에 가깝다. 이를 우리말에 섞어 말할 때 진짜 R 발음으로 느끼게 "어제 뢰이디오 방송에서 들었는데…" 등으로 말한다면 주변에서 별로 좋아하지 않을 것이다. 우리말에 섞어 사용할 때는 그저 '(을)라디오'라고만 하지 말고 '(으)라디오' 정도로 발음하면 어떨까 한다.

사전에서 찾아보면 Range[reɪndʒ]는 '범위, 거리'라는 뜻이다. 가축을 방목하는 것을 'Free Range'라고 한다. 갇혀 있지 않고, 자유롭게 여기저기를 다닌다는 뜻이다. 또 하나는 '오븐 등의 화덕'이라는 뜻으로 나온다. 전자레인지 할 때의 레인지이다. 이 Range의 첫 글자는 R이므로 '뢰인지'라고 발음하면 된다. 그런데 요즘 우리말에는 복모음이 사라져가는 추세라 '레인지'가 아니라 '전자뢰인지'라고 써 놓아도 '전자레인지' 혹은 '전자렌지'라고 하기 쉽다. R이 보이면 우선 입을 문어 주둥이처럼 앞으로 쭉 뽑아내는 것으로 시작해야 한다. 쭉 뽑은 상태에서 '우~' 하고 소리를 내면서 혀를 아무 데도 닿지 않게 목구멍 쪽으로 말아 넣으면서 '우뢰인지'라고 하면 제대로 된 R 발음이 나온다. 운동선수들의 등수를 말할 때 랭킹(Ranking)이라고 한다. 이도 R이 맨 처음에 나온다. '우-뢩킹'이라고 연습해 보면 좋다. '길(도로)'이라는 의미의 'Road'도 '우'라고 하면서 혀를 뒤로 접어 넣고, 입술을 쭉 뺀 뒤 '우-로우드'라고 하면 된다. '을로우드'라고 발음하는 Load와는 다른 단어이다.

중간에 나오는 R 발음

그럼 R이 중간에 오면 어떻게 해야 할까? 한국인에게 가장 어려운 R 발음은 이렇게 중간에 나오는 R이다. 왜냐하면 혀를 순간적으로 목구멍 깊숙이 말아 넣어 혀가 들어갔다 나와야 하기 때문이다. 거기다가 R 바로 직전에 자음이 오는 경우는 발음하기가 거의 불가능에 가깝다.

요즘은 한국 드라마를 거의 보지 않지만 몇 년 전까지만 해도 한두 개씩은 꼭 보고는 했다. 한 10여 년 전에는 그 유명한 〈내 이름은 김삼순〉에 흠뻑 취해 다시보기까지 신청해 놓고 몇 개월 그 드라마를 보는 재미에 살았다. 〈내 이름은 김삼순〉에 등장하는 인물 중 한국계 미국인 의사인 'Henry'가 있다. 삼순이는 늘 그를 '헬리'라고 불렀다. 헨의 니은과 리의 리을이 만나 자음접변이 일어난 것이다. 우리는 '신라'라고 쓰고 '실라'라고 읽으니 편하고 좋지만 안타깝게도 영어에는 자음접변이 없어 'Henry'라고 쓰고 'Helly'라고 읽을 수가 없다. 아무리 자음과 자음이 만나도 쓴 그대로 '헨뤼'라고 읽어야 한다. 요즘 말로 한국인들에게는 취약인 발음이다. 편하게 '헬리'라고 하면 원어민들은 알아듣지 못하고, '헨리'라고 하면 R 발음이 아닌 L 발음이 되어 버린다. '헨'을 발음할 때 혀가 맨 앞으로 나온다. '헨뤼'라고 발음하기 위해서는 '헨' 직후에 맨 앞으로 나와 있는 혀를 입천장에 닿지 않게 감아 뒤로 집어넣었다 다시 닿지 않게 펼쳐야 하기 때문에 혀가 무척 바쁘다. 우리는 자음접변을 시작했을 것 같은데 영어 원어민들은 그냥 발음한다. 앞으로 나와 있는 혀를 재빨리 움직여 뒤로 밀어 넣기 위해서는 단전의 도움을 받아야 한다.

나는 일주일에 두세 번 정도 요가를 한다. 요가를 하러 가면 우선 모두가 호흡으로 몸을 데우고 마음을 가다듬는데 나는 몸이 별로 유연하지 못해 동작들은 잘하지 못하면서 호흡은 다른 사람보다 유난히 길다. 나에게 어떤 묘수가 있는 것은 아니고 단지 들숨, 날숨 모두 배에 힘을 꽉 주고 그 힘으로 가슴을 들어 올리며 숨을 들이마시고, 그 누르는 힘으로 폐에 공기를 모두 밀어내며 날숨을 쉬면 호흡이 길어진다.

이 배에 힘을 주는 것을 Henry에 사용해 배에 힘을 주고 상체를 위로 쭉 세우면서 '헨' 하고 순간적으로 입술을 문어 주둥이처럼 쭉 뽑은 뒤 배를 힘껏 들여 밀며 '뤼' 하고 발음하면, 앞으로 나와 있는 혀를 재빨리 뒤로 접어 넣을 수가 있다.

단전을 사용하는 방법은 우리 집에 오는 도우미 아주머니가 가르쳐준 것이다. 이분의 남편은 폴란드에서 1980년대 레흐 바웬사와 함께 '자유노조' 운동을 하다 망명하여 미국으로 왔다. 처음 우리 집에 온 날 자신의 폴란드 이름이 '브루쟈우스키'라고 알려주면서 발음 지도까지 해주었는데 '브루쟈우스키'의 '쟈우'를 발음할 때 자신의 배에 손을 대고 쭉 밀어 넣으며 "자 이렇게 해보세요"라고 말했다. 내가 배를 손으로 밀며 '브루쟈우스키'라고 했더니 매우 잘했다며 칭찬해 주었다. 나는 그때부터 영어 발음을 물어오는 사람들에게 배에 힘을 주라고 충고하게 되었다.

언어 발음 하나 하는데 무슨 단전까지 나오느냐고 할지 모르지만 사실 우리는 알게 모르게 단전의 힘을 빌어 말한다. 특히 서양 언어들은 강세와 장단이 뚜렷해 그것들을 모두 지키려면 우리보다 단전의 도움을 훨씬 더 많이 받아야 한다. 독일어를 공부해 본 사람은 'Ich'를 한번 발음해 보라. 아무리 그러지 않으려고 해도 배가 안으로 쑥 들어가는 것을 느낄 것이다.

우리말도 '하요일'이라고 하지 않고 정확히 '화요일'이라고 발음하려면 턱만 게으르게 움직여서는 힘들다. 입술을 뺍고 배를 쭉 들이밀며 '화'라고 발음하면 복모음 소리가 훨씬 정확하게 난다. 물론 Henry라고 말할 때마다 배에 손을 얹고 하라는 것이 아니라 집에서 아무것도 하지 않을 때, 거울 앞에 서서 자세를 바로 하고 단전을 사용해 '헨뤼'를 반복하여 연습하면 복근 운동도 되고 나중에는 특별히 의식적으로 힘을 주지 않아도 제대로 발음할 수 있을 것이다. 나도 중학교 시절 처음 Henry를 연습할 때는 힘들었지만 이제는 별 어려움 없이 발음할 수 있다.

R이 모음 다음에 올 때

IT'S FINE

Henry와 달리 R이 모음 다음에 올 때는 어떻게 발음해야 할까? Be동사 2인칭 형인 'Are'을 발음하려면 '아~' 하다가 혀를 천천히 뒤로 넘기면 된다. 술을 마시는 'Ba(바)'도 '바아'라고 하다가 혀를 뒤로 넘기면 된다. '자동차'라는 의미의 'Car'도 '카~'라고 하다가 혀를 뒤로 넘기면 된다. '단어'라는 의미의 'Word'는 '워~' 뒤에 혀를 뒤로 넘겼다가 아주 간결하게 '드'라고 하면 된다. 그런데 이렇게 모음 뒤에 R이 올 때는 발음이 힘들면 '바아', '아아', '카아', '워어드' 등으로 R을 생략해도 무관하다.

그러나 여기서 주의할 것은 R은 생략하더라도 모음의 장단은 꼭 지켜주어야 한다는 점이다. 내가 '바'나 '카' 등으로 표기하지 않고

'바아'나 '카아'라고 쓴 것은 이들 모음들이 모두 장음이기 때문이다. 위에서 L 발음을 설명할 때 사용했던 'Large'도 중간에 모음 뒤에 R이 끼어 있다. 이때도 장모음 '아'를 길게 끌면서 혀를 뒤로 접어 넣어 R발음을 해주어야 하지만 그게 힘들면 R은 생략하고 '(을)라아지'라고 하면 된다.

중학교 2학년 때 영어 교과서에 'Over there near the stream(저기 시냇물 근처에)'이라는 글귀가 나왔다. 중학교 2학년 때 영어 선생님은 왜 그런 별명이 붙었는지 모르겠는데 모두 그분을 '코끼리 빤쓰'라고 불렀다. 일제 강점기에 학교를 다니셨음직한 분으로 연세 지긋하고 매우 엄했지만 아이들을 무척이나 사랑한 훌륭한 선생님이었다. 그런데 옛날 말을 많이 쓰는 분이라 "Give me a fork(포크 주세요)"를 "삼지창을 달라" 등으로 해석했고 영어 발음은 정말 나빴다. 그런데 이 선생님께서 위의 'Over there near the stream'을 전라도 억양으로 '오발 대알 니아 다 스트림'이라고 읽어서 온 교실이 웃음바다가 된 적이 있다. 모든 R 발음을 L 음도 아니고 우리말 ㄹ을 발음으로 한 것이다. 이 경우도 아예 R 발음을 잊어버리고 '오버 데어 니어 더 스트림' 정도로 읽으면 깨끗하게 발음할 수 있다.

R과 L이 연달아 나올 때

L과 R의 발음을 차례로 알아보았는데 그럼 R과 L이 연달아 나올 때는 어떻게 발음해야 할지 알아보겠다. 한국인에게 또 한 가지 힘든 발음이 'World'나 'Girl', 'Early' 등과 같이 R과 L이 연달아

있는 발음이다. 이 발음들은 위에서 설명한 대로 혀가 뒤로 들어가 R 발음을 하고 숨이 끝나기 전에 다시 나와 윗니 뒤에 혀를 붙여 L 발음을 해야 한다. 이것도 잘 연습해서 단련이 되면 어렵지 않지만 힘들면 R 발음을 생략하고 혀를 윗니에 잘 붙여 '워얼드(World)' 혹은 '거얼(Girl)'이라고 해도 된다. 여기서도 위의 경우와 마찬가지로 모음의 장단을 꼭 지키면서 R을 생략하고, 끝에 L을 발음할 때 혀를 정확한 장소에 붙이는 것을 잊지 말아야 한다. 긴 모음으로 '워얼드', '거얼', '어얼리' 등으로 발음하면 힘겹게 R과 L 을 연달아 발음하지 않고 R 발음을 생략하더라도 의사소통에 전혀 문제가 되지 않는다.

L과 R의 혀의 위치를 기억하라

중·고등학교 시절 영어 회화 책에는 "나는 밥을 좋아합니다"라는 말이 빠지지 않고 나왔다. 이를 어떻게 발음하느냐가 문제였다. '밥'이라는 'Rice'를 잘못 발음해서 'Lice'로 하면 머리에 스멀스멀 기어다니는 '이(Louse)'의 복수형인 Lice가 되기 때문이다. 이밖에도 L과 R을 제대로 구별해 발음하지 못해 엉뚱한 말을 하는 경우가 종종 있다. 'Love(사랑, 사랑하다)와 Rub(비비다)', 'Load(짐 등을 싣다)와 Road(길)', 'Lake(호수)와 Rake(갈퀴 등으로 긁어모으다)' 등 헤아릴 수 없이 많다. 위에서 발음을 유형별로 나눠 특정한 발음이 단어의 맨 앞에 오느냐 중간에 오느냐 등으로 설명했지만, 결국 원칙은 모두 마찬가지이다. L을 발음할 때는 반드시 혀가 윗니 뒤에 가서 정확히 붙어야 한다. 반면 R을 발음하려면 아무 곳에도 닿지 않고 혀가 뒤로 넘어 들어가야 한다. 그리고 모든 경우 그 앞뒤의 모음의 길이를 정확히 지켜 장모음이냐 단모음이냐를 구별해 주면 된다. 여기에 예로 든 단어들을 인터넷 사전에서 찾아 그 발음을 재생해 들어보고 연습해 보면 어떨까 한다.

그러나 때로 발음을 잘못하여도 내 귀에는 들리지 않는 경우가 있다. 만약 원어민이 주변에 있다면 이런 발음들을 해보라고 부탁하고, 입 모양을 잘 살핀 뒤 따라 하고. 그 따라 하는 것을 듣고 평해 달라고 해보는 것도 큰 도움이 될 것이다. 원어민이 주변에 없으면 자신의 발음을 스마트폰에 녹음해 보고 들어보기를 권한다. 나는 한 단원을 마칠 때면 그 단원의 본문을 늘 녹음기에 녹음해 들어보곤 했다. 분명히 혀를 붙였다고 생각했는데 그렇게 들리지 않는 등 자신이 생각하는 것과 녹음기에서 나오는 발음이 상당히 차이가 날 때가 있다는 것을 느낄 것이다.

한국인의 취약 발음
: F와 P 발음

조선에서 처음으로 개혁파를 주축으로 꾸려 미국에 파견한 사절단 보빙사(報聘使)는 한국의 우정국과 육영공원 설립에 큰 영향을 끼쳤다. 이들이 미국을 돌아보고 와서 고종에게 올린 상소에서 미국의 여러 도시 명을 가차 혹은 음차로 표기했다는 이야기를 국사 시간에 들은 기억이 난다. 한자에서 외래어의 소리를 적기 위해 때로는 뜻도 그럴싸하게 한자를 만들어 붙인 것을 '가차(假借)'라고 하고, 뜻과는 별 상관없이 음만 빌린 것을 '음차(音借)'라고 한다.

코카콜라의 중국식 표기 '가구가락(可口可樂)'이 가차의 한 예이고, 기독교의 '기독(基督)' 또한 그리스도의 가차 표기이다. 고종 황제는 커피를 즐겼는데 그 당시 궁중에서는 커피를 '서양인들의 탕국'이라 하여 '양탕국'이라고 불렀지만 또한 커피와 소리가 비슷하게 한자를 붙여 '가배(珈琲)' 혹은 '가비(珈非)차'라고 했다고 한다. 중학교 국사 선생님 말씀이 필라델피아를 '必羅達彼亞'라고 표기했다고 한 것 같은데, 세월이 흘러 한자를 정확히 옮기는 것인지 확실치는 않지만 맨 앞 필이 '반드시 필(必)'이었던 것은 확실하다. '필라달피아'라고 표기했지만 필라델피아는 영어로 'Philadelphia'라 쓰고 그 안에 PH는 두 번 다 F 발음이 나서 '[filadélfia]'라고 읽는다.

흔히 F 발음은 현대 한국어에 없기 때문에 우리는 발음하기가 힘들다고 이야기한다. 실제로 용을 써도 F 발음을 하지 못하는 사람들이 있다. 내가 대학교 때 우리 학교 대학원으로 유학을 왔던, 나이가 워낙 많아 우리 모두 '아저씨'라 부르던 경상도 출신의 학생이 있었다. 패스트푸드점에 가서 감자튀김 'French fries'를 영어로 주문할 때마다 '프렌치 프라이즈'라고 발음해서 주문받는 직원이나 주문하는 그 학생이나 곤욕을 치르곤 했다. 한국 학생들이 돌아가며 1대 1로 붙어 아무리 과외공부를 시켜도 도저히 F 발음이 불가능했다. 그 학생은 결국 "그 뭐시꼬, 퍼킹('F'로 시작하는 영어의 욕) 프렌치 프라인지 나발인지 인제 안 무뻰다"라고 선언하기에 이르렀다.

그런데 내가 한국의 영어 학원에서 영어 회화를 6개월 정도 가르치며 느낀 것은 F 발음을 체질적으로 못하는 사람은 그리 많지 않다는 것이다. 문제는 F와 P의 차이를 모르고 심지어 자신이 어떤 발음을 하는지를 몰라 규칙 없이 F라고 할 곳에 P라 하고, P라고 할 곳에 F라고 하는 것이었다. 어떤 학생은 희한할 정도로 F와 P를 뒤바꿔서 발음했다. 'Part(부분)'라고 읽어야 할 것을 자꾸 'Fart(방귀)'라고 읽어 내가 Fart(방귀)라고 쓰고 읽으라고 하면 그 학생은 Part라고 읽고, Part라고 쓰고 읽으라 하면 Fart라고 했으며, Park는 Fark, Flat은 Plat으로 읽었다. 그 학생은 한 번도 예외 없이 정확히 틀리게 발음했다. 게다가 거꾸로 내가 Part라고 읽으며 내가 뭐라고 했냐고 물으면 그는 F라고 대답하고, Fart라고 읽으면 P라고 대답했다. 나중에는 '이것도 재주이다'라는 생각을 했다.

단어를 몰라서 발음을 틀리는 경우도 많다

P와 F 모두 무성음이다. 목젖에 손가락을 대고 이 두 발음을 번갈아 해보면 목청이 울리지 않는다. 그런데 우리말로 '프'라고 발음하면 목젖이 울린다. 그러나 이는 모음 '으' 때문에 목청이 울리는 것이지 'ㅍㅍ' 혹은 'PP'라고 발음하면 목청이 울리지 않는다. 둘 다 목청이 울리지 않는 무성음이라는 것, 이것 딱 하나가 F와 P의 공통점이다.

P는 입술을 꼭 붙였다 폭발시키며 '프'라고 하면 된다. 코를 심하게 고는 사람이 자는 모습을 지켜보면 별별 희한한 소리로 코를 곤다. 한창 코골이가 최고조에 달하면 갑자기 숨을 멈추고 잠시 쉬었다 '푸'와 '퍼'의 중간 소리쯤 되는 소리를 아주 고요히 연속해서 낸다. 나의 아버지도 코를 심하게 골아 잠을 설친 어머니가 새벽 2시에 일어나 우리 형제의 도시락 반찬을 만든 적도 있다. 아버지도 그렇게 '퍼퍼'라고 하며 코를 곯은 적이 많았다. 바로 이 소리가 P 발음이다. 거기에 모음과 다른 자음, 예를 들어 Art를 붙이면 Part가 된다.

F는 불어 주는 것은 P와 비슷한데 P는 입술을 붙이고 바람을 잔뜩 머금고 준비한 뒤 터뜨리며 내는 소리인 반면, F는 윗니를 아랫입술 위에 살짝 걸쳐 바람이 나가는 것을 막아 주고 그 이 사이로 '후' 하고 불면 입 속에 바람이 잔뜩 고이며 F 발음이 된다. 재즈 음악계에 전설 같은 트럼펫 연주자 디지 길레스피(Dizzy Gillespie)라는 사람이 있는데 이 사람의 연주를 유튜브에서 찾아보면 트럼펫을 불 때 양 볼이 마치 풍선처럼 부풀어 오르는 것을 볼 수 있다. F 연습을 할 때 윗니를 아랫입술 위에 살짝 걸치고 이 사이로 바람을 불면 아무래도 '후'라고 할 때만큼 바람이 자유롭게 나가지 못하니 양 볼이 길레스피만큼은 아니더라도 그 비슷하게 부풀어 오른다. 바로 그때 입을 열고 Art를 붙여 발음하면 Fart가 된다.

이렇게 보면 P와 F의 발음법은 그리 복잡하지 않다. 그런데 실생활에서는 이 단어가 F인지 P인지 금세 생각이 나지 않고 그러다 보니 알면서도 발음이 반대로 나가는 경우가 많다. 나의 경험 중 하나로, 어려서 라디오에서 들었던 미국과 영국의 가수들 이름이 실제로 미국에 가서 이야기를 하다 보니 F인지 P인지 혼동되는 경우가 많았다. 왜냐하면 어렸을 때 라디오 진행자들이 말하는 것만 듣고 따라 발음했는데 알고 보니 그 사람들이 P와 F를 뒤죽박죽으로 발음했던 것이다. 지금 생각해 보면 어려서 들었던 그 수많은 라디오 팝송 프로그램 진행자들 중 가수 양희은만 발음이 정확했고 나머지는 믿고 따라 하기 힘든 발음이었다.

YEAH!!

우선 단어를 정확히 알자

우리 주변에 P냐 F냐 단 한 글자로 의미가 갈리는 단어들이 있다. '당기다'는 Pull, '꽉 찬'은 Full로, 다른 발음은 모두 같지만 P와 F를 뒤바꿔서 발음하면 뜻이 달라진다. '껍질을 깎다(벗기다)'의 Peel과 '느끼다'의 Feel, Pit(구덩이)와 Fit(맞다), Pour(붓다, 따르다)와 Four(숫자 4), Pat(쓰다듬다)와 Fat(뚱뚱한) 등이 같은 경우이다. 여기서 P로 시작하는 단어들은 모두 입술을 붙였다 폭발하며 내는 발음이고, F로 시작하는 발음은 윗니를 아랫입술에 걸치고 바람을 이 사이로 불다가 내는 발음이다. 이렇게 단어를 처음부터 써 가며 배운 경우에는 그래도 P와 F를 구별하기 쉽지만 'French fries'처럼 그냥 일상생활에서 말로 먼저 배운 단어들은 우리말에서 P와 F의 구별이 없어 정확히 알기가 쉽지 않다.

쇠고기 부위 중에 '안심'은 영어로 'Tenderloin'이라고 하는데 이 Tenderloin을 소에서 떼어 내면 긴 막대같이 생겼고 한쪽 끝이 뾰족하다. 안심 중에서도 뾰족한 쪽으로 잘라 평평하게 스테이크로 만든 것이 필레미뇽이다. 이는 'Filet mignon'이라고 쓰고 F 발음으로 시작한다.

둘 다 프랑스어에서 온 단어로 'Filet'는 '살코기를 도려내다'라는 뜻이고 영어에서는 L을 두 개 써서 'Fillet'라고도 쓴다. 프랑스어에서 왔으므로 끝에 T는 대부분 발음하지 않는데 발음하는 사람도 가끔 있다. '생선가게 혹은 생선을 파는 사람'을 영어로 'Fish monger' 라고 한다. 여기 가서 "생선을 Fillet해 달라"고 하면 뼈를 발라 살만 준다. 'Mignon'은 '아름다운, 매력적인'이라는 뜻으로, 'Filet Mignon'은 안심 끝부분을 '예쁘게 도려내서' 만든 스테이크라는 뜻이다. 워낙 사람들이 좋아하는 비싼 부위라 그런 이름이 붙었나 본데 나는 솔직히 별 관심을 갖지 않는다. 그냥 입 안에서 녹듯 연하다는 것 이외에는 재미있는 맛이 하나도 없기 때문이다. 오히려 지방은 더 많지만 그래서 더욱 진한 풍미(Flavor)를 자랑하는 뉴욕 스트립(New York Strip)을 선호한다.

중국의 Delicacy(진미) 중에 상어 지느러미 수프가 있다. 고기의 가치가 없는 상어를 잡아 지느러미만 자른 뒤 그대로 물에 다시 던져 넣어 수영을 할 수 없는 상어가 매우 고통스럽게 죽기 때문에 보이콧 운동이 활발히 일어나는 음식인데 이름과 그 발음을 제대로 알아야 싸움을 해도 할 수 있는 것이니 여기에 소개한다.

우리나라에서는 '삭스핀'이라고 발음하는 사람도 많으나 '삭스(Socks)'는 양말이다. 양말 삶은 물을 먹고자 하는 사람은 없다. '상어'는 'Shark(샤크)'이고 '지느러미'는 'Fin'이다. '상어의 지느러미 수프'는 'Shark's fin soup'이 된다. 참고로 미국에 내가 사는 동네에 아주 좋은 Fish monger가 있는데 그 가게 이름이 '지느러미와 꼬리'라는 뜻의 'Fins and Tails'이다. 또 건강을 위해 운동을 하는 곳을 '피트니스 센터'라고 하는 사람들이 많다. 이것도 F로 시작하는 'Fitness center'라고 발음해야 맞다.

메리엄-웹스터 사전이 2017년 '올해의 단어'로 선정한 단어 '페미니즘'도 영어로 쓰면 'Feminism'이다. 라틴어의 Femina는 '여성'이라는 뜻이다. '여성스러운'이라는 의미의 Feminus가 12세기 프랑스어에서 Feminin이 되고 1837년 프랑스어에서 Féminisme를 '여성의 권리 옹호'로 정의한 뒤 1895년 영어에서도 같은 의미로 사용되기 시작했다.

팩스는 'Fax'이다. 라틴어에서 '정확한 사본'이라는 의미의 두 단어 'Fac simile'가 1690년대부터 영어에서 한 단어인 'Facsimile'로 쓰였다. 그 뒤 현대에 와서 정확한 사본을 전송하는 기계를 'Fax machine'이라 부르고 '(팩스 머신으로) 문서를 전송하다'라는 동사를 'Fax'라고 하고 또한 명사로 '(팩스 머신으로 전송받은) 문서'를 'Fax'라고 한다.

WHAT?

히읗으로 표기하는 F 발음 단어

F 발음은 우리말에서는 주로 피읖 발음으로 표기하지만 가끔 히읗으로 표기할 때도 있다. 요즘도 학교에서 소풍을 가는지 모르겠는데 우리 때는 소풍이 온 가족의 행사로 할머니까지 따라오는 경우도 있어 내가 다니던 초등학교는 할머니는 물론 부모들도 소풍에 오지 못하도록 며칠 전부터 가정통신문을 보내곤 했다. 소풍을 가면 빠지지 않는 것이 김밥이고 웬일인지 소풍날만 되면 가장 많이 싸오는 음료수가 환타였다.

평상시에는 잘 마시지 않는 환타가 왜 그날만 되면 그리 인기가 많은지 모르겠지만 실온에 오래 있어 미지근해진 오렌지 맛 환타는 김밥과 어우러져 묘한 시너지를 발휘했다. 환타는 코카콜라 사에서 만드는 음료로서 오리지널 코카콜라가 1886년부터 출시되었고, 환타는 그 한참 뒤인 1940년부터 나치 독일에 코카콜라 원액 수출이 힘들어지면서 그 대체용품으로 만든 것으로, 코카콜라 사 제품 중에는 두 번째로 오래된 제품이다. 이 환타의 영어명은 'Fanta'이다.

Fanta는 또한 알렉스 헤일리(Alex Haley)의 소설을 미국 ABC 방송이 미니 시리즈로 만들어 대히트를 했던 〈Roots(뿌리)〉에 등장하는 여자 노예 중 한 명의 이름이었다. 어렸을 때 단편적으로 봐서 어떤 역이었는지 잘 생각이 나지 않는데 아마도 주인공 쿤타킨테의 고향 친구였던 것 같다. 인터넷에는 태어난 아기들의 이름 짓는 일로 고심하는 사람들 때문에 여러 이름들의 의미를 설명해 놓은 사이트들이 많은데 거기서 'Fanta'를 찾아보니 아프리카가 그 이름의 근원지라고 적혀 있는 것으로 보아 아마도 쿤타킨테의 고향 친구의 이름이 Fanta라는 나의 흐릿한 기억이 아주 틀리지는 않은 듯하다.

Fillet, Fish, Flavor, Fin, Fitness, Feminism, Fax 등 우리말에 자주 섞어 써서 영어로 말할 때 F인지 P인지 잘 모르는 단어들은 대체로 F인 경우가 많지만, P로 발음할 때도 있다. 바로 '지원서'라는 의미의 'Application'과 '지원하다'라는 'Apply'가 그 대표적인 예이다. 이를 Afflication과 Affly로 발음하는 사람들이 이상할 정도로 많다. 대학 때 한 한국 학생이 언어 연수를 하러 왔는데 학교 교무처에 가서 계속 Application을 Afflication이라고 발음하니까 직원이 한참 멍한 표정을 짓더니 "You mean affiliation?"이라고 되물었다. Affiliation은 전혀 다른 단어로 '제휴'라는 뜻이다.

Keep Running

PH에서 f 발음을 할 때

그럼 F나 P가 아닌 PH는 어떻게 발음해야 할까? F로 발음할까, 아니면 P로 발음할까? 정답은 '경우에 따라 다르다'이다. 그러나 내가 보기에 99.9퍼센트는 F로 발음하면 된다. 위에서 예로 든 도시 이름 Philadelphia도 두 번의 PH를 모두 F 발음을 한다. 이 단어는 그리스어의 '사랑'이라는 'Phile'과 '형제'의 'Adelphia'를 합쳐 만든 말이다. 그래서 이 도시를 'the City of Brotherly Love(형제애의 도시, 우애의 도시)'라고 부르기도 한다. 유명 배우 톰 행크스가 주연한 1993년 영화 〈Philadelphia〉도 그냥 도시 이름이라 생각하지 말고 그 도시 이름의 본 의미를 영화의 내용에 접목하면 여러 가지 해석이 가능하다. Philadelphia에 사는 사람들은 줄여서 'Philly'라고 곧잘 부르는데 이도 F 발음이다. 미국의 한인 사회에서는 Philly라는 말보다는 '필라'라는 말을 더 많이 쓰는 듯하다. Philadelphia 이외에도 미국 애리조나주의 피닉스는 전설의 불새 이름인데 'Phoenix'로 쓰고 F 발음을 한다.

오래전 미국에서 〈Charmed〉라는 드라마를 방영했다. 마녀 세 자매의 이야기인데, 우리말의 마녀는 뭔가 사악한 느낌을 주지만 이들 세 자매는 악에 대항해 싸우는 착한 'Witch'였다. 가장 큰언니는 물건이나 사람 혹은 악령 들을 마음대로 이리저리 손을 휘저어 날려 버리는 능력이 있고, 둘째는 시간을 멈추고, 셋째는 미래를 보는 능력이 있었다. 이렇게 각각의 초능력이 있지만 셋이 손을 맞잡으면 그 세

가지 능력을 합친 것을 훨씬 능가하는, 어떤 기운 센 악령도 물리칠 수 있는 막강한 힘이 나왔기 때문에 이 셋을 일컬어 'The Power of Three'라고 불렀다. 모두 'Power'의 P가 이름의 첫 자였는데 첫째는 Pru, 둘째는 Piper, 셋째는 Phoebe였다. 참 재미있는 작명이라고 생각했다. 세 자매 중 셋째의 미래를 보는 능력은 이들이 악령과 싸우는 데 더 없는 무기가 됐지만 반대로 셋째는 셋 중 유일하게 자신을 방어할 공격 능력이 없어서, 그녀의 파워를 악령들은 'Soft power'라고 불렀다. 그래서인지 그녀의 이름 Phoebe(피비)도 P로 시작하지만 곧바로 H가 붙어 소프트한 F 발음이 나는 Phoebe였다. Phoebe는 그리스 신화의 12 티탄(Titan) 중 하나인 포이베로, 영어로는 F 발음 '피비[fí:bi]'이다.

이밖에도 PH가 F 발음이 나는 예는 무수히 많다. 그중 일상생활에 자주 사용하는 말 몇 가지를 추리면 '(주로 내과) 의사'를 가리키는 Physician와 Pharmacy(약국), Physics(물리), Physical(육체적인), Philosophy(철학), Physique(체격) 등이 있고 새의 일종인 '꿩'은 'Pheasant'라고 한다. 이때 모음 EA는 [e] 발음을 해서 [f́ezntf]로 발음한다.

PH에서 P 발음을 할 때

같은 PH라도 F가 아닌 P로 소리 나는 경우가 가끔 있다. 아무리 예를 들려고 해도 한 단어밖에 생각이 나지 않는 것으로 보아 극히 드문 경우라고 할 만하다. 바로 'Shepherd'이다. 우리에게는 '쎄빠트'로 잘 알려진 독일 산 개의 한 종류이지만 원래는 '양치기'라는 의미이다. 개 셰퍼드는 워낙 훈련이 잘 되어 경찰견, 전투견, 마약견, 인도견 등으로 특화하여 종자 개량을 할 정도이지만 원래는 양치기 개로 개량되었기 때문에 이름도 Shepherd라고 불렀다. 고대 서게르만어의 Skæpan이 고대 영어에서 Sceap이 되고 그것이 다시 Sheep(양)이 되고 거기에 '떼, 무리'라는 의미의 Herd에 접미사 ER을 붙여 만든 Herder, '무리를 돌보는 사람' 즉 '목동'이라는 의미를 합쳐 Sheep Herder, '양치기 목동'이 되었다. 이것이 점점 줄어 한 단어로 Sheepheder 그리고 종국에 Sheep의 두 E중 하나를 탈락시키고, Herder의 ER을 탈락시키고 Shepherd가 되었다. PH가 원래 하나의 어근이 아니라 Sheep(쉬프)의 P와 Herder(허더)의 H가 축약되어 쉬프 허더, 쉬프허더, 쉬퍼더, 쉐퍼드가 되다 보니 P 발음이 F로 순화되지 않고, PH이지만 예외적으로 P 발음이 나는가 보다. 『이솝 우화(Aesop's Fables)』 중에 늑대가 나타났다고 거짓말을 하다 나중에 진짜로 나타났는데 아무도 도우러 오지 않아 양과 양치기가 모두 늑대에 물려 죽는 이야기가 있다. 이솝이 이야기에 제목을 붙여 놓은 것이 아니라 여러 가지 이름으로 불리는데 그중 하나가 「양치기 소년과 늑대」이다. 영어로는 「The Shepherd Boy and the Wolf」이다.

발음 연습에 있어 귀로 듣고 구별하는 능력은 매우 중요하다. P와 F를 귀로 듣고 둘을 구별하는 능력이 없다면 그 두 발음을 구별하여 입으로 말하기도 그만큼 힘들어진다. 자꾸 들으며 어떤 것이 입술이 붙었다 떨어지는 소리이고 어떤 것이 이 사이로 바람이 새 나가다 나는 소리인지 구별하는 능력을 기르고, 나 자신이 구별해 발음을 해보며 잘 들어보는 연습을 하기를 권한다. 누가 자신의 발음을 듣고 조언해 줄 수 있다면 더 없이 좋을 것이다. 또 한 가지는 일상에 자주 쓰는 단어도 꼭 사전에서 찾아 P인지 F인지를 확인하는 습관을 기르는 것이다. 서양의 배우나 가수 이름을 확인하지 않고 방송 진행자들의 뒤죽박죽 발음을 무조건 따른 나의 과오를 범하지 않기 바란다.

치아와 혀가 만나는 소리
: [z] [ʤ] [ʒ] 발음

영어에 'When the stars align' 혹은 'When the stars are in alignment'라는 표현이 있다. '별들이 일렬로 늘어설 때'라는 뜻이다. 하늘에 별이 모두 일렬로 늘어서는 날이 과연 있을까? 우주 한 구석 작은 태양계의 행성들 몇 개가 일렬로 겹쳐도 여러 가지 자연 현상이 일어나고 점성술사들은 그 기운을 점치는데, 별들이 일렬로 늘어서면 아마도 천지개벽이 일어날 것이다. 그래서 이 표현은 거의 불가능한 일이 하늘의 도우심인지 모든 여건이 기적에 가깝게 맞아 떨어지며 일어날 때 쓰는 표현이다.

서양에 'Scrabble'이라는 보드게임이 있다. 알파벳이 새겨진 타일로 단어를 만드는 게임이다. 흔하게 단어에 들어가는 A, E 등의 알파벳은 1점부터 시작하고, 사용하기 힘든 글자는 5점, 6점 등 글자마다 배점이 다르고, 사용하기 힘든 글자들은 타일 수도 적다. Z 타일은 단 하나 있는데 이걸 뽑은 사람은 늘 큰 딜레마에 빠진다. 배점이 9점으로 가장 높지만 Z가 들어가는 단어를 찾기가 그리 쉽지 않기 때문이다. 나도 한때 이 게임을 친구들과 거의 매일 하고 놀았다. 어느 날 'When the stars were in alignment', 내가 Z를 뽑았고, 그것을 사용했는데 여러 보너스 점수들이 완벽하게 내가 만든 단어 안에 들어오면서 내가 만든 단어 하나가 73점을 기록하고 다른 모든 이들은 그만 전의를 상실하고 판을 엎어 버렸다.

WHAT?

알파벳 마지막 자 Z 발음

영어에는 우리말의 지읒과 비슷한 발음이 크게 세 가지 [z] [dʒ] [ʒ]가 있다. 말이 좋아 비슷하지 사실은 상당히 다른 발음들이지만 그들은 모두 지읒처럼 혀와 치아가 맞붙어 그 사이로 나가는 바람이 소리를 만든다는 점에서 상당히 비슷하다.

영어 알파벳의 마지막 자는 이 Z이다. "영어 알파벳의 마지막 자는 무엇일까요?"라는 질문에 대부분은 우리말 지읒 발음으로 '제트'라고 대답한다. 그러나 '제트'는 Jet로, '비행기' 즉 제트기라는 뜻이고 'Jet stream(제트기류)'이라고 할 때의 Jet라는 뜻이다. 알파벳의 마지막 자는 제트가 아니라 '제드(Zed)'이다. 그리고 미국에서는 '지(Zee)'라고 발음한다. 제드라 발음하든 지라 하든, 이 [z]는 우리 지읒 발음과 많이 다르다. 훈민정음의 삼각형 반치음이 비슷했다고 하는데 현대 한국어에는 없는 발음이다. 엄밀히 말해서는 없는데 점점 다시 생기는 것 같은 느낌이 든다. 뉴스 시간에 일기예보를 보거나 젊은 배우들이 말하는 것을 들어보면 지읒 발음이 입 안에서 혀의 뒷부분의 양쪽 끝이 어금니와 닿는 우리의 지읒이 아니라 입 앞쪽으로 훨씬 나와 있어 '전국이 맑겠습니다'를 늘 영어의 Z 발음처럼 "Zㅓㄴ국이 맑겠다"고 한다. 그렇다면 우리나라 사람의 많은 수가 [z] 발음을 할 수 있다는 뜻이 아닐까?

우리말 '생쥐'의 '쥐'를 발음해 보면 윗니와 아랫니가 붙은 상태에서 입술을 오리 주둥이처럼 앞으로 쭉 빼고 혀의 맨 앞은 치아에 닿지 않고 치아 사이로 새어나온 바람이 입 안에서부터 긴 통로를 통해 밖으로 나오면서 '쥐' 발음이 난다. '전국적으로'도 혀의 옆을 치아에 대고 혀의 앞 끝은 치아에서 뗀 다음 '저'라고 발음해야 제대로 된 지읒 발음을 할 수 있는데 기상 캐스터들이 '전국이 맑다'고 할 때는 입술을 위아래로 활짝 연 상태에서 혀의 맨 앞이 아랫니 뒤에 닿는다. 그게 바로 [z]를 발음하는 방법이다.

그럼 이 발음은 어떻게 해야 할까? 우선 '쓰' 발음으로 시작하자. '쓰쓰쓰'라고 하면 혀의 맨 앞이 아랫니 뒤에 가서 붙고 맞닿은 윗니와 아랫니 사이로 바람이 계속 새어 나간다. 목청에 손을 대고 '쓰쓰쓰'라고 하면 목청이 울리지 않는다. 그러나 혀와 이를 똑같은 위치에 놓고 목청을 울려 '즈즈즈'라고 하면 [z] 발음이 되고, 기상 캐스터들의 '전국이 맑겠다'는 발음이 된다.

영어의 마지막 알파벳은 Zed라는 식으로 발음하면서 모음을 짧게 발음해 준다. '젯' 하고 잠깐 쉬었다가 '드'보다는 '드'와 '트'의 중간 사이를 혀를 차며 침 뱉듯이 아주 짧게 '드'라고 해주면 된다.

미국식 발음은 훨씬 쉽다. 기상 캐스터들이 하는 식으로 '전국적으로 맑겠다'의 지읒 발음에 모음 '이'를 길게 늘여 주기만 하면 된다. '동물원'을 뜻하는 Zoo도 '우'를 길게 뽑아 주면 된다. Z가 들어가는 단어는 ZZ 혹은 TZ를 제외하고는 대부분 [z]로 읽어주면 된다.

그밖에도 S가 [z] 발음이 나는 단어들이 상당히 많다. 명사의 복수형으로 S가 붙을 때 혹은 3인칭 단수 현재형 동사 뒤에 S가 붙을 때는 단어가 무성자음 P, K, F, T로 끝나는 경우가 아니면 복수형 S는 모두 [z] 발음이 난다. 가령 '지도'를 뜻하는 'Map'의 복수 Maps의 S는 [s] 발음이 난다. 단 이 경우 '매프스'가 아니라 '맶쓰'로, P를 입 속으로 내줘야 한다. 입 속으로 발음하는 것이 무엇인지는 만나서 얼굴을 마주하고 설명하는 길밖에는 달리 방법이 없을 것 같아 여기서는 설명을 생략하도록 하겠다.

'걷다'라는 'Walk'의 3인칭 단수 현재형 Walks 역시 입속으로 K 발음을 하고 S는 [s] 발음을 한다. 그러나 그 이외의 'Plays', 'Prays', 'Passes', 'Dresses', 'Toys', 'Boys', 'Girls'는 모두 [z] 발음이다. Be동사의 Is나 Was 모두 S가 [z] 발음이다. 우리말의 지읒 발음하는 식으로 이즈, 워즈 하면 틀린 발음이다. 자연히 그 축약형 'Here's', 'There's', 'Where's', 'Who's' 등도 [z] 발음을 해야 한다. 'House'는 '집'이라는 뜻이지만, 동사로 '수용하다'가 되면 S가 [z] 발음이 나서 [hauz]가 된다. 또 복수형인 Houses도 두 개의 S 모두 [z] 발음이 나서 [hauziz]가 된다. 하와이 기타인 우쿨렐레(Ukulele)를 다

루면서 노래를 하던 하와이 출신의 가수 이즈라엘 카마카위올레는, 이름이 어려운 탓에 줄여서 'IZ'라는 애칭으로 불렸다. 이때도 [z] 발음을 해줘야 한다. 글자는 자주 쓰지 않지만 발음은 상당히 다방면에 등장하니 잘 익혀두면 좋다.

위에서 잠시 언급한 ZZ와 TZ는 둘이 비슷한 발음인데 그 대표적인 것이 우리가 좋아하는 'Pizza'이다. 우리는 대체로 '피자'라고 발음하는데 이탈리아어나 영어에서는 '피짜'에 가깝다. 그러나 '아이짜'라고 할 때의 '짜'와는 조금 다르다. 우선 '피'의 모음이 장음이다. 모음을 길게 발음해 주면서 혀를 앞니 뒤쪽에 대면 바람이 막히면서 소리가 끊긴다. 그러고 난 뒤 기상 캐스터의 '전국이 맑겠습니다'를 하는 기분으로 쌍지읒을 발음해 보면 쉽게 할 수 있다. 몇 년 전 인기 있던 드라마 〈응답하라 1988〉에서 시리즈가 거의 끝나갈 무렵 덕선이 자신의 고등학교 시절 일기를 찢어 버리려고 하는데 그녀의 남편이 될 택이가 그걸 보고 빼앗아 읽으려고 하는 대목이 있었다. 이때 덕선이 안타까워하며 내놓으라고 "줘, 아 줘"라고 하며 펄쩍펄쩍 뛰는 장면이 있는데 이때 덕선의 발음이 좀 이상해 "쪼, 앗 쪼"로 들린다. 그리고 이때의 '쪼' 발음, 혀를 앞니 뒤편에 대고 내는 쌍지읒 발음이 바로 ZZ 발음과 매우 비슷하다.

[ʤ] 발음

'생쥐'의 '쥐'와 가장 비슷한 발음은 [ʤ] 발음이다. 혀 뒷부분의 양 옆이 어금니 근처에 닿고, 입을 쭉 앞으로 쭉 뺀 것을 뒤로 당기면서 '쥐이'라고 하면 영어 알파벳 G의 이름과 비슷하게 된다. 이 글의 가장 처음에 예로 들었던 Jet도 똑같은 방식으로 J를 발음해 준다. 나는 미국에 오래 살았지만 영어 이름이 없다. 그래서 무언가를 전화로 주문할 때는 늘 내 이름을 한 자 한 자 불러줘야 한다. 다행히 내 이름에는 G가 들어가지 않지만 나와 비슷한 처지에 있는 사람 중에 이름에 G가 들어 있는 사람들은 이름 알파벳을 말할 때 'G'라고 하면 상대방이 'Z?'라고 반드시 되묻는다. 자신도 모르는 사이에 G를 '쥐'가 아닌 '지'라고 발음했기 때문에 미국 사람들이 'Z(Zee)'인 걸로 착각한 것이다. 내가 만들어 낸 이야기가 아니고 내 주위에도 미국 사람들이 자신의 이름을 계속 잘못 알아들어 애를 먹는 한국 사람들이 있다. 그 사람 이름에 들어간 G가 항상 문제로, 이 사람이 자신의 이름을 한자 한자 불러주며 G를 '지'라고 게으르게 발음한 경우 이런 오해를 받기 쉽다. 늘 의식적으로 입술을 쭉 앞으로 뽑았다 안면 근육을 사용해 뒤로 당기며 '쥐'라고 발음해야 한다. 이밖에도 'Gem', 'Gist', 'Jam' 등이 모두 '생쥐' 발음이다.

G는 다양한 소리를 내므로 늘 사전을 찾아보고 발음을 들어보는 것이 중요하다. 우리의 기역 비슷한 [g] 발음이 날 때도 있기 때문이다. 특히 G 뒤에 모음 I 혹은 E가 올 경우 [ʤ] 발음인지 혹은 [g] 발음인지 반드시 확인해야 한다. 일반 단어도 그렇고 사람 이름도 이 문제로 애를 먹는 경우가 많다. 미국에서는 학교에서 출석을 부를 때 교수님들이 학기 초에 출석부에 발음기호를 일일이 표시해 놓고 다음번에는 틀리지 않게 부르도록 신경 쓰는 모습을 종종 본다. 우리가 잘

아는 단어 'Give'는 뒤에 모음 I가 오지만 발음은 [g]이다. 유명한 테니스 선수 출신으로 지금은 은퇴하고 해설을 하는 Justin Gimmelstob이라는 사람이 있다. 이 사람의 성씨도 역시 [g] 발음이 나는 '기멜스톱'이다. 반면 뉴욕주 상원의원 Kiersten Gillibrand는 한국의 주요 일간지에 늘 '길리브랜드'라고 나지만 사실 그녀 자신과 미국의 모든 언론 그리고 그녀를 상원의원으로 뽑은 유권자들은 '질리브랜드'라고 [ʤ] 발음을 한다. 또한 위에서 예를 들었던 Gem과 Gist는 모두 [ʤ] 발음이다. 'Gadget'라는 단어는 '도구'라는 뜻이다. 이 단어의 발음은 [gæʤit]이다. 앞에 G는 [g] 발음이고 중간에 DGE가 합쳐져 [ʤ] 발음이 난다.

이 DGE가 단어의 맨 끝에 오면 무조건 [ʤ]이다. 그리고 바로 이 발음이 우리 한국인들에게는 매우 힘든 발음 중 하나이다. 'Hedge', 'Judge,' 'Edge' 이런 단어들이 모두 그 예인데 우리는 끝에 모음을 꼭 붙여 헷지, 젓지, 엣지 등으로 발음하는 경향이 있지만, 여기서는 모음이 없이 자음으로 발음을 끝내야 해서 설명하기도 힘들고 발음을 하기는 더욱 힘들다.

여태껏 공부한 [ʤ] 발음을 복습해 보면, 혀의 양 옆을 뒷니에 닿게 하고 입을 앞으로 쭉 내뺀은 후 지읒 발음을 하다 입을 당기며 각각의 적당한 모음 발음을 한다. 즉, Gist, Gem, Jam, Jet 모두 그렇다. 그런데 Hedge, Judge, Edge 등은 뒤에 모음이 없는 [ʤ] 발음이다. 그러니 입술을 당기며 모음을 발음해 줄 필요가 없다. Hedge의 경우 '헷' 하고 잠시 쉬면서 입술을 앞으로 뻡고 그대로 쭉 뻡아둔 채로 아주 짧게 재채기를 하듯 조용히 'ㅈ'라고 지읒 발음을 짧게 해줘서 '헷ㅈ'라고 하면 된다. Judge는 '젓ㅈ', Edge는 '엣ㅈ'이다. 인터넷 사전에서 발음을 들어보면 모음 없이 지읒만 적어 놓은 것이 어떤 발음인지 이해하기 훨씬 수월할 것이다. 수년 전에 인기 있었던 한 드라마에서 '엣지 있게'라는 말이 유행했다. 이것을 영어식으로 '엣ㅈ 있게'라고 했다면 그리 인기를 끌지 못했겠지만 영어로 말할 때는 모음 없이 [ʤ] 발음을 하는 것을 잘 연습해야 내 말의 뜻을 전하는 것이 수월해진다.

[ʒ] 발음

세 번째로 [ʒ] 발음에 대해 알아보도록 하겠다. 이 발음도 이론상으로는 상당히 간단하다. 어른들이 아이 오줌 누일 때 늘 '쉬쉬'라고 한다. 또 조용히 해야 할 곳에서 떠들어도 '쉬'라고 한다. 영어의 '쉬'는 우리의 '쉬'보다 입술이 훨씬 더 오리 주둥이처럼 앞으로 나와 입 안에 빈 공간을 더 깊고 넓게 만들어 주면 된다. 그리고 [ʒ] 발음은 그 '쉬' 발음에 목청을 울려 지읒 발음을 해주면 된다. 프랑스어를 하는 사람이면 프랑스어의 단수 1인칭 주격 대명사인 'Je'의 발음을 생각하고 그 비슷하게 발음하면 된다. 말은 참 쉬운데 그리 쉬운 발음은 아니고 하다 보면 지읒 소리보다는 '쉬' 소리에 더 가깝게 날 때도 있고 상당히 헷갈리는 발음이다. 이 발음은 발음 자체가 프랑스어의 발음과 비슷할 뿐만 아니라 주로 프랑스어에서 온 단어들에 많이 쓰인다. 그 대표적인 예가 'Garage'이다. 차를 넣어두는 '차고'를 주로 이렇게 부른다. 미국에서는 집에 처박아 놓고 더 이상 쓰지 않는 물건들을 모아 자기 집 차고 앞에 차려 놓고 싸게 파는 행사들을 집집마다 종종 하는데 이를 'Garage sale'이라고 한다. 영국 혹은 호주 등에서는 [gæridʒ]로 끝에 G를 [dʒ] 발음하는 사람들도 있지만 미국에서는 거의 모든 사람들이 두 번째 A에 강세를 주면서 [gəɾɑ́:ʒ]로 발음하여 [ʒ] 발음을 한다. 이 단어는 생긴 모양부터가 프랑스어처럼 생겼는데 프랑스어의 '보호하다 혹은 배를 정박하다'의 'Garer'에서 나왔다고 한다.

역시 프랑스어에서 나와 프랑스어처럼 생기고 프랑스어처럼 발음하는 단어로 'Barrage'가 있다. 군대 용어로서 '엄호사격'이라는 뜻인데 일상생활에서 '빗발치는 (질문 등의) 세례'라는 의미로 매우 자주 사용한다. 빗발치는 질문 세례는 'A barrage of questions'라고 한다. 그밖에도 'A barrage of requests(요청)', 'A barrage of insults(모욕)', 'A barrage of criticism(비난)' 등 그 용례는 무수하다. 발음은 Garage와 강세 위치도 같고, 뒤에 G 발음도 같아서 [bəɾɑ́:ʒ]이다. 역시 프랑스어에서 나왔는데 '멈추다, 막다'의 의미인 'Barrer'에서 왔다.

모양은 위의 두 단어와 좀 다르지만 'Regime'이라는 단어도 G를 [ʒ] 발음하는 사람들이 많다. 사전을 봐도 [ʒ]와 [dʒ] 두 가지가 다 실려 있다. '정권, 체제'라는 뜻으로 뉴스를 들으면 어느 나라에서 쿠데타가 일어나 정권이 바뀌면 'Regime change'라는 말을 많이 한다. Regime은 '규칙, 정부' 등의 뜻을 가진 프랑스어 단어 Régime

에서 왔다.

단어를 찾고 발음과 강세를 확인하라

쭉 정리를 해보면 [z] 발음은 혀끝을 앞니 아래쪽에 대고 지읒 발음을 하면 된다. 기상 캐스터들의 '전국이 맑겠다'는 발음을 생각하면 이해하기 쉽고, 영어 알파벳의 Z가 들어가는 단어들은 거의 모두 [z] 발음을 하면 되고, S가 들어가는 단어들은 한 번씩 의심해 보는 것이 좋다.

[ʤ] 는 우리말의 '쥐'와 비슷한 발음으로 혀의 양 옆을 치아에 대고 입술을 우리말 '쥐'보다 훨씬 더 앞으로 뽑아내고 잡아당기며 Gist, Gem 등으로 발음한다. [ʤ] 발음은 주로 G 다음에 I 혹은 E 등의 모음이 올 때 주로 나는 발음인데 [g] 발음인지 [ʤ]인지 꼭 확인해 봐야 한다. 단어의 맨 끝에 모음 없이 오는 [ʤ] 발음인 Edge, Hedge 등은 앞에 모음을 발음하면서 혀를 올바른 위치에 붙이고 잠시 쉬는 사이 입을 앞으로 쭉 뽑고 당기지 않고 그냥 'ㅈ' 하고 지읒 자음 발음만 해준다.

[ʒ] 발음은 아이 오줌 누일 때 하는 '쉬쉬'보다 더 앞으로 입을 뽑고 '쉬쉬'라고 하다 목청을 울리며 지읒 발음을 내주면 '쉬'와 '주'의 중간 발음이 되면서 [ʒ] 발음이 된다.

이 세 발음들은 대부분 단어만 봐도 구별이 가능하지만 그래도 언제나 맞게 한다고 생각하고 자신 있게 했던 발음이 알고 보면 틀린 경우가 많다. 늘 하는 말이지만, 쉬지 않고 단어를 찾아보고 발음과 강세를 반드시 확인하는 습관이 꼭 필요하다.

사전을 보면 Z로 시작하는 단어는 몇 없다. 중간에 들어가는 단어도 별로 없다. 오죽 했으면 뉴욕타임스에서 스크래블 하다 Z 타일이 마지막까지 남았을 때 만들 수 있는 두 글자짜리 단어 리스트를 기사로 낸 적도 있다. 한동안 그걸 오려서 스크래블 박스 속에 넣어 두었는데 이 글을 쓰며 열어보니 웬일인지 기사 오려 놓은 것이 없어져서 찾을 수가 없다. 나는 이제 스크래블 게임을 거의 하지 않는다. 같이 하던 친구들이 모두 전화기에 스크래블 앱을 깔아 놓고 얼굴도 보지 않고 각자 집에 앉아 하면서 단어찾기 앱을 사용해 뜻도 모르는 단어들을 마구 쓰기 때문에 별로 재미가 없어졌다. 전에는 그 기사에 나온 단어 6~7개를 다 외우고 있었는데 오래 게임을 하지 않았더니 생각나는 것도 없다. 단 하나 생각나는 단어가 'Za'이다. 피자를 줄여서 하는 말이라는데 그렇다니 그런 줄 알고 급할 때에 사용했지 실은 들어본 적이 없는 말이고 나도 한 번도 써본 적이 없다. 인터넷에서 찾아보니 하나 더 나오는데 'Zo'라는 말이 있다. '들소와 가축 소의 잡종'이라는 뜻이라고 한다. 오늘은 오랜만에 얼굴 마주보고 하는 아날로그 스크래블 한 번 하고 싶다.

땡큐, 쌩큐, 쌩유
: TH 발음

장난삼아 '쌩유'라고 말하는 사람들이 있다. 한동안 '쌩큐'라고 표기한 적도 있다. 이제는 그냥 '땡큐'로 굳어진 것 같고, 내 귀에도 '땡큐'가 영어 발음에 가장 가깝게 들린다. 우리말에 가장 흔히 섞어 사용하는 영어 표현 중 하나인 '땡큐'의 표기를 가지고 이렇게 고민하는 이유는 'Thank you'의 TH 발음이 우리말에 없기 때문이다. 사실 유럽어족 중에서도 영어의 TH 발음이 있는 언어는 거의 없다. 스페인어에서 S 발음을 TH 발음처럼 하는 사람들이 있긴 한데 S 발음을 그냥 하는 경우이고, 정식으로 TH 발음이 있는 것은 아니라고 한다.

영어 TH 발음의 유래

TH 발음은 주로 고대 그리스어나 게르만어 계통이었던 고대 영어 혹은 고대 스칸디나비아어 등에서 나온 단어들에 들어 있는 발음으로 대부분의 유럽 언어에는 없다. 고대 영어에서 나온 단어 중에는 '치아'를 뜻하는 'Tooth'와 그 복수형 'Teeth'가 그 대표적인 예이다. 고대 그리스어에서 나온 TH는 산스크리트어와 연관이 깊다. 고대 그리스어와 산스크리트어, 이란의 언어인 페르시아어는 생각보다 끈끈한 관계를 갖고 있다. 이들은 하나의 공통된 언어에서 파생했다고 볼 정도로 유사한 점이 많다. '아버지'라는 단어는 영어로 'Father'이다. 독일어에서는 'Vater', 라틴어에서는 'Pater', 그리스어에서는 'Pitr', 페르시아어에서는 'Pedar'로 매우 비슷하다. 한편 지형적으로는 그리 멀지 않으나 어족이 다른 히브리어에서는 'Abu', 히브리어와 어족이 같은 아랍어에서는 'Ab'으로, 인도유럽어족과 그 모양이 매우 다르다.

단어뿐 아니라 산스크리트어와 그리스어는 문법적으로 세밀한 부분까지도 비슷하고, 산스크리트와 라틴어도 많이 비슷하다고 한다. 요즘도 석가모니의 이름인 '싯다르타'를 영어나 많은 유럽 언어에서는 'Siddhartha'라고 중간에 DH로 표기한다. 그리스어의 TH 발음이 산스크리트어의 DH에 해당하는 발음으로 애초에 TH로 표기하고 T와 H를 서로 떼어 발음하다가 기원전 2세기경 그리스어의 알파벳 '세타(Theta, θ)'가 널리 쓰이면서 TH를 오늘날처럼 하나의 발음으로 붙여 읽기 시작했다. 그러나 오직 영어에서만 이 TH 발음을 물려받았고, 라틴어와 프랑스어, 스페인어, 이탈리아어 등 라틴어에서 파생한 언어들 그리고 독일어에서는 그냥 T로 발음한다.

고대 로마인들은 라틴어를 사용했고 11세기 영국을 정복한 윌리엄과 그가 살았던 노르망디 사람들은 프랑스어를 사용했으므로 이 TH 발음을 할 수 없었다. 고대 영어는 유럽 대륙에 살던 게르만족 계통의 앵글로색슨족이 영국 제도로 들어오기 전 유럽 대륙에 살 때부터 라틴어의 영향을 받았고 그 뒤 영국 제도가 기원전 43년 로마에 정복되어 본격적으로 라틴어의 영향을 받았으며, 1066년 윌리엄이 영국을 정복하면서 프랑스어가 밀려들어 와 크게 요동치기 시작한다. 이 때문에 TH 발음도 스펠링이 단순한 T로 바뀌었다 나중에 다시 살아나는데 발음은 그냥 T로 남는 등 영어의 스펠링이 규칙을 찾아보기 힘들게 뒤죽박죽되는 데 일조를 했다.

유성음은 번데기 발음, 무성음은 꽈배기 발음

영어도 그냥 다른 언어들처럼 T로 발음했으면 좋았을 것을 TH를 고스란히 물려받아 발음하니 공부를 하지 않을 수 없다. 발음법은 의외로 간단하다. 어린이들이 말을 처음 시작할 때는 혀가 제대로 돌아가지 않아 시옷 발음을 혀를 입 밖으로 내놓고 시옷과 디귿의 중간 정도로 해서 '소'라고 할 것을 '도'라고 하는 경우가 있다. 이것이 TH 발음과 매우 비슷하다. 이 발음은 혀를 살짝 내밀어 윗니와 아랫니로 가볍게 물고 시작하면 된다.

TH 발음은 크게 무성음([θ]) 발음과 유성음([ð]) 발음이 있어 발음기호 모양을 따라 유성음은 번데기 발음, 무성음은 꽈배기 발음이라고도 한다. 번데기 무성음은 윗니와 아랫니로 살짝 문 혀를 윗니를 긁으며 입 안으로 끌어들이면서 시옷 발음을 하고, 짜배기 유성음은 똑같은 위치에 혀를 놓고 똑같이 윗니를 긁으며 입 안으로 끌어들이면서 목청을 울려 디귿 발음을 해주면 된다.

발음법 자체만 놓고 보면 별로 어려울 것이 없는데 틀리기 쉬운 이유는 혀를 밖으로 날름 내밀었다 들이밀었다 바쁘게 움직이는 것이 우리말에 없는 발음법이라 혀가 나갈 곳에서 나가지 않고 나가지 말아야 할 곳에서 나가는 실수를 반복하기 때문이다. '감사하다'라는 의미의 'Thank'는 번데기 발음으로 혀를 앞으로 내밀고 시옷 발음을 하면 된다. Thank라는 단어는 종종 문장 처음에 오기 때문에 혀를 제대로 놓고 준비를 단단히 한 후에 말하면 된다.

그런데 가령 S나 T 혹은 D가 한 단어 안에 TH와 섞여 있는 경우는 혀의 위치가 수시로 변하면서 혼동이 생긴다. 'Synthesis'라는 단어를 보면 S가 세 번, TH가 한 번 나온다. 중간에 딱 한 번만 혀가 밖으로 나와야 하는데 말을 하다 보면 그게 그리 쉽게 되지가 않고 'Thinsesis'라고 하는 등 잘못된 곳에 TH 발음을 하게 될 때가 많다. 이건 그냥 단어를 중얼중얼하면서 입에 익히는 수밖에 없다.

그밖에도 철학의 한 분야인 '미학'은 'Aesthetics'라고 한다. S를 발음한 직후 혀를 내밀어 TH 발음을 해줘야 하니 매우 힘들다. 수술할 때 하는 '마취'라는 의미의 'Anesthesia' 또한 그렇고, '마취하다'라는 동사형 'Anesthetize'는 S 뒤에 TH 그리고 그 바로 뒤에 T가 나와 원어민들도 혀가 잘 꼬이는 단어이다. 이들은 인터넷에서 발음을 찾아 재생해 듣고 외워서 반복 연습하는 수밖에 없다. 괜히 매번 스펠링 보고 발음하려면 혀만 계속 꼬인다. 가장 먼저 'S,'S,'S'라고 하다가 'Sthe'라고 하고, S 뒤에 연달아 혀를 내밀고 TH를 발음하는 연습을 계속한다. 여기까지 별 어려움 없이 할 수 있게 되면 'Tize'를 붙여 다시 혀를 안에 넣고 Sthetize를 잠꼬대할 정도로 반복해서 연습한다. 이때 S를 발음하고 급히 혀를 내밀어 TH를 발음하고 다시 들어와 T를 발음하는 매우 복잡한 혀 운동을 해야 하니 그 점을 유의해 연습해야 한다. 그렇게 조금 과장해서 한 1년 정도 생각날 때마다 Sthetize를 연습한 후에 비로소 'Ane'를 붙여 완성을 시켜 그것을 또 한 1년 정도 생각날 때마다 혼자 Anesthetize라고 중얼거리면 대화 중에 혀가 꼬이지 않고 자연스럽게 사용할 수 있다. 반복 연습이 좋은 것은 내 몸의 근육들이 순서를 외워 생각 없이 해도 알아서 움직이게 만들기 때문이다. 이런 것을 'Muscle memory'라고 한다. 한 가지 희소식은 '천식'이라는 의미의 'Asthma'는 TH 발음을 하지 않고 S만 [z] 발음해 주면 된다.

가끔 TH 발음을 무성음 번데기 발음인지 유성음 꽈배기 발음인지 혼동하는 경우가 있다. 'This', 'That', 'The', 'These', 'Those'등은 모두 유성음 꽈배기 발음이다. 'Thank you', 'Thanks', 'Think', 'Thought', 'Thing', 'Think' 등은 무성음 번데기 발음이다. 숫자에는 서수(Ordinal numbers)와 기수(Cardinal numbers)가 있다. One, two, three는 기수이다. 첫째, 둘째, 셋째 하고 순서를 세는 것은 서수이다. 서수는 First, second, third라고 쓰지만 약자로 1st, 2nd, 3rd라고도 쓴다. 그리고 네 번째인 Fourth부터는 숫자 뒤에 TH를 붙여서

4th, 5th, 6th 등으로 쓴다. 이때의 TH는 모두 무성음 번데기 발음이다. '부드러운, 매끄러운'이란 의미의 'Smooth'는 우리말로 '스무스'로 표기해서 무성음 번데기 발음으로 알고 있는 사람들이 많은데 유성음 꽈배기 발음이다. 우리가 즐겨 마시는 '스무디(Smoothie)'도 유성음 꽈배기 발음이다. 'Mother', 'Father', 'Brother' 모두 유성음 꽈배기 발음이다.

Aha! T와 H를 분리하는 발음

TH라고 모두 꽈배기나 번데기 발음으로 읽는 것은 아니다. '푸세식'이라고 부르는 '재래식 화장실'은 영어로 'Outhouse'라고 한다. '밖에 있는 집'이라는 뜻이다. Out과 House가 합쳐져서 중간에 TH가 들어가지만 T와 H를 분리해서 '아웃하우스'라고 두 단어를 따로 발음해 준다.

'Thomas'라는 이름은 TH이지만 T 발음을 한다. 토마스는 성경에 나오는 예수의 12제자 중 한 명의 이름이다. 학자들이 예수가 실제 사용한 언어였을 것이라 추정하는 아람어(Aramaic)에서 나온 이름으로, 본래 뜻은 '쌍둥이'이다. 예수의 제자 토마스는 실제로 쌍둥이였다고 한다. 신약성경의 일부분이 본래 아람어로 쓰였지만 소실되었다고 생각하는 학자들도 꽤 있는 듯하나 결정적인 증거는 없고, 현재 우리 주변의 성경은 모두 그리스어본을 번역한 것이다. 그리스어 성경에서 토마스는 Thomas이고 이 토마스의 뜻을 설명하기 위해 그리스어 성경은 '쌍둥이라 불리던 토마스'라고 적는다. 그리스어의 Thomas가 라틴어로 넘어오면서 라틴어에는 TH 발음이 없으므로 TH가 T로 바뀌었으나 영어에서는 TH가 살아나 Thomas라고 쓰면서 발음은 라틴어 발음을 좇아 '토마스'라고 발음하고 그 애칭은 그냥 T만 써서 'Tom'이라고 한다.

사이먼 앤 가펑클이 불러 유명해진 영국 민요 〈Scarborough Fair〉의 가사에 등장하는 허브의 일종인 '타임'은 'Thyme'이라고 쓰고 T 발음을 한다. 그리스어의 Thymon에서 나왔는데 라틴어에서 표기는 Thymum이라고 하면서 T 발음을 했고, 프랑스어에서도 Thym 혹은 Tym이라고 표기하면서 T 발음을 하다 14세기 무렵부터 영어에서 Thyme이라고 쓰기 시작했고 역시 발음은 T 발음을 한다.

템즈강은 서울의 한강처럼 런던의 상징과도 같다. 템즈강도 'Thames'라고 쓰고 T 발음을 한다. 고대 켈트어의 '어두움'을 뜻하는 강 이름 Tamesa에서 나온 말로 기원전 50년경부터 라틴어에서 Tamesis라고 부른 흔적이 있고, 그 후 고대 영어에서 Temese라고 불렀는데 라틴어의 T 발음이 대체로 그리스어의 TH에서 나왔다는 것이 널리 알려지면서 그렇지 않은 경우에도 어원과 아무 상관없이 H를 추가하는 경향이 생겨 Tamese에도 H가 들어갔다. 모르긴 해도 H를 추가하고 보니 너무 길어 끝에 E를 탈락시켜 Thames가 되었나 보다.

Thames처럼 쓸데없이 T 뒤에 H를 추가한 단어로서 'Author(작가)'가 있다. 이 단어는 그리스어에서 나온 흔적은 없고, 라틴어에서 시작되었는데 라틴어의 단어는 Auctor였다. 그것이 프랑스어에서

Auctor 혹은 Aucteor로 쓰이다 중세 영어에서 Auctor, Auctour, Autor로 변하고 거기에 H가 추가되어 Author가 되었다. Author의 H는 T와 연계해서 TH 무성음 번데기 발음을 해야 한다.

우리나라 사람들이 힘들어 하는 발음이라 발음법 자체는 그리 복잡한 것이 아니라고 설명했지만, 솔직히 말하자면 TH 발음은 도저히 못하겠다 싶으면 하지 않아도 된다. 인도나 파키스탄 사람들은 영어가 유창하기로 유명하지만 그들은 죽었다 깨나도 TH 발음을 못해 'I think'를 '아이 팅크'라고 말한다.

얀 마텔의 소설 『파이의 인생(Life of Pi)』에 파이가 인도 사람들은 혀에 따뜻한 구슬을 올려놓고 그것을 혀로 살짝 감싼 듯이 말을 한다고 하는 대목이 있다. 인도나 파키스탄 사람들은 그렇게 혀를 살짝 감싸고 '아이 팅크'라고 해도 영어로 소통하고 산다. 우리도 '아이 씽크'라고 해도 되고, 아니면 무성음 번데기 발음을 어떤 사람들은 좀 더 된소리를 내기도 하니까 '아이 띵크'라고 해도 무관할 듯하다. 물론 발음을 정확히 해주면 영어로 생활하는 데 훨씬 편해지는 것도 사실이다. 해봐도 안 되는 것은 할 수 없더라도 연습은 해보는 것이 좋을 듯하다. 해보니 될지도 모를 일이니 말이다. 거울을 보고 혀를 조금만 내밀고, 그것을 윗니로 살짝 누른 후 'Think'라고 하면 어떤 소리가 나오는지 시도해 보길 바란다.

생활 속 영어 표현

Expression

유학 생활과 영어
: 내 영어 공부의 역사

미국에 가서 기숙사에 들어간 첫날은 일요일 오후였다. 외삼촌과 외숙모가 운전하는 차에 짐을 싣고 학교로 갔다. 두 분은 내가 짐 푸는 것을 도와주고 내 침대 시트 등을 깔아 준 뒤 집으로 가고 나는 나의 룸메이트 Mark와 처음 대면했다. 그는 고등학교 졸업하고 군 복무를 3년 정도 하고 입학해 나와 동급생이었지만 나이는 나보다 세 살이 많았다. 그가 자기 아버지의 털털이 차를 가지고 와서 둘이 함께 차를 타고 학교 근처 버거킹에 가서 저녁을 먹고 돌아오는데 그 고물차가 시동이 걸리지 않아 버거킹 주차장에 세워 놓고 푹푹 찌는 8월의 텍사스 태양을 등 뒤로 하고 둘이 걸어서 기숙사로 왔다.

저녁 먹으면서, 기숙사로 걸어오면서 그리고 그날 잠들기 전에 그와 나눈 이런저런 이야기는 별로 특별할 것도 없는 일상적인 것들로,

어디서 왔느냐, 전공이 뭐냐 등등 대화를 나누는 데 어려움이 없었다. 한국에서 공부하고 외운 표현들을 하나씩 써먹어 보는 것도 즐거운 일이었다. 하지만 다음날 첫 학기 시간표를 정하기 위해 주임교수님 방에 갔을 때는 완전히 사정이 달라졌다. 학교에서 쓰는 용어들을 알아들을 수 없었던 것이다. 전공필수, 전공선택, 교양필수, 교양선택 이런 말들을 한 번도 영어로 생각해 본 적이 없는 터라 교수님이 무엇은 몇 학점이 필요하다고 설명을 하시는데 나는 멍한 얼굴로 앉아 있을 수밖에 없었다. 그런 나를 보고 하나하나 처음부터 다시 설명해 주신 교수님이 지금 생각해도 참 감사하다.

'전공필수'는 'Major Requirments'이다. '전공'은 'Major'이고 'Requirement'는 '필수요건'이라는 뜻이다. '선택과목'은 'Electives'라고 한다. 'Elective'는 '선택에 의한'이라는 뜻이다. '교양과목'은 'General Education' 혹은 'Core Curriculum' 등이라고 하는데 우리 학교는 영어 4학기, 미국사 2학기, 수학, 과학, 철학, 심리학 등 총 40여 학점의 '교양필수' 과목이 있었다. 이들을 'General Education Requirements'라고 부른다. 그밖에 '교양선택'은 'Genreal Education Electives'라고 한다.

교수님의 친절한 설명을 들으며 시간표를 함께 짠 뒤, 학생회관으로 가서 등록을 하고 기숙사 식당에서 점심을 먹고 교과서를 사서 방으로 오니 늦은 오후였다. 그리고 그날 나는 난생처음 하루 종일 영어만 쓰며 살고 잠을 자는데 밤새도록 영어로 뭐라고 중얼거리는 꿈을 꾸며 잠을 설쳤다.

WHAT? 듣다 보면 어휘도 는다

학교의 등록일은 월요일과 화요일 이틀이었다. 월요일에 등록을 마친 나는 화요일 하루는 아무 할 일이 없이 빈둥거렸다. 룸메이트는 ROTC 모임이 있어 거기 하루 종일 가 있고, 나는 이리저리 걸어 다니며 캠퍼스 지리를 익혔다. 혼자 돌아다니니 처음으로 집 생각이 많이 났다. 게다가 어쩌다 모르는 사람과 함께 이야기라도 하게 되면 내가 한국에서 왔다는 것을 알고는 모두 "Are you homesick?"이라고 물어서 집 생각이 더 간절해졌다. 'Homesick'은 '집을 그리워하는, 향수병을 앓는' 등의 의미이다.

그러나 그것도 잠시 그다음날부터 수업이 시작되면서 걱정 반 설렘 반으로 집 생각을 할 겨를이 없었다. 사회학 개론, 미국사 I, 영어 작문 I, 그리고 Algebra(수학 중에서도 대수代數)를 신청해 들었는데 내 평생에 수학이 가장 쉽고 마음 편한 과목이라고 말하는 날이 올 줄은 꿈에도 몰랐다. 두 학기 동안 수학을 하기 때문에 첫 학기는 기초인 대수 과목을 신청했는데 진짜 기초 수준으로 Factorization(인수분해)과 Equation(방정식) 등을 공부했다. 교수님 설명을 다 알아듣지 못했지만 칠판에 쓰는 숫자만 봐도 이해가 되니 늘 눈알이 튀어나갈 것처럼 부릅뜨고 교수님을 바라보며 수업을 들어야 했던 나에게는 그보다 더 편하고 좋은 과목이 없었다.

그런데 눈알이 튀어나갈 정도로 집중해 강의를 듣다가 첫 학기 중반쯤 되자 예상치 못한 현상이 나타나기 시작했다. 무슨 말인지 모르는 말인데 유난히 자주 듣는 말들, 내가 게을러서 혹은 잊어버려서 사전을 찾아보지 않아 들을 때마다 '아, 저 단어. 저게 무슨 뜻이지?' 했던 단어들의 의미가 하나하나 내 안에 개념이 잡히면서 어떨 때는 나도 모르게 그 단어들을 사용하기 시작했다. 내가 사용하다 말고 '아니, 이거 지금 내가 제대로 뜻을 알고 하는 말인가?' 싶어 나중에 사전을 찾아보면 실제로 내 마음속에 어렴풋이 생긴 단어의 의미와 맞았다.

지금도 생각나는 단어 중에 'Sovereignty'가 있다. 역사 시간에 이 말이 자주 나왔다. '주권'이라는 단어로, 당시 내 영어 실력에 비추어 볼 때 상당히 수준 높은 단어이고, 발음도 까다로워 스펠링을 보고 읽으려고 하면 힘들고 그냥 발음을 자꾸 듣고 외워서 해야 하는데 두어 달 이 말을 일주일에 세 번씩 역사 시간마다 듣다 보니 나중에 친구랑 함께 시험 공부를 하면서 나도 모르게 그 단어를 사용해 말을 만들 정도가 되었다. 한국에서 배운 적도 없고, 사전을 따로 찾아본 것도 아닌 단어를 문장에 섞어 듣다 보니 자연히 내 입에서 그 말이 나온 것이다.

또 한 가지는 주로 남부 지방에서 잘 쓰는 말로 'I am fixing to~'라는 말이 있다. '나는 ~ 하려고 한다'는 곧 일어날 일에 대한 표현이다. 교과서에는 눈 씻고 봐도 나오지 않는 방언인데 이것도 주변 사람들이 자주 사용하는 것을 듣다 보니 자연히 그 뜻이 명확해지고 내 입에서 술술 나오기 시작했다. 이 'Fixing to'는 요즘도 가끔 입에서 튀어나오는데' 현재 내가 사는 뉴욕에서 이 말을 하면 알아듣는 사람들이 거의 없는 것이 문제이다.

Fixing to보다 더 알아듣지 못하는 말이 'Walk'이라는 말이다. 이건 남부도 아니고 텍사스에서만 쓰는 말인지 다른 남부 사람들도 잘 알아듣지 못하는데 텍사스에서는 교수님 사정으로 하루 수업이 취소되면 그걸 Walk이라고 부른다. "We got a walk in the history class today"라고 하면 "오늘 역사 수업이 취소되었다"는 희한한 표현이다. 이것은 계속 듣다 저절로 알게 된 것이 아니라 물어서 알게 된 표현이다. 영어 시간에 교수님이 "I'll give you a walk this Thursday(이번 목요일에 Walk을 주겠다)"라고 하시는데 대체 무슨 소리인지 알 수가 없어 수업 끝나고 교수님께 가서 "목요일에 어디로 걸어가서 수업을 하나요?"라고 물어봤다. 교수님께서 막 웃으면서 "미안해, 그거 그냥 슬랭 표현으로 수업 취소되었다는 뜻이야"라고 했다. 그다음부터는 내가 다른 사람들에게 그 말을 쓰기 시작했다. 이외에도 여러 예가 있지만 이런 것들이 모두 어느 날 갑자기 한꺼번에 내 마음속에 의미가 새겨진 것은 아니고 살다 보니 하나둘씩 이런 일이 생기고 점점 더 자주 생기게 되었다. 첫 학기가 끝났을 때는 느끼지 못했는데 1학년이 끝날 때가 되니 이렇게 저절로 알게 된 단어들이 꽤 되는구나, 내 영어가 많이 발전했구나 하는 생각이 들었다. 그리고 그 뒤로 매년 5월, 학년을 마칠 때마다 한 번씩 돌아보는 습관이 생겼다.

Keep Running

자주 틀리는 대동사의 용법

뉴욕에서 대학원 다닐 때 한국에서 대학을 졸업하고 대학원 과정으로 유학 온 H라는 친구가 같은 반에 있었다. H가 영어가

능숙치 못하다 보니 교수님이 그룹 프로젝트를 할 때면 늘 H와 나를 묶어 놓았고, 함께 자주 만나 무엇인가를 같이 하다 보니 친해졌다. 그에게는 비슷한 시기에 캘리포니아주로 유학 온 친구가 있었는데 그 친구의 이야기를 내게 해준 적이 있다. 그 친구가 캘리포니아에서 수업 끝나고 집으로 돌아가려고 버스를 기다리고 있는데 멀리서 걸어오는 한 동양인 학생이 왠지 한국인일 것 같다는 느낌이 들었다. 역시나 그 학생은 버스 기다리던 친구에게 다가와 대뜸 영어로 "Do you Korean?" 하고 물었다. 버스 기다리던 친구는 속으로 '우하하 Do you Korean이래'라고 생각하며 자기도 모르게 "Yes, I do"라고 대답을 했더란다. 엉터리 영어로 서로 한국인이라는 것을 확인한 두 사람은 다시는 서로 영어로 이야기하는 일이 없이 친구로 잘 지냈다고 한다.

여기서 올바른 표현은 "Are you a Korean?"과 "Yes, I am"이다. 영어 공부를 조금이라도 해본 사람이면 아는 것이지만, 미국에 가서 영어로 생활하다 보면 내가 제어할 수 없는 짧은 순간에 틀린 말이 이미 입을 떠나 튀어나가 버리는 경우가 있다. 특히나 "Yes, I do", "No, I don't", "Yes, I am", "No, I am not" 등의 대동사들이 틀리는 경우가 잦다. 그래서 나는 처음 유학 가서 한동안 오로지 "Yes"나 "No"만으로 대답하고 몇 년 간 대동사를 아예 붙이지 않았다. 그렇게 해도 뜻이 통했고 나쁠 것도 없었다. 한데 몇 년을 그렇게 살다 보니 가끔 원어민들도 대동사를 잘못 붙일 때가 있다는 것을 알게 되었고, 그때부터 조금씩 용기를 얻어 "Yes"라고 하던 것을 "Yes, I do"로 답하고, "Me too"라고 하던 것을 "So do I" 등으로 다른 표현을 이것저것 사용하기 시작했다.

cheer UP! How are you

"How are you"는 매일 듣는 인사인데 우리의 대답은 늘 "I am fine. Thank you, and you?"이고, 감기에 걸려 열이 나고 죽어가면서도 대답은 여전히 "I am fine. Thank you, and you?"이다. 왜냐하면 그것 딱 하나 외우고 있기 때문에 급하면 나오는 게 그것밖에 없다. 나도 이 상황을 개선하기 위하여 "How are you?"라고 이사람 저사람에게 인사한 뒤 그들의 대답을 주의 깊게 들었다. 나를 보지 못하고 지나치다 내가 인사를 하니 나를 보게 된 경우에는 내 질문에 대답은커녕 반갑다고 "Hey, how are you?" 하고 되레 나에게 인사를 건네 와 할 수 없이 또 "I am fine. Thank you, and you?" 라고 한 뒤 돌아선 경우도 있다.

"How are you"에 대한 대답은 공식처럼 정해진 것이 아니라 그냥 자연스럽게 "How are you" 라고 되물을 수도 있고, "OK"나 "So so", "Good" 혹은 "Pretty good" 등 여러 가지로 대답할 수 있다. 꼭 좋게 대답해야 할 필요도 없어 "I am sick"이나 "This cold is terrible(이 감기 지독해)" 등으로 대답해도 된다. 한 친구는 감기약을 먹고 눈이 다 풀린 채로 나를 쳐다보며 "I am a zombie today(난 오늘 좀비야)"라고 대답했다. '아하, 요거 하나 배웠다'고 얼른 집에 와 공책에 적어 놓았다 후에 내가 감기약을 먹고 정신이 몽롱할 때 누가 물으면 한동안 "I am a zombie today"라고 대답했다.

Aha! **What's up**

"How are you?"보다 더 골치 아픈 인사가 "What's up?"이다. 이 인사는 아직도 별로 좋아하지 않아 나는 거의 쓰지 않고, 나를 잘 알지 못하는 가게 세일즈맨이나 전화 판매원 등이 친한 척하려고 이렇게 물어오면 그냥 모르는 척하는 경우가 대부분이지만, 처음에 미국에 가서는 대체 이 말을 뭐라고 해석하고 뭐라고 대답해야 하는지 난감했다. 그런데 미국 친구들의 반응을 찬찬히 들여다보니 그들도 이런 인사에 별다른 대꾸를 하지 않는다는 것을 알게 되었다. 그냥 지나가는 빈말 같은 인사라고 생각하면 된다. 나도 이 말을 별로 사용하지 않는다.

늘 연락이 없다 필요한 일이 있을 때만 연락하고, 도와 주면 고맙다는 말도 없이 또 몇 년 소식이 없는 사람이 전화를 한 적이 있다. 별로 반갑지도 않고, 부탁을 하려니 그 전에 마음에도 없는 인사와 "연락을 하려고 했는데 못했다"는 겉치레에 짜증이 나서 상대방이 말하는 중간에 "What's up?" 하고 물었다. 이런 경우는 "웬일이니? 전화 왜 걸었니?"라는 뜻으로 들릴 수 있다. 그러자 그 사람이 미사여구를 거두고 예상대로 내게 부탁을 시작한 것으로 봐서 내 말 뜻을 알아들은 것 같다.

WOW! **원어민도 대학에서 다시 배우는 영어의 기초**

대학 시절에 공부한 과목 중에 말을 알아듣기 가장 힘들었던 과목은 어떤 것이었을까? 아무래도 나의 전공과목인 사회학과 역사, 영어, 철학 등을 꼽을 수 있다. 그 과목들은 문과 계통이라 단어를 찾아볼 것들이 매우 많았다. 하지만 그런 과목들도 수업 시간에 강의를 알아듣지 못해 고생한 기억은 없다. 교과서만 잘 읽고 가면 대충이라도 말을 알아들을 수 있었기 때문이다. 정작 내가 강의를 알아듣지 못해 심하게 고생했던 과목은 이런 문과 계통의 과목이 아니라 유기화학(Organic Chemistry)이었다.

한국에서 유기화학을 공부한 사람들은 원리만 조금 깨우치면 아주 손쉽게 A를 받을 수 있다고 하던데 나는 고등학교 때 문과였기 때문에 과학이 선택이었고 그중에서도 생물을 선택한 관계로 화학은 배운 적이 없다. 기초도 전혀 없는 과목인데다 담당 교수님은 텍사스 사투리가 너무 심해 텍사스에서 나고 자란 아이들도 말을 잘 알아듣지 못하겠다고 불평할 정도였다. 대학 4년 동안 학교 교수님 중에 남부 사투리를 이 화학 교수님만큼 심하게 쓰는 분을 본 적이 없다. 입 안에서 웅얼웅얼하는 것이 텍사스도 두메산골 사투리라 무슨 말인지 한 단어도 알아들을 수 없었다. 왜, 어쩌자고 화학을 신청했는지 나도 모를 일이었다.

학기가 시작하고 처음 2주 정도는 시간표를 거의 마음대로 바꿀 수 있어서 아니다 싶은 과목은 쥐도 새도 모르게 재빨리 빼고 다른 과목을 대체해 넣을 수가 있는데 이를 'Drop and Add'라고 한다. 이 기간이 지나면 더 이상 'Add'는 할 수 없지만 학기의 반이 지나기 전까지 'Drop'은 할 수 있다. 단 성적표에 Drop이라고 표시가 된다. 나는 한번 해보겠다고 고집을 피우다 이 두 기간을 모두 놓쳐 알아듣지도 못하는 시간에 들어가 앉아 머릿속으로 어떻게 시험을 봐야 하나 걱정하고 있었다. 대학 입시에 실패하고 미국으로 건너간 나는 부모님께 죄송한 마음에 공부를 아주 열심히 해서 당시 성적이 꽤 좋았다. 그런 대학 시절의 내 자랑스러운 성적표에 유일한 오점으로 남은 것이 유기화학이다. 지금 생각해 보면 어떻게 그 점수라도 받았는지 신기하다. 그 덕분에 '유기화학'을 영어로 'Organic Chemistry'라고 한다는 것을 배웠지만, 전공과목이 아닌 이상 도전도 좋지만 점수를 잘 받기 위한 작전도 필요하다는 것을 절실히 깨달았다.

대학에 입학하면 자신의 전공과목 교수 한 명이 'Academic Advisor'가 된다. Academic Advisor와 매 학기 끝날 무렵 만나 다음 학기 신청할 과목을 의논하는 것은 물론 처음 입학했을 때부터 4년의 계획을 세운다. 이것을 'Degree plan'이라고 한다. 'Degree'는 '학위'이고 'Plan'은 '계획'이다. 어떤 필수과목을 언제 몇 학점 이수하여 4년 동안에 모든 필수과목을 마치는 계획서 같은 것을 만드는 것이고, 나중에 이 계획서는 전공과 부전공의 학과장을 거쳐 학장에게까지 올라간다. 학장의 재가를 받으면 나는 마음 놓고 그 계획서대로 공부해, 후에 별 학사상의 문제없이 졸업할 수 있다. 중간에 계획서를 수정하고 싶으면 같은 과정을 거쳐 새 계획서를 다시 재가 받아야 한다.

처음 Degree plan에 대해 설명을 들었을 때 가장 두렵고, 또한 놀라웠던 것이 영어를 4학기나 수료해야 한다는 것이었다. 나만 하는 것도 아니고, 사회학과만 하는 것도 아니고 전교생이 영어를 4학기 동안 12학점을 이수해야만 졸업할 수 있었다. 실제로 영어 수업에 들어가면서는 그들이 부럽고 존경스럽기까지 했다. 우리 반 학생들은 나만 빼고 모두 미국에서 나고 자라, 고등학교까지 12년을 영어를 배우며 살다 대학에 왔는데 그들을 앉혀 놓고 작문의 기초부터 다시 가르쳤다. 작문도 그냥 숙제 내주고 써와라가 아니라, 도입부 쓰는 방법도 삼각형과 역삼각형 등 도표까지 그려 놓고 설명하고, 작문도 예를 들며 쓰는 'Example paper', 주제를 여러 가지로 분류해 쓰는 'Classification paper', 주제를 가지고 스스로 두 가지 대비되는 의견으로 비교 공방을 벌이며 써야 하는 'Comparison/Contrast paper' 등으로 나누어 가르쳤다. 게다가 문법적 실수를 용납하지 않았다. 두 개의 독립된 문장을 붙여 쓰려면 접속사를 사용해 이어 주어야 하는데 이때 접속사 대신 그냥 콤마를 쓰는 사람들이 많다. 이것을 'Comma splice'라고 한다. 어떤 교수님은 Comma splice를 한 번 저지를 때마다 30점씩 감점했다. 생각 없이 두 번 같은 실수를 반복하면 그 작문은 낙제를 하게 된다. 교수님은 대학생이 되어서 Comma splice 같은 실수는 해서는 안 된다고 하셨다.

미국의 모든 공무는 영어로 이루어지지만 미국에 공식 언어는 없다. 그럼에도 영어 교육은 모든 교육의 근간을 이룬다. 사회학과 학생이든 공대생이든, 외국 학생이든 미국에서 나고 자란 학생이든 작문 2학기, 영문학 2학기를 이수해야 졸업할 수 있다. 한국어가 공식 언어인 우리의 국어 교육에 비추어 봤을 때 부럽기도 하고 존경스럽기도 했다. 나는 지금 미국에 30년 넘게 살고 있는데 여기서 가장 인상 깊은 것을 한 가지 꼽으라면 '자신의 언어를 객관적으로 보고, 가르치고 또한 배우는 그들의 능력과 노력'이라고 대답하고 싶다.

언어만 배우지 말고 문화도 익혀라

매 학기 심리학, 정치학, 사회학, 철학 등의 서로 다른 분야의 과목들을 하나씩 수강할 때마다 나는 새로운 분야의 어휘를 배워 나갔다. 하지만 나의 말이 자연스러워지고 미국식이 된 것은 친구들과 어울려 이야기했기 때문이다. 룸메이트와 저녁도 같이 먹고 때로 다투기도 하고 서로 학교 공부의 어려움에 대해 이야기도 하면서 나의 말이 자연스러운 표현으로 바뀌기 시작했다. 대학원에 진학하면서 각각 전공이 달랐던 나의 두 룸메이트와 나는 같은 아파트에 살던 몇몇 학생들과 함께 목요일 저녁마다 모여 맥주를 마시며 한 주의 이야기를 하면서 서로의 분야에 대한 약간은 전문적인 이야기들을 나누었다. 그러면서 나의 영어는 또다시 한 단계 업그레이드되고 자연스러움에 지식이 가미된 영어로 발전했다. 그리고 법대에 가면서 완전히 새로운 어휘들을 알게 되었다. 영어 그리고 언어는 어휘와 실생활이 서로 보완 관계이다. 그리고 이 둘은 하루 아침에 이룰 수 없는 것들이다.

2년쯤 전에 친구가 암으로 세상을 떠났다. 미국에서는 장례식에서 친한 친구들이 나와 한마디씩 한다. 나도 친구의 아들과 딸에게 미리 허락받고 나가서 몇 마디 친구와 얽힌 추억을 이야기했다. 이것을 'Eulogy'라고 한다. 처음 미국에 도착했을 때 나의 영어와 그 장례식 날의 내 영어를 비교해 보면 멀리 왔다는 생각이 든다. 처음 유학 가 영어 회화 교재에서 본 표현들을 외워서 말하던 내가, 기숙사 들어간 첫날 난생처음 하루 종일 영어로 생활하고 밤에 영어로 중얼거리는 악몽을 꾸며 잠을 설쳤던 내가, 장례식에서 사랑하는 친구를 그리는 마음속에서 우러나오는 말을 여과 없이 할 수 있기까지 무슨 일이 있었던 것일까?

그 사이에는 30년의 세월이 있다. 처음 미국 간 날부터 30년간 나는 매일 새로운 단어를 찾고 공부했다. 하지만 실은 그 모든 단어를 찾아본다고 다 외우고 당장 사용할 수 있는 것은 아니다. 30년을 이어온 반복이 내게는 있었다. 찾아봤다 잊어버린 단어 혹은 찾아보지도 않은 단어를 계속 듣다 보면 그 단어가 내 어휘가 된다.

언어는 언어만 공부하는 것이 아니라 그에 따라오는 문화를 배우는 것이다. 잠시라도 원어민 속에 섞여 살 기회가 있다면 반복과 문화 체험이 훨씬 용이하다. 그러나 한국에 살면서도 매일 조금씩 공부하고, 번역본이라도 그들의 문학과 역사를 공부하는 것은 얼마든지 가능하다. 언어는 어차피 하루 아침에 되는 것도 아니고, 또 한국에 사는 대부분의 사람이 당장 내일 영어가 유창해지기를 기대하지는 않을 것이다. 요즘은 교재도 좋고, 원어민도 주변에 찾기 쉽고, 인터넷이라는 훌륭한 도구가 있으니 조금씩 매일, 재미있게 공부하는 것도 우리 때보다는 훨씬 수월하리라 생각한다. '조금씩, 매일'이 실은 영어 실력을 가장 빨리 늘게 하는 방법이다.

기숙사 음식과 건강
: Couch Potato

나는 학부 1학년으로 유학을 가서 2년 넘게 기숙사에서 살면서 기숙사 음식을 먹었다. 그게 가장 돈을 절약하는 길이었다. 요즘 미국에서 대학을 다니는 나의 조카를 보니 기숙사 음식도 많이 비싸졌지만 그 대신 맛도 좋아지고, 건강에도 많이 신경 쓰는 듯하다. 학교들이 앞다퉈 아시아인, 아프리카인, 기독교인, 무슬림 등 다양한 인종과 문화의 학생들을 유치하느라 음식에 각별히 신경을 써서 내 조카가 다니는 미국 중부의 한 대학에는 명란젓과 김치도 판다고 한다.

허나 내가 처음 유학을 갔을 때는 기숙사 음식이라는 것이 고기와 소시지, 햄 중심의 기름진 서양 음식이 주류였다. 게다가 그때만 해도 인심이 좋아 한 학기에 700달러 정도만 지불하면 이런 기름진 음식과 갖가지 과일, 야채를 일주일 내내 산더미처럼 차려 놓고 마음껏 가져다 먹을 수 있었다. 이를 영어로는 'All you can eat buffet'라고 한다. '뷔페(Buffet)'는 프랑스어의 '접시 등을 보관하는 장'을 뜻하는 단어인데 영어에서 그 범위가 넓어져 '스스로 음식을 가져다 먹는 것'도 포함하게 되었으며, 'All you can eat'은 말 그대로 '당신이 먹을 수 있는 모든 것'을 마음껏 몇 번이고 가져다 먹으라는 뜻이다.

살다 보면 식탐이 없는 사람들이 있다. 음식을 봐도 시큰둥하고 먹는지 마는지, 이건 이래서 맛없고 저건 저래서 맛없고, 음식을 많이 주건 적게 주건 그 아까운 음식을 꼭 몇 숟가락씩 남기는 사람들이다. 한국 학생 중 그런 사람들은 기숙사 음식이 입에 맞지 않아 갖가지 음식이 그냥 그림의 떡으로 과일, 야채들만 주로 가져다 먹다가, 동네 중국집에 마치 식권을 끊은 듯 매일 출퇴근하기 일쑤였고, 그도 질리면 그냥 바짝바짝 말라갔다.

나는 그런 사람들이 이 세상 무슨 재미로 사는지 이해할 수 있는 뇌 세포가 없는 사람으로, 늘 새로운 것을 먹어 보고, 맛있는 것을 찾아내는 것을 인생의 큰 기쁨 중 하나로 여긴다. 한국의 함경도식 가자미식해도 좋고, 북유럽의 청어 피클(Pickled Herring)도 좋고, 샐러드도 좋고, 한국의 나물은 더욱 좋다. 기름진 음식은 지금도 매우 좋아하지만 요즘은 건강을 생각해 조심하는데, 그때는 조심이고 뭐고 "오늘 세끼는 뭐가 나오려나?" 궁금해하며 그 기름진 기숙사 음식을 신나게 먹었다.

나는 자라면서 도시락 반찬으로 소시지나 햄을 싸오는 아이들이 가장 부러웠다. 어머니는 그런 것들을 먹으면 당장 몹쓸 병에 걸려 어떻게 되는 것처럼 생각해 우리의 도시락 반찬은 물론 집안에 들이지도 않았다. 옆에서 말리는 어머니와 이역만리 떨어진 타국으로 유학 가 거칠 것이 없었던 나는 내내 소시지, 햄, 치즈를 먹었다. 게다가 2학년 1학기 말부터 학교 오케스트라에 들어가 바이올린을 했는데, 오케스트라 리허설이 늘 점심시간에 있어, 리허설 끝나고 식당에 가면 이미 점심시간이 끝나고 델리 바(Deli Bar)라고 해서 샌드위치와 샐러드를 각자 만들어 먹을 수 있게 해 놓은 곳만 열고 나머지는 모두 닫은 상태였다. 빵도 필요 없고, 야채도 필요 없고, 마실 것 한 잔에 접시 가득 핫도그(Hot Dog)와 살라미(Salami), 페페로니(Pepperoni) 등을 가져다 먹었다.

그렇게 먹고 바로 기숙사 가서 한숨 자고 도서관에 가서 공부하고, 저녁 먹고 공부하다 12시 넘어 배가 고파 밤참 먹고, 공부 좀 더 하다 자고, 그다음 날 늦잠 자서 아침 거르고, 수업 가서 쉴 새 없이 강의실 누비다 오케스트라 리허설 끝나면 헐떡거리며 델리 바에 가서 소시지와 햄을 먹으니 나의 몸은 하루가 다르게 풍선처럼 부풀어 오르기 시작했다. 한국이었다면 가까운 친구들이 "너 요즘 왜 이렇게 찌니?"라고 한마디 했을 법도 한데 미국 사람들은 다른 사람의 체중이나 옷차림 등에 대해 아무리 친한 사이라도 쉽게 대놓고 이야기하지 않는다. 게다가 내가 아무리 살이 쪄도 그들의 눈에는 내가 별로 뚱뚱하게 보이지 않았을 것이기에 누구 하나 다가와 경고해 주는 사람도 없었고, 그렇다고 내가 몸무게를 정기적으로 재어 보는 것도 아니어서 그냥 배고프면 먹고 싶은 것을 먹었다.

Aha! Couch potato

체중이 불어나면 점점 더 움직이기 싫고, 그래서 몸집은 더 불어나는 악순환이 반복된다. 주말에 수업이 없을 때는 밀린 공부하고, 그냥 기숙사 방에 누워 책을 읽거나, 기숙사 로비에 나가 텔레비전을 보는 것이 전부이고 운동은 하는 일이 없었다. 텔레비전을 볼 때면 늘 손에 무엇인가 먹을 것을 들고 있었던 것도 사실이다.

이렇게 장황하게 나의 부끄러운 과거를 들추는 이유는 나의 이런 게으른 습관 때문에 매우 재미있는 영어 표현을 하나 배웠기 때문이다. 어느 여유로운 토요일, 기숙사 로비에서 감자칩을 먹으며 텔레비전을 보고 있는데 내 룸메이트가 들어오다 말고, "You, couch potato"라며 내게서 먹을 것을 뺏고 나를 잡아끌며 밖으로 데리고 나갔다. 그때는 엉겁결에 쫓아 나가 한참 걷다 들어왔는데 나중에 룸메이트에게 "너 아까 날 뭐라고 불렀니?"라고 물어보니 룸메이트가 막 웃으며, "Couch potato. You are becoming a potato(네가 감자가 되어가고 있잖아)"라고 했다.

"내가 감자가 되어가고 있다고?" 거실에 놓는 의자 중 한 사람이 앉도록 된 것을 'Arm chair'라고 하고, 둘이 앉는 것을 'Love seat', 여러 명이 앉도록 된 것은 'Sofa' 혹은 'Couch'라고 한다. 그럼 한 가지 문제는 풀었다. 내가 카우치에 앉아 있거나 누워 있으니 카우치 뭐뭐뭐라는 소리를 듣는 것이다. '그럼 Potato(감자)는 무슨 뜻일까? 감자칩을 먹고 있었다고 감자라고 부르나?' 그게 아니었다. 감자처럼 배가 똥똥하게 나온 사람들을 우스갯소리로 'Potato'라고 한다. 내가 주말에 운동도 하지 않고 카우치에 누워 감자칩 먹으며 텔레비전만 보고 있으니 'Couch potato'의 전형이었던 것이다.

Couch potato는 재미있는 표현이고, 나처럼 가만히 앉아 움직이지 않는 사람들을 나타내는 단어들이 몇 가지 더 있다. 그 한 가지가 'Inactive'이다. '행동하다'라는 의미의 Act에서 나온 형용사인 Active는 '활동적인'이라는 뜻이고 거기에 접두사 In을 붙이면 그 반대의 의미 '활동하지 않는', '활발하지 않은'이 된다. 같은 뜻의 단어는 아니지만 'Dormant'도 비슷한 맥락의 단어로서 '휴면기의'라는 뜻이다. 은행에서 '휴면계좌'를 'Dormant account'라고 한다. '겨울잠'은 'Hibernation'이라고 하고, 그 동사형은 Hibernate이다. 나는 주중에는 단지 운동을 하지 않았을 뿐 학교 공부 때문에 늘 분주히 움직였으니 완전 휴면이나 겨울잠 상태는 아니었지만 좀 한가한 주말에는 휴면이나 겨울잠과 별 다를 바가 없었다.

Inactive와 좀 더 가까운 의미의 말로 조금 유식한 말을 쓰자면 'Sedentary'라는 말이 있다. '앉아 있는, 한 군데에 가만히 있는' 등의 의미인 라틴어 Sedentarius에서 나온 중세 프랑스어 Sédentaire가 변한 것으로, 영어 단어의 Sedentary도 대동소이한 뜻을 갖고 있다. 내가 Inactive하고 Sedentary하게 Couch에 누워 텔레비전만 보고 있으니 배가 점점 나오고 살이 토실토실 오른 'Couch 위의 감자'가 되어 가고 있었던 것이다.

여름방학에 집에 갈 때마다 더욱 비대해진 몸으로 나타나자 어머니는 내 건강을 걱정하다 급기야 울기까지 하셨다. 그래도 나는 내가 살고 싶은 대로 살고, 먹고 싶은 대로 먹으며 살겠노라 다짐하며 몸무게는 신경도 쓰지 않았다. 모든 것에는 때가 있는 법이고, 그때는 나의 마음 자세가 갖추어졌을 때만 잡을 수 있는 것이다. 후에 대학원에 가서 1월에 2학기 시작하자마자 나는 크게 아팠다. 음식도 제대로 먹지 못하고, 수업도 가다 말다 하며 열흘 정도를 보냈다. 회복기에 접어들어 조금 움직이기 시작할 무렵 뭔가 다르다는 것을 느꼈다. 그 열흘 몸무게가 조금 줄었을 뿐인데, 숨 쉬는 것이 편해진 것이다. '어라, 모두가 나처럼 밥만 먹으면 숨이 쉬어지지 않아 씩씩거리며 사는 것이 아니었나?' 바로 그때 나도 살을 빼보자는 생각이 들었다. 어머니가 눈물로 읍소해도 귀담아 듣지 않던 나였지만, 내 마음에 한번 해보자는 생각이 드니 독한 마음이 들었다. 뒹굴며 살이 찐 덕분에 Couch Potato라는 재미있는 영어 표현을 하나 배웠지만, 건강을 희생하기에는 너무도 하찮은 대가이다. 그리고 그때부터 시작하여 마음먹고 약 2년에 걸쳐 30kg을 감량했다.

우선 밖에 나가 매일 걷기 시작했다. 아프면서 빠진 살은 몸이 회복되면 더욱 찌게 마련이다. 건강을 챙기면서도 그 빠진 몸무게를 사수해야겠다는 생각이었다. 이 무렵 남북한이 동시에 UN에 가입하게 되었다. 뉴욕에서 대학원을 다니던 나는 취재차 뉴욕에 온 MBC 기자들과 동행해 그들의 취재 통역을 하게 되었다. 열흘 정도 일을 하고 나니 당시 학생 신분으로는 쉽게 만져보기 힘든 금액의 돈이 들어왔다. 그 돈을 손에 쥐는 순간 이게 정말 살을 빼라는 하늘의 계시가 아닐까 싶고 다이어트 프로그램에 등록해야겠다는 생각이 들었다. 그들이 제공하는 음식을 매일 세끼와 간식으로 먹고, 일주일에 한 번씩 가서 몸무게를 재는 프로그램이었다. 요즘은 등록 비용(Registration fee) 없이 음식 값만 받는 경우가 대부분이지만, 그때만 해도 다이어트 프로그램이 일반화되지 않아 등록 비용이 꽤 비쌌다. 열흘간 학교 공부와 밤늦게 이어지는 일을 병행하며 힘들게 번 돈의 대부분이 한순간에 날아갔지만 일단 결심을 한 이상 그것이 아깝지는 않았다.

처음 그곳에 가서 등록하고, 허리둘레와 몸무게 등을 재는데 '내가 이 정도였나?' 하는 생각이 들었다. 특히 몸무게를 잴 때는 너무 놀라 정신이 혼미해지는 것 같았다. 나의 몸무게를 재어 주던 사람에게 "Oh my God. I am obese"라고 했다. 'Obese'는 'Obesity(비만)'의 형용사형인 '비만인'이라는 뜻으로 내가 뱉은 말은 "내가 비만이네요"라는 참으로 한심하고 사태 파악을 못하는 말이었다. 내 몸무게를 재는 사람도 '그걸 말이라고 하냐?'고 생각했겠지만 "Well, you could say that, but what's important is you took the first step to a healthy life(뭐 그렇게 말할 수도 있겠지만, 중요한 것은 건강한 삶으로 가는 첫 발자국을 디뎠다는 것이죠)"라고 친절히 말해 주었다.

그날부터 음식을 가져와 시간표대로 먹기 시작하는데 갑자기 줄어든 칼로리로 인해 고통스러울 정도로 배가 고팠다. 아침 먹고 오전 내내 시계 들여다보다 드디어 점심시간이 되면 그 시간이 영원히 지속되기를 바라는 마음으로 한입 물고 100번씩 씹고, 점심을 다 먹은 순간부터 저녁시간을 기다렸다. 집중해 공부를 할 수 없을 정도로 배가 고프고, 몽유병 환자처럼 나도 모르는 사이에 냉장고 문을 열고 서 있기 일쑤였다. 처음 며칠은 기운이 없어 운동은 생각조차 할 수 없었다. 그러나 인간의 적응 능력은 상상을 초월한다. '평생 이렇게 배를 곯으며 살아야 하는가?'라는 걱정을 하는 것도 잠시, 한 일주일 지나자 줄어든 칼로리가 그리 불편하지 않았다.

Health nut

살이 빠지기 시작하면서 몸이 가벼워지니 운동할 에너지가 생겼다. 그 다이어트 프로그램에서 권하기도 했고, 이미 시작했던 것이라 걷기 운동을 다시 시작했다. 다이어트 프로그램의 상담원이 맨해튼의 20블록이 1마일이라는 것을 알려준 뒤로 맨해튼에 나갈 때마다 길을 걸어도 블록 수를 헤아리며 걸었다. 뉴욕의 맨해튼 거리는 대도시의 거리들이 다 그렇듯 사람도 많고 볼 것도 많고 차도 많아 정신없이 걷다 보면 자기도 모르는 사이에 수십 블록을 걷게 된다. 그런데 맨해튼의 거의 모든 거리는 숫자로 되어 있어 처음 시작하는 곳의 번호를 확인하고 정신없이 걷다가 또 번호를 확인하면 몇 블록을 걸었는지 알 수 있고, 자연히 몇 마일을 걸었는지 계산할 수가 있다.

그렇게 매일 운동량을 측정하고 걷다가 살이 좀 빠지면서 학교 운동장에서 뛰기와 걷기를 섞어 하고, 좀 더 지구력이 생기자 뛰기로 바꾸고, 쉬지 않고 5km를 뛰게 되자 시간을 재며 뛰었다. 그때는 20대이고, 다이어트라고는 한 번도 해본 적이 없으니 음식을 줄이고 조금씩 운동을 하는 것만으로도 살이 시계추처럼 정확하게 빠졌다.

늦게 배운 도둑질 날 새는 줄 모른다고, 뒤늦게 살 빼는 재미를 붙인 나는 하루도 뛰지 않으면 발바닥에 가시가 돋을 것 같은 기분이었다. 공부가 바빠도 뛰었고, 비가 오면 실내에서 뛰었고, 석사 종합 시험 보고 오는 날도 아예 집에서 운동복을 챙겨 나가 시험 보고 오는 길에 뛰고 집에 와서 뻗었다. 워낙 먹는 것을 좋아하고, 튀긴 음식을 무엇보다 좋아하는 나는 그중 가장 좋아하는 감자튀김을 2년 간 입에 한 점도 대지 않았고, 그도 모자라 사람들에게 살 빼는 재미도 먹는 재미 못지않다고 설파하고 다녔다. 나는 Couch potato의 정반대 'Health nut'이 되었던 것이다.

'Nut'은 우리가 흔히 아는 대로 '땅콩, 아몬드, 호두 등 견과류'를 뜻한다. 이 단어를 메리엄-웹스터 사전을 찾아보면 제일 처음 '견과류'라는 말이 나오고 밑으로 내려가 6번쯤 가면 'a foolish(바보스러운), eccentric(괴짜인) or crazy person(미친 사람)'이라고 나온다. 좀 괴짜로 무리에 어울리지 못하고, 괴팍하게 노는 사람보고 "He's a nut"이나 "He's nut case" 혹은 "He's a nutjob"이라고 하는데 일상생활에서 자주 듣는 표현이긴 하지만 그리 고운 말은 아니다. 우스갯소리로 어떤 취미에 푹 빠진 사람을 Nut이라고도 한다. 자동차에 미친 사람들은 'Car nut'이라고 부르고, 나처럼 건강 관리에 미친 사람은 'Health nut'이라 부른다.

평생 처음 Health nut이 되어 신나게 살을 빼던 나는 안타깝게도 다이어트 시작하고 6개월 정도 지나 한국으로 돌아가게 되어 다이어트 프로그램을 중단하게 되었다. 그 다이어트 프로그램에서 주는 음식은 배가 고파 허겁지겁 먹긴 했지만 심하게 맛이 없었다. 마치 골판지를 잘라 담아 놓은 듯한 빵은 입 안에 물기가 죄다 마를 때까지 씹고 또 씹어도 사막처럼 바싹 마른 입 안에서 사막쥐처럼 이리저리 또글또글 굴러만 다닐 뿐 목구멍으로 넘어갈 생각을 하지 않았고, 야채는 오래 조리한 데다 먹기 위해 전자레인지에 데우면 죽처럼 뭉그러져 씹지 않고 그냥 혀로 입천장에 밀기만 해도 형체가 완전히 사라졌다. 그래도 이미 양을 정확히 측정하여 1회분씩 포장되어 있어 편리했다. 이를 영어로 'Portion control'이라고 한다. 'Portion'은 여러 가지 뜻이 있으나 '음식의 1인분'을 뜻한다. 1인분의 기준이 사람마다 다르니 이 프로그램에서는 자기들이 단백질(Protein), 탄수화물 (Carbohydrates), 지방 (Fat) 등의 양과 그 칼로리를 측정하여 정한 1인분을 정확히 담아 주었다. 그래서 뒤에 'Control'이 붙어 '1인분 조절' 즉 정확히 (칼로리를 계산해) 조절한 1인분이 되는 것이다.

I ♥ ENGLISH

Gym rat

이런 음식을 6개월 남짓 먹던 나는 한국에 돌아가 산해진미를 접하며 과연 나의 공든 탑이 무너지지 않을까 하는 걱정이 생겼지만, 석사 시험도 통과하고 비자도 끝나가고 다이어트 하자고 그 생활비 비싼 뉴욕에 더 이상 머무를 수도 없어서 서울로 이사를 갔다. 동네 공원에 나가 뛰고, 외출할 때는 웬만한 거리는 걸어 다니고, 버스를 타도 한 정거장 먼저 내려 걸었고, 지하철역에 내리면 처음부터 끝까지 계단을 뛰어서 올라갔다. 이미 Health nut으로서 음식에 관해 많은 공부를 한 나는 철저한 Portion Control을 위해 저녁을 먹을 때면 내 밥은 내가 푸기 시작했다. 조금이라도 몸무게가 늘어나는 느낌이 들면 칼로리를 계산하기 위해 매일 먹는 모든 것을 종이에 적었다. 그리고 난생처음 근육 운동을 위해 피트니스 센터에 등록했다. 한국에서는 운동을 하는 곳을 주로 헬스장이라고 부르고 그곳에서 하는 운동을 '헬스 한다'고 하는데 분명 영어에서 나온 말이지만, 영어에 그런 말은 없다. 미국 사람들은 운동하는 곳을 가리켜 'Gym'이라는 말을 주로 쓴다. Gym에 등록하고 그곳으로 출근하다시피 했다. 나는 이제 Health nut도 모자라 'Gym rat'이 되었다.

'Rat'은 '쥐'이다. 창고나 가게 등에 사는 쥐는 사람이 모두 떠나고 문을 닫은 시간에도 그곳을 떠나지 않고 그 안에서 상주하며 돌아다닌다. Gym rat은 거의 쥐처럼 Gym의 터줏대감으로, 눈이 오나 비가 오나 살다시피 하는 사람들을 빗대는 말이다. 대학원 마치고 서울에 돌아와 군대 가기 전 잠시 직장을 다니던 나는 매일 아침 Gym에 들러 운동을 했다. 처음에는 근육이 붙으면서 몸무게가 올라갔지만, 오히려 몸은 더 가벼워지고 기분이 좋았다. 시간이 없는 날은 잠깐 들러 스트레칭이라도 하고 출근했으니 가히 Gym rat이라 해도 지나치지 않았다.

그러다 군대에 가서는 늘 움직이며 생활하다 보니 체중에 신경 쓰지 않고 살아도 별 탈이 없었다. 제대한 후에는 다시 살이 심하다 싶게 찐 적이 몇 번 있었다. 그중 두 번의 큰 위기가 있었는데 한 번은 법대 1학년 시절이고, 또 한 번은 로펌에 들어가 일할 때였다. 두 번 다 시간이 부족해 운동을 게을리하고 밤늦게까지 일이나 공부를 하다 먹는 시간이 불규칙해졌을 때였다. 특히 서울에서 로펌에 다닐 때는 퇴근 후 저녁 먹다 이어지는 술자리가 문제였다. 술은 잘 못하지만 안주는 홍어 삼합부터 시작해 못 먹는 것이 없는 나는 점점 다이어트의 기본인 'Moderation(절제)'이라는 단어를 잊기 시작했다. 그러다 정신을 차리고 마음을 다잡았다. 1주일에 한두 번이라도 운동하고 먹는 양을 살피며 몸무게를 조절했다. 로펌 생활이라는 것이 하루 일과가 불규칙하다 보니 사무실 바로 옆 Gym에 등록하여 다시 Gym rat으로 돌아갔다. 시간 나는 대로 새벽 6시에도 가고, 점심시간에 잠깐 가서 뛰고 오면서 카페라떼 한 잔을 사 점심으로 먹기도 하고, 아침에 가서 운동했는데 저녁에 일찍 퇴근하면 또 가서 운동하며 필사의 노력을 했다. 나중에는 시도 때도 없이 나타나는 나에게 그곳 직원이 물값 따로 내고 다니라고 농담했을 정도이다.

Bookworm

위에서 'Sedentary', 'Couch potato', 'Health nut', 'Gym rat' 등 여러 가지 건강관리에 관한 말들을 알아봤다. 그럼 움직이지 않고 집안에 틀어박혀 책만 읽는 책벌레는 뭐라고 할까? Couch book? Book nut? Book rat? 그보다는 책벌레를 그대로 직역한 듯한 'Bookworm'이라 부른다. 여기서 'Book'은 '책'이고, 'Worm'은 '(주로 땅 속에 사는 지렁이 등의) 벌레'이다.

Bookworm이기도 한 나는 요즘도 토요일에 비라도 올라치면 문밖 세상은 잊고 소파에 다리 쭉 뻗고 앉아 하루 종일 책을 읽고픈 욕망이 가득하지만 그래도 어떻게든 운동을 조금이라도 하고 앉아야 마음이 편하다.

나에게는 처음 다이어트 프로그램 등록하던 날 확인한 내 몸무게가 트라우마였나 보다. 아직도 조금 운동을 게을리해 체중이 증가하면 다시 그 몸무게로 돌아갈 것 같은 걱정이 들어 운동을 더 열심히 한다. 먹는 것도 늘 신경을 써서 허리띠 풀고 양껏 먹는 일은 흔치 않다. 삼겹살집 등에 가면 친구들이 유난 떤다고 뭐라고 할까 봐 조용히 속으로 내가 먹는 고기를 세면서 먹는다. 친구를 만나는 것이 얼굴 보는 것이 주된 목적이지 먹는 것이 목적이 아니므로, 아예 외출 전에 간단히 간식을 하여 삼겹살을 과식하지 않도록 한다.

한국에서는 서양식 음식점에 가도 몇 가지 시켜 가운데 놓고 여럿이 나누어 먹는 것을 즐기는 사람들이 많지만, 나는 서양식 음식점에 가면 매정하다 싶게 따로 시켜 내 것 먹어 보라는 소리도 하지 않고, 남의 것 먹어 보겠다는 말도 하지 않고 내 것만 먹는다. 왜냐하면 음식을 나누어 먹으면 아무리 속으로 헤아리며 먹어도 얼마나 먹었는지 알기가 힘들기 때문이다. 그래도 주문할 때는 먹고 싶은 것은 디저트까지 모두 주문한다. 대신 아무리 맛이 있어도 모든 음식을 한국에서는 1/3 정도만 먹고 'Portion size(1인분 양)'가 훨씬 큰 미국에서는 1/4 정도만 먹고 나머지는 집으로 가져온다. 디저트는 딱 한 입 먹고 가져와 집에서 매일 한입씩 먹는다. 그러다 디저트가 당기는 날은 그것을 한 끼로 먹는다. 소시지는 예전에 하도 먹어 이제 자주 먹지는 않아도, 여전히 살라미는 인간이 만들어 낸 음식 중 최고의 음식이라고 생각한다. 감자튀김도 내가 따로 주문하는 일은 없지만, 언제부터인지 남이 시키면 한두 개 얻어먹기는 한다. 커피를 좋아해 블랙 커피는 늘 마시지만 라떼 등 고칼로리 커피 음료는 한 끼로 혹은 한 끼의 일부분으로 계산해서 마신다.

좋아하는 음식 평생 먹지 말라면 건강이고 뭐고 살 뺄 사람이 그리 많지 않을 것이다. 처음 살을 뺄 때는 힘들게 하더라도 그 후에는 적절한 곳에서 선을 긋는 것이 중요하다. 조금씩 먹고, 그러다 몸무게가 올라간다 싶으면 다시 좀 조였다가, 균형을 잡는 것이 중요하다. 늘 중요한 것은 Portion control인 것이다. 'Moderation not deprivation(박탈이 아니라 절제)!' 이것이 건강한 삶의 길이 아닐까?

아, 그리고 MBC 기자들 통역해 주고 번 돈의 대부분은 다이어트 프로그램 등록할 때 썼지만 그래도 꽤 남아서 나중에 그 돈으로 새 옷을 사 입었다. 다이어트를 시작한 후 어떤 바지는 지퍼, 단추 모두 채우고 마음대로 입고 벗을 수 있을 정도로 커져서 새 옷이 많이 필요했다. 다이어트를 성공적으로 하면 'Wardrobe' 업데이트하는 재미도 무시하기 힘들다. Wardrobe는 사전에서 발음과 의미를 찾아보길 권한다. 그러고 보니 'Health and Nutrition(건강과 영양)'이라는 한 가지 주제만 가지고도 배울 영어 표현은 무궁무진하다.

시녀 이야기

: You Set the Tone

'디스토피아(Dystopia)'라는 말이 있다. 제레미 벤담(Jeremy Bentham)의 제자로서 그의 공리주의(Utilitarianism)를 널리 전파한 철학자이자 정치가였던 존 스튜어트 밀(John Stuart Mill)이 1868년 의회 연설에서 '유토피아(Utopia)'라는 단어에 그리스어 접두사를 붙여 만들어 사용한 말이다. '유토피아'라는 말 역시 만들어 낸 말이다. 영국 왕 헨리 8세가 앤 불린과 결혼하기 위해 교황권을 부정하고 가톨릭교회와 결별하는 것을 반대하다 결국 사형당한 토마스 모어는 1516년 그리스어의 '없는 곳(Nowhere)'이라는 뜻의 합성어를 라틴화하여 자신의 라틴어로 쓴 정치 풍자소설을 출판하면서 '아무 곳에도 없는 이상적인 국가'라는 의미로 이 단어를 사용했다. 여기에 밀이 그리스어의 '나쁜, 비정상적인'이라는 의미의 접두사 DYS를 '장소'라는 의미의 TOPIA와 합성하여 '나쁜 장소'라는 말을 만들어 낸 것이 'Dystopia'이다. 'Dystopian novel(디스토피아 소설)'은 주로 먼 미래, 어둡고 두려운 정치 사회를 이야기로 엮어 만든 소설이다.

오래전 나는 마가렛 애트우드(Maragaret Atwood)의 디스토피아 소설 『시녀 이야기(The Handmaid's Tale)』를 읽었다. 워낙 디스토피아 소설을 즐겨 읽지 않고, 『시녀 이야기』 자체도 별로 마음에 와 닿지 않고 재미도 없어서 잊고 살았는데 미국의 인터넷 스트리밍 서비스인 〈훌루(Hulu)〉가 이 소설을 미니 시리즈로 만든다고 하여 다시 읽어보았다. 처음 별 감흥 없이 읽었을 때는 빌 클린턴이 미국 대통령이었고, 이번에 읽을 때는 도날드 트럼프가 대통령이다. 신나치주의자들이 거리를 활보하는 시대에 미국에 사는 아시아인으로서 처음 읽을 때 생각 없이 지나쳤던 것들이 이번에는 하나하나 피부에 와 닿았다. 더구나 애트우드가 라디오 방송 인터뷰에서 "역사적으로 실제 일어났던 일들만을 모아 디스토피아 소설을 썼다"고 말한 것을 듣고 읽으니 더욱 소름이 끼쳤다.

이 소설의 주인공은 화자(話者)인 '나'이다. 『시녀 이야기』의 시녀는 우리의 '씨받이'이다. 가임 연령대의 여자들은 나라가 지정해 주는 아이가 없는 고관대작의 집에 들어가 아이를 낳아 주어야 한다. 그 기간 동안에는 그 고관대작의 소유가 되고, 아이를 낳으면 아이를 그 집에 주고 또 다른 집으로 전근을 가 그 집 아이를 낳아 주어야 한다. 이 소설의 화자는 자신의 이름은 잃은 지 오래이고, 시녀로서 프레드(Fred)라는 사령관 집에 아이를 낳아 주러 들어갔기 때문에

이 기간 동안에는 프레드의 소유물이라는 뜻으로 '오브프레드(Offred)'라고 불린다. 하는 일이라고는 글렌(Glen)의 씨받이 시녀 오브글렌(Ofglen)과 매일 집 앞 길에서 만나, 가정부가 시키는 물건을 장에서 사오고, 정해진 날마다 사령관 부인의 입회하에 사령관과 동침하는 것이 전부이다. 글을 읽는 것, 쓰는 것은 철저히 금지 당하고, 긴 모직 천으로 온몸을 가리는 옷과 얼굴을 거의 다 가리는 두건을 쓰고 지낸다. 화장은 물론 금지되었고, 로션도 없어 버터를 훔쳐다 뻑뻑한 얼굴에 바르는 삶을 산다.

Night falls

그 소설 중간쯤에 처음 읽을 때 별 생각 없이 읽었던 부분인지 전혀 기억이 나지 않는 글귀가 있었는데 그 글귀가 두 번째 읽을 때는 내 가슴에 깊이 와 닿았다. 이 여자가 자신의 방 창밖을 내다보면서 하는 생각인데 다음과 같다.

"Night falls. Or has fallen(밤이 내려앉는다. 아니 내려앉았다). Why is it that night falls, instead of rising, like the dawn(왜 밤은 새벽처럼 솟아오르지 않고 내려앉을까)? Yet if you look east, at sunset, you can see night rising, not falling; darkness lifting into the sky, up from the horizion, like a black sun behind cloud cover(그러나 해질 무렵 동쪽을 보면 밤이 내려앉지 않고 솟아오르는 것을 볼 수 있다. 어둠이 지평선에서부터 마치 구름 뒤에 검은 태양처럼 하늘로 솟아오르는 것을 볼 수 있다)."

'Night falls'는 관용적 표현으로 직역하면 '밤이 떨어져 내린다'

이다. 우리말에도 '어둠이 내려앉는다'는 말이 있다. 비슷한 뜻으로 해석하면 된다. 반면 새벽 무렵은 '동이 튼다'고 한다. 영어에도 '새벽 여명'이라는 뜻의 'Dawn'을 사용해 'Dawn is breaking'이라는 비슷한 표현을 쓴다. 또한 '새벽이 솟아오른다'는 'Dawn is rising'이라고 한다. 집안에서도 해질 무렵 서쪽 방에 있다 동쪽 방으로 가면 훨씬 어둡다. 이 무렵 동쪽 창밖으로 하늘을 보면 어둠이 새벽에 해가 뜨듯 동쪽에서부터 피어오르기 시작하는 것을 볼 수 있다. 그런데 사람들은 하나는 솟아오른다 하고, 하나는 내려앉는다 한다.

나도 생각해 보았다. 학교에서 수없이 배우고 외워서 시험 봤던 영어 숙어들. 어떤 것은 문법적으로 해부해 보면 뜻이 명확해지기도 하고, 어떤 것은 그 뒤에 숨은 이야기를 모르면 왜 그 말이 그 뜻인지 알 수 없는 말들. 그런 말들을 나도 매일 쓰고 매일 들으면서 산다. 그래서 며칠간 나의 일상 속에서 내가 하는 말, 남이 하는 말 중 나의 관심을 끌었던 표현들을 적어 보았다.

Aha!

AM과 PM

위에 아침, 저녁 시간 이야기가 나왔으니 이것부터 시작해야겠다. 흔히 오전을 'AM'이라 쓰고 오후를 'PM'이라 쓰는데 이는 무엇의 약자일까? 이는 영어가 아니라 라틴어로서 'M'은 둘 다 'Meridiem'이다. Meridiem은 정오라는 의미인 Meridian의 변형으로 '정오의'라는 뜻이다. AM의 A는 Ante로서 Before의 의미이다.

AM인 'Ante-Meridiem'은 'Before Noon' 즉 오전이 되는 것이고, PM의 P는 After라는 의미의 Post로서 'Post-Meridiem'은 'After Noon' 혹은 'Afternoon' 즉 오후가 된다. 그러니 엄밀히 말해 정오 12시는 Meridian일뿐 AM도 PM도 아니다.

'정오'는 영어로 'Noon'이다. 정오 즈음은 'Noontide'라고 한다. 요즘은 'Around noon' 혹은 정식 단어는 아니지만 'Noonish'라는 말도 많이 쓴다. Noontide라는 말은 잘 쓰지 않지만, 1850년에 출간된 『주홍글씨(The Scarlet Letter)』라는 소설에서 주인공 헤스터 프린의 딸 펄이 자신의 아버지인 줄도 모르고 동네의 목사 딤스데일을 무척 따르면서 "내일 Noontide에 나랑 또 만나 같이 놀아주겠냐?"고 묻는 글귀가 있었던 기억이 난다. 아마 1850년대에는 어린 아이들도 Noontide라는 말을 흔히 썼나 보다. 한국에서는 AM 2시, 혹은 PM 2시라고 표기하지만, 영어에서는 2 AM, 2 PM이라는 식으로 AM과 PM을 뒤에 쓴다.

그럼 역사 시간에 연도에 붙이는 A.D와 B.C는 무슨 뜻일까? 서기 몇 년 할 때의 '서기'는 '서양력(西洋曆)의 기원(紀元)'이라는 말을 줄인 것이다. 서력의 기원은 예수가 탄생한 해이다. 고대 사회에는 0의 개념이 없었으므로 '예수가 탄생한 해를 1년으로 봐야 한다' '아니다 0년으로 봐야 한다'는 논란이 있었는데 실제로 예수는 이 기원이 되는 해보다 4년쯤 전에 이미 태어난 것으로 보는 사람들이 많다. 계산상 4년 정도 차이가 나긴 하지만, 그래도 공식적으로는 0년이든 1년이든 서양력의 원년은 예수가 태어난 해를 기준으로 삼는다.

B.C.는 영어 'Before Christ'의 약자로 '그리스도 전(前)'이라는 뜻이다. 이 말은 '서력기원전'이라는 뜻이고 우리가 줄여서 말하는 '기원전'이 된다. A.D.는 라틴어로 'Anno Domini'이다. 'Anno'는 '해(年)의'라는 뜻이고, 'Domini'는 '주(主, Lord)'라는 의미의 Dominus의 소유격 '주의'이다. 주의 해, 서력기원이 되는 해로서 그 해로부터 10년이 되면 주의 해 10년이고, 2000년이 되면 주의 해 2000년으로 '2000 AD'라고 표기한다.

우리말에서는 교회 다니는 사람들은 '주후 몇 년'이라고 하고, 일반 사회에서는 '서기(西曆紀元)'라고 한다. 근래 학술 논문 등에서는 종교에 대해 중립적 입장을 취하기 위해 서력기원 이후를 전 세계가 편의상 공통으로 사용한다고 하여 'Common Era(공통 시대)'라고 하고 기원전을 '공통 시대 전'이라는 뜻의 'Before Common Era'라고 부르고, 줄여서 각각 CE와 BCE로 표기하기도 한다.

Keep Running

Cold feet

며칠 전 영화를 봤다. 결혼식에 신부가 옷을 차려입고 기다리는데 신랑이 길이 막혀 식장에 오지 못하고 헤매는 이야기였다. 휴대폰이 흔하지 않던 시절의 영화라 신랑은 연락할 길도 없어 그냥 빗속을 뛰어가기 시작하고 신부는 대기실에 앉아 자기 어머니에게 "I think he's got cold feet"이라고 말한다. 'Cold feet' 즉 차가운 발(足)은 '겁, 공포, 달아나려는 자세'이고, 'He's got cold feet'은 신랑이 나타나지 않자 어머니에게 '신랑이 결혼에 겁이 나 나타나지 않는 것 같다'고 말하는 것이다. 이 영화에서는 신랑이 천신만고 끝에 겨우 도착해 행복하게 결혼식을 치렀지만 정말 Cold feet으로 나타나지 않고 줄행랑을 친다면 그런 경우는 "He stood me up at the altar"라고 한다. 'Stand (me) at the altar'는 '교회 단상 앞에 (나를) 세워두고 나타나지 않았다'는 말이다. 결혼뿐 아니라 다른 여러 경우 바람맞았을 때 쓸 수 있는 말로서 교회의 제단 혹은 단상이라는 의미의 'Altar'만 빼고 'Stand me up'이라고 하면 된다. "She stood me up"이라고 하면 "그녀가 나를 바람맞혔다"라는 뜻이다.

cheer UP! Cold turkey

내가 처음 미국으로 유학을 떠났던 20세기에는 비행기 안에 흡연석과 금연석이 있어 흡연석에 앉은 사람들은 담배를 피우며 여행했다. 처음 금연을 실시할 때는 담배를 피우던 사람들이 13시간 담배 없이 가려면 손이 떨리고 경련이 일어날 수도 있다고 반대했으나, 오늘날까지 그런 사고가 있었다는 이야기는 듣지 못했다. 1990년대 뉴욕시 모든 바에서 흡연이 금지 되었을 때도 비슷한 반대가 있었지만 이제는 아무렇지도 않게 그 법을 지킨다. 참으로 신기한 일이다. 비행기에서 내리면 가장 먼저 담배부터 생각이 난다고는 하지만 줄담배를 피우는 사람들이 12~13시간 비행기에 앉아 아무렇지도 않게 한국과 미국을 오가니 말이다.

나의 아주 친한 친구 한 명이 줄담배를 피웠다. 그 친구를 얼마 전 오랜만에 만났는데 그가 하는 말이 "I quit smoking just cold turkey"

라고 했다. 'Quit'은 '끊다'라는 의미로 "I quit smoking"은 "나는 담배를 끊었다"라는 뜻이다. 참고로 Quit은 현재, 과거, 과거 분사가 모두 Quit이다. 그리고 그 뒤에 한 말 'Cold turkey'라는 말은 '무엇을 갑자기 그리고 완전히 끊어버림'이라는 의미이다.

미국의 가장 큰 명절인 11월 추수감사절이 오면 가정마다 'Turkey(칠면조)'를 구워 나눠 먹는다. 그런데 이 새가 크기 때문에 하루에 다 먹기는 힘들고 그 후 며칠은 식은 칠면조로 샌드위치를 만들어 먹고, 수프에 넣어 먹고 끝없이 칠면조 고기를 먹어야 하는데 이때 남은 칠면조 고기를 Cold turkey라고 한다. 그런데 그 말이 어떻게 '단번에 완전히 끊어버림'이라는 의미가 되었는지는 잘 모르겠으나 자주 쓰는 표현이다.

WHAT?

Darn

며칠 전 요가를 하러 갔다. 핫요가라 끝날 무렵이면 모두 땀에 흠뻑 젖어 이제 거의 다했다는 심정으로 마무리를 하는데 선생님이 "나는 요가가 끝날 때면 너무 아쉬워요. 한 번 더 하고 싶은데"라고 농담을 했다. 모두 여기저기서 피식피식 웃는데 선생님이 또 말을 했다. "그렇지만 바로 뒤에 다른 수업이 있으니 할 수 없죠." 내가 조그만 소리로 "Darn!"이라고 했다가 웃음바다가 되었다. 'Darn'은 '떨어진 곳을 꿰매어 깁다'라는 의미인데 이것이 영어의 욕인 Damn과 발음이 비슷해서 약간 순화된 가벼운 욕설로 쓰기도 한다. 시간은 급한데 신발 끈이 매어지지 않는다든지, 들고 가던 물건을 떨어뜨려서 가다 말고 서서 그 물건을 주워야 한다든지 할 때 미국 사람들은 'Damn it'이라는 말을 잘 쓴다. 나도 혼자 있을 때는 그 말을 잘 하는데 여러 사람이 모인 장소에서 쓰기는 좀 그렇고 'Darn' 혹은 'Darn it!'이라고 하면 가벼운 농담 정도로 사용하기 괜찮다. 그 의미는 그때그때 상황에 따라 여러 뜻으로 해석할 수 있는데 '에이, 이 망할' 등의 뜻이 될 수 있다. 요가 선생님이 농담으로 요가를 처음부터 연속으로 이어 한 번 더 했으면 좋겠는데 다음 수업 때문에 어쩔 수 없이 못한다고 농담을 하고 거기에 내가 Darn이라고 한 것은 '아이고 이런 안타까운 일이' 정도로 해석하면 된다.

미국에 살면서 영어로 생활해 본 사람들이라면 대부분 동의할 것이다. 가장 먼저 입에 붙는 것이 욕을 비롯한 감탄사라는 점이다. 이 감탄사 중에서도 일상생활에 자주 써서 한국에 돌아가 살면서도 한동안 떨어지지 않고 나오는 말이 'Oops'이다. 우리말로 하자면 '아이고'쯤 될 텐데 워낙 광범위하게 쓴다. 눈길에 중심을 잃고 미끄러질 뻔해도 'Oops', 길에서 지나가던 사람과 부딪힐 뻔해도 'Oops', 못 볼 것을 보고 돌아설 때도 'Oops' 등을 한다. 2012년 미국 대통령 선거 후보 토론회에서는 한 후보가 정견을 발표하면서 예산 삭감을 위해 세 개의 부처를 폐지하겠다며 이름을 하나하나 대다 세 번째 부서를 기억 못해 '어, 어, 어'라고 하다 'Oops!'라고 하며 겸연쩍게 말을 마친 적도 있다. 게다가 우리 말 '아이고'보다 편하게 말이 나오니 입에 잘 붙고 오래 떨어지지 않나 보다. 'Whoops'라고 쓰기도 한다.

위에 말한 'Damn'은 '신의 저주가 내리라'라는 다소 끔찍한 욕이 줄어서 된 말이다. 영어권에서는 'God' 'Jesus' 'Hell' 등을 감탄사나 욕설에 섞어 쓰는 것을 불경스럽게 여긴다. 아무리 불경스러운 말이라도 쓰는 사람들은 다 쓰고 살지만 그래도 장소를 가려서 사용하는 것이 좋다. 영어의 '아휴, 제발 좀'이라고 짜증 섞인 말을 할 때 'For God's sake' 혹은 'For Christ's sake'라는 말을 쓰는데 이도 한 단계 낮춰 'For Pete's sake'라고 말하는 사람들이 많다. 여기서 'Pete'는 피터의 애칭으로 예수의 수제자였던 베드로를 뜻한다는 설이 있다.

Devil's advocate

일요일 오후 이리저리 채널을 돌리다 오래전에 키아누 리브스가 주연한 〈Devil's Advocate〉이라는 영화를 잠깐 보게 되었다. 'Devil'은 '악마'이다. 'Advocate'은 '주창자, 옹호자 그리고 변호사'라는 뜻으로 쓴다. 한 번도 처음부터 끝까지 본 적이 없어 영화에 대해서는 별로 할 말이 없지만 변호사인 키아누 리브스가 알고 보니 진짜 악마를 변호하게 된다는 이야기라고 한다. 이 말은 실생활에서 관용적으로 사용하는 표현을 글자 그대로 '악마의 변호사'라고 해석해서 영화 제목으로 사용한 것이다. 그러나 실생활에서 'Devil's advocate'이라고 하면 '(일부러, 짐짓, 혼자서) 반대 입장을 취하는 사람'이라는 뜻이다. "(나도 당신들 의견에 동의하지만 혹은 당신들 말도 이해하지만) 이 말은 한마디 하자"라고 하면서 거의 만장일치로 동의하는 문제에 대해 혼자 반대 입장을 취할 때 잘 쓴다.

우리 동네 사람들끼리 모여 저녁을 먹다 보면 으레 여러 정치 이야기로 넘어간다. 밥 먹으며 듣다 나중에 진력이 나면 나는 은근히 짓궂은 마음이 동하여 동네 사람들과 정반대의 입장을 취하고 그들과 말싸움을 벌이며 Devil's advocate을 자처한다.

꼭 나처럼 짓궂은 마음에서가 아니라 뭔가 한 가지 짚고 넘어가야 한다고 생각할 때 손을 들고 이야기하면 그것도 Devil's advocate이 된다. 법대에서 판례들을 읽고 와서 토론을 벌일 때 어린이 유괴 사건이라든지, 성희롱 사건, 잔인한 살인 사건 등에 대해 이야기하려면 아무래도 대부분의 학생들이 피해자의 편에 서서 의견을 낸다. 이때 그래도 피고의 편에 서서 한마디 하면 이 경우도 Devil's advocate이라고 할 수 있다. 실제로 그럴 경우는 대부분 "Let me be a devil's advocate(제가 Devi's advocate이 될게요)"라면서 말을 시작할 것이다.

영어에 '레몬'이라는 말은 '과일'을 의미하기도 하지만 '불량품'이라는 뜻으로, 'Lemon car'라고 하면 '속아 산 불량 자동차'를 뜻한다. '변호사는 레몬을 받으면 그것을 레몬에이드로 바꿀 수 있어야 한다'는 말이 있다. Devil's advocate이 되어 레몬을 받으면 맛있는 레몬에이드를 만들어 내고 부정적인 것도 의뢰인을 위해서라면 어떻게든 긍정적으로 포장해 내야 한다는 뜻이다. 이로 인해 변호사들이 욕도 많이 먹지만, 아무리 흉악범이라도 변호사의 도움을 받을 권리가 있고, 법대생들에게는 Devil's advocate이 되는 것이 훌륭한 변호사가 되기 위한 중요한 훈련 중 하나이다. 또한 그룹에 Devil's advocate이 한 사람은 있어야 자칫 한쪽으로 치우치기 쉬운 토론이 훨씬 활력을 얻게 된다. 그런 의미에서 Devil's advocate은 소신 있는 반대 의견과 일맥상통한다.

Ears are burning

친구 A와 B가 모여 그들의 친구 C 이야기를 하다 이런 말을 한다. "아이고, C 귀 가렵겠다." 이 말을 영어로는 뭐라고 할까? 얼마 전 텍사스에서 대학 다닐 때 친했던 Destiny라는 친구가 남편과 뉴욕주를 방문해 즐겁게 하루를 보냈다. 그 가족들과 저녁도 먹고, 여기저기 쇼핑 다니는 것도 따라다니고, 역시 친했지만 나와 연락이 끊긴 또 다른 친구 Cheryl이라는 친구의 이야기도 한참 동안 했다. Destiny가 집에 돌아가 Cheryl에게 나를 만났다는 이야기를 했는지 며칠 후 Cheryl이 내게 페이스북 메시지를 보내왔다. 그래서 내가 거기에 답으로 "Were your ears burning?"이라고 써줬다. Destiny와 내가 그러지 않아도 Cheryl의 이야기를 한참 했다는 뜻이다. 다른 사람들이 내 이야기를 해서 귀가 가렵다는 우리 표현과 거의 같은 의미로 쓰는 말이다. 단지 영어에서는 '귀가 가렵다'고 하지 않고 '귀가 탄다'고 하는 것이 차이이다.

Homebody와 Social butterfly

나는 늘 주변 사람들에게 "I am a homebody"라고 자랑스럽게 이야기한다. 'Homebody'는 어디 나가는 것을 별로 좋아하지 않고 집에 있는 것을 즐기는 사람을 뜻한다. 얼마 전에 페이스북에 '당신의 성격을 테스트해 주겠다'는 설문이 떠돌아서 심심풀이로 해

보았더니 나의 성격은 'an introvert with outgoing personality' 라고 나왔다. 'Introvert'는 '내향적인'이라는 뜻이다. 'Outgoing personality'는 '사교적인' 성격이라는 뜻이다. 이 'Introvert with outgoing personality'는 파티나 모임에 가면 매우 사교적이고 대화를 주도해 나가고 흥겹게 놀지만 사실은 모임에 나가는 것을 별로 좋아하지 않고 집에 조용히 있는 것을 더 좋아한다. 나도 어디 모임에 가면 영어로 "I own the party"이다. 파티를 내가 소유하다시피 모르는 사람에게 다가가 말도 잘 걸고 웃고 떠들지만, 실은 나는 전형적인 Homebody로 혼자 있는 것을 즐기는 Introvert이다. 그러니 페이스북에서 말하는 나의 성격 '사교적 성격을 가진 내향'이 나에게는 잘 맞는 말이다.

나와 친한 친구 중에 Homebody가 또 한 명 있는데 별로 멀리 사는 것도 아니고, 늘 한번 보자고 문자는 주고받으면서 좀체로 만나지 못한다. 둘 다 집 밖에 나가 누구를 만나는 것을 별로 즐기지 않기 때문이다. 그러던 이 친구가 춥고 지루한 겨울에 진력이 난다며 플로리다로 이사를 가 버렸다. 한 동네에서 차로 5분도 걸리지 않는 거리에 살 때와 플로리다로 이사를 간 지금이나 문자로 서로 연락하면서 이 이야기 저 이야기 하는 것은 별로 달라지지 않았지만 그래도 멀리 플로리다로 이사를 갔다고 생각하니 친구가 그립고, 가까이 살 때 좀 더 자주 보지 못한 것이 걸렸다.

그러던 어느 날 일찌감치 침대에 들어가 책을 읽고 있는데 그 친구에게서 문자가 왔다. 출장차 우리 동네에 다시 왔다가 일 다 보고 혼자 저녁을 먹으려고 근처 음식점에 막 들어왔는데 나오지 않겠냐는 것이었다. 나 같은 Homebody가 자려고 옷도 다 갈아입고 누워 있다 후다닥 일어나 다시 옷을 갈아입고 뛰쳐나가 친구와 재회를 했다. 저녁을 먹다 그 친구가 이렇게 말했다. "We are social butterflies today." 여기서 'Social butterfly'는 남자, 여자 누구에게나 쓰는 슬랭으로서 '파티도 잘 가고, 사람도 잘 사귀고 늘 밖으로 나돌며 흥청망청 재미있게 놀기를 즐기는 사람'이다. 나와 내 친구는 그 정반대이지만 그날만은 오랜만에 재회하여 우리 시계로는 매우 늦은 저녁 9시까지 바에 앉아 저녁 먹고 와인 한두 잔씩 마시며 이야기를 했으니 우리 딴에는 Social butterfly라고 할만 했다.

나는 〈Good Reads(좋은 책)〉라는 앱(App)을 설치해 읽고 싶은 책도 찾아보고, 그들이 페이스북에 올리는 글들도 가끔 읽는데 그들 덕에 새 단어를 배웠다. 'Librocubicularist'라는 약간 길고 잘 쓰지 않는 단어이다. 라틴어로 'Libro'는 '책'이라는 뜻이고 'Cubiculum'은 '침실'이라는 뜻으로 '침대에서 책을 읽는 것을 즐기는 사람'을 가리켜 'Librocubicularist'라고 한다고 한다. Librocubicularist로서 침대에서 책을 읽던 내가 친구의 문자 한 통으로 옷을 갈아입고 달려 나간 것을 보면 우리의 우정이 얼마나 돈독한지 알 만하다.

I ♥ ENGLISH

Household name

오래전에 배우 안성기가 텔레비전 만드는 회사의 광고 모델을 했는데 찰리 채플린을 연상케 하는 분장을 하고 나와 아무 대사 없이 이렇게 저렇게 웃기만 했다. 그즈음 나는 안성기를 '국민배우'라고 쓴 기사를 읽었다. 지금은 그 표현이 식상하고 까딱하면 '국민~'을 붙이고, 내 주변에 자기 동네 약수터를 '국민 약수터'라고 부르는 사람까지 생길 정도니 싫증이 나지만, 워낙 안성기의 팬이기도 한 내가 처음 '국민배우'라는 표현을 들었을 때는 매우 신선했다. 그 표현을 읽으면서 그 광고를 떠올렸다. 배우에게 가장 어려운 연기가 웃는 연기라는데 아무런 앞뒤 대사도 없이 천차만별로 웃을 수 있는 배우가 몇이나 될까라는 생각을 했다.

영어에는 물론 '국민~'이라는 표현이 없다. 그래서 가장 가까운 표현이 무엇일까 곰곰이 생각해 보았다. 아무래도 'Household name'이 아닐까 한다. 'Household'는 '가정집'이라는 뜻이다. 'Name'은 '이름'이고 합치면 '가정집 이름'인데 이것이 어느 누구나 이름만 대면 아는 사람이라는 뜻이 된다. 유명한 영화배우나 가수들이 그 대표적 예이다. 가령 이탈리아의 테너였던 파바로티는 오페라 가수였지만, 오페라에 문외한인 사람들도 남녀노소 한번쯤 이름은 들어봤음직한 사람이다. 이런 사람도 Household name이다. 미국의 국민의사 중에 지금은 작고한 마이클 드베이키(Michael DeBakey)라는 사람이 있다. 심장전문 외과의사(Heart surgeon)로서 너무도 유명해 시트콤 대사에 그의 이름이 등장할 정도였다. 코미디 대사에 등장할 정도라면 시청자들이 그가 누구이고, 무슨 일을 했으며 그 사람의 이름과 그 사람의 직업이 이 상황에 등장하는 것이 왜 웃긴지를 알아야 웃을 수 있다. 그 정도로 드베이키 박사는 미국 사회에 널리 보편적으로 알려진 사람이었다. 이럴 때도 "Michael DeBakey was a household name"이라고 표현할 수 있다.

Kneecapped

요즘의 북한 핵 사태를 보면 한국에 있는 친지들은 이 문제에 대해 별로 아는 바도 없고 관심도 없지만, 미국은 이와 정반대로 온 나라가 당장 핵전쟁이라도 난 듯 호들갑을 떤다. 얼마 전 미국 국무장관 렉스 틸러슨은 북한과 외교적 채널을 통해 대화를 시도했다. 그런데 대통령 트럼프가 자신이 없는 자리에서 자신을 'Moron(바보 천치)'이라고 부른 국무장관이 괘씸했는지 그의 트위터에 '쓸데없는 시간 낭비하지 말라'고 공개적으로 망신을 주었다. 매주 금요일 유명 저널리스트와 관계 전문가들이 나와 한 주의 국제 정세를 논하는 라디오 프로그램(영어에서는 주로 '프로그램'이라는 말보다는 '라디오 쇼' 혹은 '라디오 뉴스 쇼(Radio News Show)'라며 주로 '쇼'라는 말을 사용한다)에서 한 기자가 'Trump kneecapped Tilerson'이라는 말을 썼다. 'Kneecap'은 '무릎 슬개골(Patella)'이다. 그런데 이것이 동사가 되면 '슬개골을 파열시키다'가 되고 한 걸음 더 나아가 '불법적인 체벌을 하다' 또는 '(앞길을 막으며) 방해하다' 등이 된다. 여기서 기자가 한 말은 '트럼프가 틸러슨의 행보에 훼방을 놓았다'는 뜻이다.

Mayday

비행기나 선박이 조난당했을 때 기장이나 선장이 무선기

에 대고 '메이데이, 메이데이'라고 외치는 것을 영화에서 많이 보았을 것이다. 위에서 말한 『시녀 이야기』에 시민의 권리를 위해 싸우는 비밀 결사대인 'Mayday'가 있다. 그리고 소설 중간에 과연 메이데이라는 말이 어디서 왔을까라는 대화가 잠시 나오는데 프랑스어의 '나를 도와주세요'라는 뜻의 M'aider를 영어로 적어 놓은 말이라고 한다. 이것이 사실일까 하고 여기저기 사전을 찾아보니 지금껏 발견된 가장 오래된 용례는 1923년으로 실제 프랑스어를 영어로 옮긴 것으로 보인다고 한다. 원래는 "Venez m'aider(와서 나를 도와주세요)"가 줄어서 된 말이라고 한다.

WHAT?

Pencil you in

얼마 전 일 관계로 어떤 사람과 만나야 할 일이 생겼는데 서로 일정이 맞지 않아 날짜 정하는데 애를 먹었다. 내가 되면 그쪽에서 바쁘고, 그쪽에서 좋다는 날은 내가 바빴다. 그러다 가능성이 있는 날짜를 겨우 찾았는데 그나마도 며칠 더 기다려 봐야 확실히 정할 수 있는 상황이었다. 그날로 정하고 나중에 아주 불가능할 것 같으면 약속을 취소하거나 다시 다른 날을 찾더라도 일단 그날 그 시간으로 정하기로 했다. 이때 내가 상대방에게 한 말이 "Why don't I pencil you in for that day?"이다. 'Pencil'은 '연필'이다. 연필의 특징은 언제든 지울 수 있다는 것이다. 'Pencil you in'은 '(아직 확실치 않아 언제든 지울 수 있도록) 연필로 적어 놓겠다'는 뜻이다. 요즘은 연필이든 볼펜이든 손으로 글씨 쓸 일이 별로 없고, 모두 전화기에 약속 시간과

장소를 적어 넣지만 Pencil you in은 아직까지 살아남아 있다.

Aha! Preach to the choir

'Sunday Christian'이라는 말이 있다. 일요일마다 교회에 가긴 가는데 몸만 가 앉아서 속으로는 딴 생각하기 일쑤이고, 일주일 내내 교회 근처에 가지도 않고 신앙생활과 담 쌓고 지내는 사람들을 일컫는 말이다. 나도 Sunday Christian이다. 그런데 진짜 열심히 신앙생활을 하는 사람들은 교회만 가는 것이 아니라 성가대에서 노래도 하고 여러 가지 활동을 한다. 'Preach'는 '설교하다'라는 뜻이다. 'Choir'는 '합창단'이라는 의미로 '교회 성가대'를 가리키는 말이다. 모두 신앙심이 두터운 사람들이 모여 있는 성가대에 대고 설교를 하는 것, 우리말로 하면 '당연한 이야기'나 '하나마나 한 이야기', '두 말하면 잔소리'인 말을 할 때 "You are preaching to the choir"라고 한다. 목사님이나 신부님이 일요일 설교 시간에 하는 말은 성가대 단원들은 이미 다 알고 있는 이야기일 테니 말이다.

미국에는 Public Broacasting Act(공영방송 법)이라는 것이 있어 이에 근거해 공영텔레비전(PBS)과 공영라디오(NPR) 등이 설립되었다. 이들은 국가의 보조를 일부 받지만 시청자와 애청자가 스스로 기부금을 내 충당한다. 유명한 어린이 프로그램인 〈Sesame Street(세서미 스트리트)〉도 PBS의 대표적 프로그램이고 그밖에 훌륭한 다큐멘터리, 뉴스 프로그램 등을 자랑한다. 나는 PBS와 NPR의 공정하면서도 심층적인 취재와 보도의 열렬한 팬이다. 그런데 요즘 국회에서 예산을 논의할 때면 늘 이 공영방송 예산을 줄이거나 아예 빼버리겠다고 협박한다. 얼마 전에도 운동하러 갔다가 늘 운동은 하지 않고 한 구석에 서서 이 사람 저 사람 붙잡고 잡담만 하다가 가는 폴이라는 사람을 만났다. 그 사람도 공영방송의 열혈 팬이라 나를 보자마자 흥분하며 "바보 같은 것들이…"라고 일장 연설을 시작했다. 빨리 운동 마치고 하루 일과를 시작해야 하는데 나에게는 두 말 할 필요도 없는 이야기를 쉬지 않고 떠들어 댄 것이다. 나는 한참 듣고 있다가 "Paul, you are preaching to the choir"라고 말해 주고 종종걸음으로 멀찌감치 떨어져 운동을 시작했다. 당연한 말을 할 때 "당연한 것 아니니?"라고 반문하는 표현으로 "Is the Pope Catholic?(교황이 가톨릭 신자 맞니?)"도 있다.

NPR 이야기가 나온 김에 한마디 하면 'Driveway moment'라는 표현이 있다. 'Driveway'는 미국 가정집에 '차고로 들어가는 길'을 뜻한다. 집에 운전하고 왔는데 라디오에서 흐르는 음악이 끝나지 않았다든가 뉴스 보도가 너무 흥미진진해 끊고 내리지 못해 차를 Driveway에 시동 건 채로 세워 놓고 앉아 음악이나 뉴스 보도가 끝날 때까지 듣고 있는 것을 Driveway moment라고 한다. 나도 늘 NPR을 들으며 운전하기 때문에 이런 일이 종종 있다. "I had a driveway moment yesterday"라고 하면 어제 차를 세워 놓고 한참 내리지 못하고 라디오를 들었다는 뜻이다. Driveway moment라고 하지만 꼭 자기 집 Driveway에 차를 세워 놓고 라디오를 듣는 것만 가리키는 것은 아니고, 차에서 내리지 못하고 듣는 것을 모두 일컫는다. 널리 쓰는 표현은 아니라 잘 알아듣지 못하는 사람도 있지만 이런 일은 누구에게나 종종 일어나는 일이다.

Shoo-in

나는 대학원 때 두 명의 룸메이트와 함께 살았는데 한 명이 늘 여자 친구를 데리고 와 텔레비전을 보았다. 우리나라에 '막장 드라마'라는 말이 생기기 전부터 미국에는 막장 드라마가 있었다. 바로 'Soap opera'라는, 낮에 하는 일일 연속극들인데 1940년대 비누를 주로 만들던 프록터 앤 갬블 사 등이 스폰서가 되면서 'Soap(비누) opera'라고 불리게 되었다. 라디오 연속극으로 시작해 텔레비전으로 이사 와 40~50년 계속하는 것들도 있고, 요즘은 사양길에 접어들어 많이 폐지되었지만, 내가 대학원에 재학할 때만 해도 Soap opera의 전성시대로 낮 시간대는 방송 3사의 프로그램들이 1시간짜리 일일 드라마를 각각 3~4편씩 편성해 놓았다. 내 룸메이트와 그의 여자 친구는 매일 낮 2시부터 한 시간 동안 〈Another World〉라는 지금은 종영한 드라마를 보았고, 매주 금요일이면 저녁에 〈The Golden Girls〉라는 시트콤을 보았다. 옆에서 지나다니며 보다 나까지 심취해, 나는 도서관에서 공부하다 〈Another World〉와 〈The Golden Girls〉를 보러 집으로 향하곤 했다.

Soap opera라는 것이 대부분 작은 도시에 사는 두 가족을 중심으로 일어나는 일이라 뻔한 등장인물들로 몇 십 년을 꾸려 나가자니 당연히 등장인물들이 순열 조합으로 한 번씩 결혼했다 이혼하고, 재결

합하고, 딸과 헤어진 사위와 엄마가 사랑을 하는 등 빵빵이 돌리는 몇 가지 정형화한 패턴의 줄거리들이 있어 이를 꿰뚫어보기 시작한 이후로 더 이상 관심을 갖지 않는다. 그러나 〈The Golden Girls〉는 대사가 무척 재미있어서 요즘도 가끔 재방송을 본다.

플로리다주 마이애미에 50대 후반에서 60대 초반의 여인들이 한 집에 살면서 겪는 일들로 도로시는 이혼녀이고, 집주인 블랜치와 또 한 명 로즈는 남편이 죽었다. 그리고 도로시의 어머니 소피아도 함께 살아 4명의 할머니와 아주머니들이 서로 싸우고 울고 웃으며 산다. 이 중 소피아는 이것저것 가리지 않고 직설적으로 말하며 늘 자신이 세상에서 가장 아름답고 섹시한 여인이라고 생각하는 블랜치에게 핀잔을 준다. 며칠 전 재방송을 보는데 블랜치가 자신이 일하는 미술관에서 새로운 직책을 지원했는데, 그 일이 상사와 유럽에 함께 가서 희귀한 미술품과 골동품을 구입하는 일이라고 말하니 소피아는 "골동품을 찾는 일이라면 네가 적격이겠다"라고 말한다. 블랜치가 늙어서 그녀 자체가 골동품인데 멀리 찾으러 갈 필요가 없다는 이야기였다. 이때 소피아가 "네가 적격이겠다"라고 한 말의 영어 표현은 "You must be a shoo-in"이다.

'Shoo, shoo'는 우리말의 '훠이훠이' 같은 말로 새나 다른 짐승 등을 겁을 줘 쫓는 소리이다. 또 동사 'Shoo'는 '겁을 주어 쫓아 버리다'도 된다. 'Shoo-in'이라는 표현은 20세기 들어와 부쩍 눈에 띄게 사용하고 있다. 원래는 '(경마에서) 승부 조작으로 우승한 말'이라는 의미로서 'Shoo shoo' 하며 주위의 말을 다 쫓아 버리고 혼자 쉽게

'In' 즉 들어왔다는 뜻이다. 요즘에는 '쉽게 이긴 승자'라는 의미로, 정치 선거에도 많이 쓰인다. 블랜치가 회사에서 새 직책에 도전하여 다른 후보자들과 경합을 벌이게 되었으니 쉽게 이겨 그 자리를 차지한다면 Shoo-in이라 할 수 있다.

Speak of the devil

'호랑이도 제 말하면 온다'를 영어로 하면 뭐라고 할까? 내 옆집에는 연세가 많고 파킨슨병이 있어 거동이 불편한 할머니께서 혼자 산다. 딸이 매일 들러 빨래도 하고, 집도 치우고, 음식도 해 놓고 가고, 아침저녁 도우미들이 오지만 이 할머니가 워낙 독립심이 강하고 고집이 세서 딸이 아무리 사정을 해도 이사도 절대 가지 않고 혼자 살면서 하지 말라는 것들을 자꾸 해, 넘어지거나 물건을 깨는 일이 잦다. 딸도 남편과 가정이 있고 우리 동네에서 30분 정도 떨어진 곳에 살아 금방 달려올 수 없어, 급하면 나나 앞집 아저씨에게 전화를 한다. 실제로 내가 전화를 했다 대답이 없어 가 봤더니 할머니 혼자 넘어져 일어나지 못하고 계셔서 구급차를 부른 적도 있다.

당연히 앞집 아저씨와 내가 만나면 이 고집 센 옆집 할머니 걱정을 하는데 며칠 전 앞집 아저씨와 할머니 걱정을 시작하자마자 내 휴대전화로 옆집 할머니가 전화를 걸어왔다. 케이블 텔레비전이 갑자기 나오지 않는데 와서 봐줄 수 있겠느냐는 것이었다. 이렇게 한창 그 사람 이야기를 하는데 그 사람이 나타나거나 전화를 걸어오면 '호랑이도 제 말하면 온다더니'라고 한다. 그날 나는 할머니의 전화를 받기 전에 앞집 아저씨에게 'Speak of the devil'이라고 하며 전화를 받았다.

이 표현은 원래 "Speak of the devil and he doth appear"가 줄어서 된 말이라고 한다. 여기서 'Doth'는 사전을 찾아보면 'Does'의 고어라고 나오는데 Does 역시 잉글랜드 북쪽과 스코틀랜드 동남쪽에 걸쳐 살며 고대 영어의 한 지류인 노섬브리아 방언(The Northumbrian Dialect)을 구사하던 노섬브리아(The Kingdom of Northumbria)인들의 단어로서 점차 그 세력이 커져 16~17세기 경 'Doth'를 제치고 영어의 표준어 자리를 차지했다. 'He doth appear'는 'He appears'의 강조 용법으로 우리말로 하면 '그가 (정말) 나타난다'라는 뜻이다. 우리는 '호랑이도 제 말하면 온다'고 하고 서양인들은 '악마도 제 말 하면 (정말) 나타난다'라고 한다.

Aha! Trick or Treat

요즘 한국에서도 'Halloween' 행사를 하는 것이 유행이다. 전에는 분명 '할로윈'이라고 표기했는데 우리 사회에 Halloween 풍속이 널리 퍼지면서 어느 날부터인가 신문에도 '핼러윈'이라 표기하고 방송에서도 핼러윈이라고 발음하는 것이, 아마도 국립국어원이 강요하는 표기와 발음이 핼러윈인가 보다. 그러나 할로윈이 원발음에 훨씬 더 가깝게 들리고 핼러윈이라는 발음이 귀에 거슬려서 나는 핼러윈 대신 '만성절 전야'라고 부르겠다. 그 편이 핼러윈의 유래를 설명하는 데도 도움이 될 것 같다. 만성절(萬聖節)은 '모든 성인의 명절'이라는 뜻이고 만성절 전야는 성탄 전야처럼 '만성절 전날 저녁'이다. 사람들이 여러 귀신 분장을 하고 돌아다니는 것은 고대부터 켈트족 언어를 사용하는 나라들의 풍습에서 근원을 찾을 수 있는데 과거 기독교에서는 다른 모든 종교를 '이교도(Pagan)'라 불러서 이런 풍습도 '이교도 풍습(Paganism)'이라 불렀다. 그러나 기독교회는 또한 오랜 세월 이교도 풍습을 자신들의 교리에 적절히 적용하고 수용해 왔다. 한 예가 크리스마스이다.

예수도 분명 생일이 있을진대 성경 어디에도, 역사책 어디에도 예수의 생일을 기록한 곳이 없다. 12월 25일은 3세기에 교회가 공식적으로 정한 날짜이고 이는 로마력의 동지(冬至, Winter Solstice)가 되는 날이다. 북유럽 게르만족 이교도들이 오래전부터 지키던 풍습인 'Yule'이라는 동지 전통을 예수의 탄생일로 정해 이교도들을 회유하고, 또한 어둠이 세상을 지배하는 날 예수가 빛을 주기 위해 왔다는 상징도 만들었다. 요즘은 문어체 등에서 크리스마스를 'Yule'이라 부르기도 하고, 크리스마스 무렵 한창 분위기가 들뜰 때를 'Yuletide'라 부른다. 〈Have Yourself a Merry Little Christmas〉라는 노래에는 'Make the Yuletide gay'라는 가사가 나온다. 여기서 'Gay'는 '동성연애자'가 아니라 본래의 의미인 '기쁜, 즐거운'으로서 '크리스마스 시기를 기쁘게 보내라'는 뜻이다.

크리스마스뿐 아니라 부활절 등의 많은 기독교 명절들이 이렇게 이교도의 명절들을 받아들이면서 날짜가 정해졌고, 만성절 전야도 그 하나이다. 성탄 전야는 성탄절 전날 12월 24일 저녁이다. 10월 31

일인 만성절 전야는 가톨릭교회의 주요 명절 중 하나인 11월 1일 '모든 성인의 날(All Saints' Day) 전야'이다. Halloween 역시 'Allhallow-even'이 줄어서 된 말이다. 'Hallow'는 '성스러운 사람'이라는 뜻으로 Allhallow-even은 '모든 성인 전야' 즉 '만성절 전야'가 된다. 이로 인해 모든 이교도의 귀신이 활개를 치는 것이 10월 31일 만성절 전야라면, 그들을 제압하고 기독교의 성인들이 하늘과 땅에서 그 공로를 치하 받는 날이 11월 1일 '만성절'이다. 그리고 11월 2일 그 성인들과 함께 다른 죽은 모든 영혼을 기리는 '모든 영혼의 날(All Souls' Day)'이 온다.

요즘은 어린이들을 상대로 한 범죄가 많이 늘어나 미국에서도 시들해진 만성절 전야의 풍습이, 어린이들이 이상한 옷을 입고 분장을 하고 집집마다 돌아다니며 사탕과 초콜릿 등을 얻어가는 것이다. 이때 어린이들이 남의 집 문을 두드리면서 하는 말이 'Trick-or-treat'이다. 'Treat'은 여러 의미가 있으나 여기서는 '대접'이라는 뜻이 가장 가깝다. 'Trick'은 '장난, 속임수' 등이다. '나를 (사탕 등을 주며) 잘 대접해 보내든지 내 장난을 당해 보든가 선택하라'는 뜻이다. 이렇게 집집마다 다니며 사탕을 달라고 하는 아이들을 'Trick-or-treater'라고 부르고 이런 행위를 'Trick-or-treating'이라고 하고 동사형도 돼서 과거와 과거 분사는 'Trick-or-treated'이다. 전에는 아이들끼리 몰려다니며 Trick-or-treating을 했는데 요즘은 유괴 사건도 증가하고, 초콜릿 등에 독약을 넣어 주는 이해하기 힘든 사람들이 늘어난 관계로 이날 부모들이 아이들을 데리고 다니고, 초콜릿을 하나 받으면 포장지가 뜯겼는지 일일이 살펴보고 아이들에게 준다. 이날 아이들이 문을 두드리는 것이 귀찮은 사람들은 외등을 모두 끄고 집에 조용히 앉아 있으면 부모들이 그 집은 알아서 건너뛰고 간다.

Twitter와 Tweet

'트위터'는 한때 소셜 미디어계의 총아가 될 것이라는 기대를 철저히 저버리고 나락의 길을 걷고 있었다. 창립자인 잭 도시(Jack Dorsey)를 CEO로 재영입하며 몸부림을 쳐봤지만 어려운 상황을 개선하기는 그리 쉽지 않았다. 그러다가 도널드 트럼프가 대통령 선거에 출마하면서 팔자가 조금씩 피기 시작했다. 지금도 테크 분야에서 페이스북이나, 페이스북이 소유하고 있는 인스타그램 혹은 구글 등에 비해 훨씬 뒤처지지만 그래도 트럼프가 있는 한 망하지는 않을 것이라는 생각이 든다.

트위터(Twitter)는 소셜 미디어 회사의 이름이며, 'Tweet'이라고 하면 '트위터에 글을 올리다'라는 동사이다. 현재 분사형은 Tweeting이고 과거와 과거 분사형은 모두 Tweeted이다. '트럼프가 어제 이민 문제에 대해 트위터에 글을 올렸다'고 하면 'Trump tweeted yesterday about immigration'이라고 한다. 또한 명사로서 'Tweet'은 '트위터에 올리는 글'을 뜻하기도 한다.

근래 하이테크 분야에서 사용하는 많은 단어들이 그렇듯 Tweet이나 Twitter 모두 본연의 의미가 따로 있다. 영어에서는 '새의 짹짹거림'이라는 명사를 'Tweet'이라고 하고 '짹짹거리는 소리' 자체를 우리의 의성어 식으로 'Tweet tweet'이라고 적는다. 유튜브에 들어가 'Tweety Bird'를 치면 유명한 미국 만화 캐릭터 새를 볼 수 있다. 동사형 '짹짹거리다'는 'Twitter'이다. Twitter는 또한 타동사로서 '~을 지껄이다'라는 뜻도 있다. 트위터라는 것이 글자 수 제한이 있어 새가 짹짹거리듯 짤막하게 한마디씩 지껄여야 하니 그런 이름을 붙였나 보다.

You set the tone

몇 년 전 '미드'라는 단어가 무엇을 뜻하는지 몰라 친구에게 물어봤더니 '미국 드라마'라는 뜻이라고 가르쳐 주었다. 미드 중에서 장장 15년간 장수한 드라마가 있는데 그 제목이 〈ER〉이다. 〈ER〉은 'Emergency Room(응급실)'의 약자이고 그 드라마는 응급실을 책임지는 응급의학과 의사, 간호사들과 그들이 치료하는 환자들 그리고 그 주변 사람들에 얽힌 이야기이다. 근래에는 뉴스를 봐도 속상하고 심란한 이야기만 나와 나는 저녁 뉴스를 당분간 보지 않기로 했다. 그 대신 그 저녁 시간대에 〈ER〉 재방송을 보기 시작했는데 얼마 전에 시즌 1의 1회를 보았다.

1994년 방영된 첫 회에서 응급실 고참 간호사인 캐롤이 같은 응급실에 근무하는 소아과 레지던트 덕 로스(Doug Ross)와 연애하다 결별하면서 수면제를 먹고 비관 자살을 기도하다 의식불명인 채로 실려 온다. 산전수전 다 겪은 베테랑 응급의학과 의사와 간호사들도 자신들의 동료가 실려 오니 모두 황망할 수밖에 없다. 응급의학과장인 모겐스턴(Morgenstern) 박사는 부부 동반으로 파티에 참석하다 그 소식을 들었는지 턱시도 차림으로 응급실로 달려왔다. 뒤에 털 코트를 멋지게 차려입은 부인이 걱정스런 표정으로 서 있고, 모겐스턴 박사는 한쪽 구석으로 선임 레지던트(Chief Resident) 마크 그린(Mark Greene)을 데리고 가서 이렇게 말한다. "우리 모두가 사랑하는 우리 동료가 사경을 헤매고, 이걸 보는 우리는 슬프고 기가 막히고 화가 나지만, 우리에게는 또한 다른 환자들을 치료할 사명도 있다. 우리는 캐롤을 살리기 위해 모든 노력을 다할 것이지만 최선을 다한 후에는 우리 본연의 임무로 돌아가야 한다. 네가 우리 응급실을 이끌고 헤쳐 나가야 한다." 그러고 나서 이렇게 두 번을 강조해 말한다. "You set the tone, Mark. You set the tone." 영한사전에서 'set the tone'을 찾아보면 '풍조를 확립하다'라고 나와 있다. 선임 레지던트로서 혹시 캐롤이 죽더라도 응급실 분위기가 흔들리지 않도록 솔선해서 다잡고 이끌고 나가라는 뜻이다.

캐롤은 원래 1회에서 죽기로 되었으나, 파일럿 시사회에서 관객들이 그 결말을 별로 좋아하지 않았고, 덕 로스 역의 조지 클루니가 적극 주장하여 살아나는 것으로 바뀌었다. 캐롤은 여섯 시즌 동안 등장하면서 결국 닥터 로스(Dr. Ross)와 맺어지고 〈ER〉에서 가장 사랑받는 인물 중 하나가 되었다. 그리고 그 1회 이후로 'You set the tone'이라는 말은 15년간 〈ER〉의 무대인 시카고 카운티 종합병원 응급실에 대대로 전해지는 전설과 같은 대물림의 화두가 되었다. 시즌 8에서 8년간 〈ER〉의 중추적 인물이었던 닥터 그린은 악성 뇌종

양(Glioblastoma Multiforme)으로 죽는다. 치료도 중단하고, 열정을 쏟아 붓던 직장도 그만두기로 결심한 그는 어느 날 근무를 마치고 누구에게도 작별 인사를 하지 않고 자신의 개인사물함에 든 물건들을 대충 챙겨 집으로 향하는데 1회 때 얼떨떨하기만 하던 신참 인턴이었지만 시즌 8에서는 어엿한 선임 레지던트가 된 닥터 카터(Dr. Carter)가 함께 걸어 나오면서 "내일 근무하시죠?"라고 그에게 묻는다. 닥터 그린은 이 말에 대답하지 않고 "You set the tone, Carter" 라고 말하고는 어리둥절하여 "What?"이라고 묻는 카터를 뒤로하고 유유히 사라진다. 그리고 또 몇 년 후 응급실 최고참 의사가 된 카터가 떠날 때 그 또한 당시 선임 레지던트 닥터 모리스(Dr. Morris)에게 "You set the tone"이라는 말을 남기고 역시 어리둥절하여 "What?" 이라고 묻는 모리스를 뒤로하고 떠난다.

나는 테니스를 무척 좋아하고 특히 로저 페더러의 열렬한 팬이다. 영어에 'GOAT'라는 말은 '염소'라는 뜻이지만 또한 'G.O.A.T.'는 'Greatest Of All Time(역사상 가장 위대한)'이라는 뜻의 약자도 된다. 나는 페더러가 테니스의 GOAT라고 생각한다. 나뿐만이 아니라 대다수의 테니스 전문가들이 그를 'GOAT'라고 부른다. 오죽하면 페더러가 어린이 기자들만 모아 놓고 기자회견을 하는데 한 어린이 기자가 "왜 사람들이 당신을 염소라고 부르느냐?"고 질문한 적도 있다. 그런데 이 천재 페더러의 아킬레스건은 라파엘 나달(Rafael Nadal)이다. 아니 나달이었다. 왼손잡이인 나달이 무서운 속도로 들어와서 높이 튀어 오르는 탑스핀이 걸린 포핸드를 페더러의 백핸드로 계속

밀어붙이면 한손 백핸드를 구사하는 페더러는 베이스라인 뒤에 멀찌감치 떨어져 서서 슬라이스로 받아 넘기기 급급하다 그만 네트에 꽂고 말았다.

그러던 그가 2016년 하반기를 부상으로 쉬면서 라켓을 바꾸고 백핸드를 집중적으로 훈련하여 돌아와서는 2017년 테니스 선수로는 환갑, 진갑 다 지난 36세의 나이로 호주 오픈에서 나달을 꺾고 우승하고 내친 김에 윔블던까지 우승하는 등 두 차례나 메이저 대회를 석권했다. 특히 숙적 나달과 2017년 한 해 네 차례 대결해 네 차례 모두 이겼다. 새로 바꾼 라켓 덕에 베이스 라인에 바싹 붙어 나달의 포핸드를 백핸드로 맞받아치다 기회가 오면 코트 안으로 한 발 들어가 백핸드로 결정타를 날렸기 때문이다. 자신의 약점인 백핸드를 무기로 만든 그는 점점 자신이 붙어 네 번째 대결인 상해 오픈 결승에서는 브레이크 포인트도 한 번 없이 완벽히 나달을 요리했다. 1세트 첫 게임 나달의 서브를 깨면서 경기를 시작한 그가 일사천리로 숨 쉴 틈도 주지 않고 밀어붙인 것이다.

1세트가 끝나자 해설자가 이렇게 말했다 "Federer really set the tone from the get-go." 여기서 'Get-go'는 '개시, 초반'이라는 뜻이다. 페더러가 1세트 첫 게임부터 나달의 서브를 브레이크 하며 '분위기를 주도했다'는 뜻이다. 그리고 페더러의 유일한 약점으로 지적되던 백핸드가 무기로 바뀐 것을 보고 이 해설자는 또 이렇게 말했다, "Whoever said you can't teach a new trick to an old dog(누가 늙은 개에게 새 재주를 가르칠 수 없다고 말했는가)?"

위에 '중추적 인물'이라는 말을 해서 한마디 덧붙이면 이는 영어로 'Backbone(등뼈)'이라고 표현하면 좋다. 실제로 닥터 그린 역의 배우가 〈ER〉을 떠나겠다고 했을 때 많은 언론 기사에서 그를 가리켜 "He was the backbone of the show"라고 했다. 여기서 내가 드라마, 프로그램 등으로 쓰지 않고 'Show'라고 쓴 이유는 영어에도 드라마, 시트콤, 뉴스 프로그램 등 다양한 이름들이 있지만 그냥 뭉뚱그려 Show라고 표현하는 경우가 많기 때문이다.

YEAH!! 당연하다 여겼던 것들이 당연하지 않다는 사실

『시녀 이야기』를 읽는 동안, 또 이 글을 쓰는 동안 곰곰이 생각해 보았다. 밤에 자려고 누워서도 생각했고, 밖에 나가 뛰면서도 생각했고, 운전을 하면서도 생각했다. 왜 이 오브프레드라는 여인은 갑자기 밤이 내려앉느냐 솟아오르느냐라는 것을 생각하게 되었을까? 어쩌다 이것이 왜 저것이 아니고 이것이어야 하는가를 생각하게 되었을까? 나는 왜 20여 년 전에는 별 관심 없이 흘려 읽었던 이 구절을 읽고 또 읽는 것일까? 그녀가 당연하다고 생각하던 것들, 부모가 주었지만, 자신의 권리랄 것도 없이 너무도 당연히 내 것으로 여겼던 이름마저도 힘이 없어 지키지 못하고 빼앗긴 그 시점에 그녀는 세상을 곱씹으며 바라볼 수 있게 된 것이 아닐까? 여름에도 두꺼운 모직으로 온몸을 감싸고, 머리에 두꺼운 두건을 얼굴까지 드리워 쓰고, 고개를 숙이고 걷도록 강요받아 자신의 바로 앞에 있는 사물 이외에는 제대로 볼 수도 없는 삶 속에서 그녀의 정신은 비로소 깨어나 주위를 보았다. 그리고 늘 생각 없이 말하던 것처럼 어둠이 꼭 내려앉는 것만은 아니라는 것을 알았다. 당연하다 여겼던 것들이 실은 당연하지 않을 수 있다는 것을 깨달았다. 그리고 갑자기 변해 버린 미국 사회에 사는 나도 자유와 인권은 완성되어 당연하게 있는 것이 아니라 끝없이 이루어 나가는 것이라는 것을 깨달았다. 왜 밤이 솟아오른다고 하지 않고 내려앉는다고 하는지 늘 생각하고 묻고 밤에도 깨어 어둠이 솟아오르는 것을 보는 사람만이 자유를 지킬 수 있는 것이다. "You set the tone for your liberty and rights!"

미국의 어두운 역사로 배우는 영어 표현

: 시사용어, 역사적 사건들

나는 들어도 무슨 말인지 알아듣기 힘들어 랩 음악을 별로 듣지 않는데 2016년 미국 대선 때 우연히 한 후보가 유세 도중에 어떤 랩의 가사를 읊는 것을 듣게 되었다.

Rosa Parks sat so Martin Luther could walk
Martin Luther walked so Obama could run
Obama ran so all the children could fly

1955년 흑백 분리주의가 지배하던 앨라배마주 몽고메리에서 로사 파크스(Rosa Parks)라는 흑인 여성 교사가 흑인 지정 자리에 앉았는데 자리를 잡지 못한 백인에게 그 자리를 양보하라는 운전기사의 명령을 끝까지 거부하다 체포되기에 이르렀다. 이 사건은 흑인 인권 운동의 기폭제가 되어 훗날 마르틴 루터 킹 목사의 앨라배마 셀마(Selma)에서 몽고메리까지의 행진에 영향을 미쳤다. 위에 랩 가사에서 '로사 파크스가 앉았다'는 것은 그녀가 1955년 버스에서 자리 양보하기를 거부한 것을 뜻하고, 마르틴 루터의 '워크(Walk)'는 그의 인권운동의 일환인 여러 도시에서의 행진을, 오바마의 'Run'은 '뛰다'라는 뜻이 아니라 여기서는 '대통령에 출마하다(Run for President)'라고 할 때의 'Run'이다. Run은 모든 선거에 '출마하다'라는 뜻이 있고, 또한 '운영하다'라는 뜻도 있다.

> 로사 파크스가 앉아서 마르틴 루터가 걸을 수(행진할 수) 있었고
> 마르틴 루터가 걸어서 오바마가 뛸 수 있었고 (출마할 수 있었고)
> 오바마가 뛰어서 모든 어린이가 날 수 있었다

남부의 흑백분리 정책과 흑인 인권운동

미국의 어두운 역사 'Slavery(노예제도)'는 잘 알려져 있는 사실이다. 1788년 미국의 헌법이 공표될 무렵 미국은 이미 공업화가 진행된 북부와 농업이 주인 남부의 신경전이 거셌다. 미국의 헌법이 완성되기 전까지는 일정한 중앙 정부가 없이 각 주나 영토들이 일종의 지방 자치 체제로 존속했는데 그들을 끌어들여 중앙 정부를 만들면서 각 주들에게 당근을 제공할 필요가 있었다. 인구가 적고 노동집약적인 농업을 주로 하는 남부의 주들을 연방 정부로 합류시

키려면 명분이 필요했다. 그래서 몇 가지 협상을 하게 되었는데 그 하나가 'Three Fifths of a Man Rule(3/5 인간 룰)'이라는 것으로, 인구비례로 뽑는 하원 수를 정하기 위해 인구조사를 할 때 흑인 노예를 두당 3/5으로 쳐서 계산을 한다는, 기가 막혀 말이 나오지 않을 룰이다. 그렇다고 흑인들이 선거권을 갖는 것도 아니고 단지 백인 주인 좋으라고 그들을 60퍼센트 인간으로 친 것이다.

그리고 또 하나가 2016년 대선에서 힐러리 클린턴이 300만 표나 더 얻고도 대선에 패배하게 만든 '선거인단법'이다. 선거인단은 영어로 'Electoral College'라고 한다. 공업화되고 대도시가 발달한 북부에 비해 인구가 적고 농촌이 대부분인 남부에서 그들의 발언권이 약해질까 봐 중앙정부 참여를 꺼리자 고안해 낸 법이다. 2000년과 2016년 대선에서 실제 표를 더 많이 얻었지만 선거인단 표에서 밀려 고배를 마신 두 후보가 모두 대도시에서 몰표를 얻고 남부에서 상대적으로 인기가 없는 민주당 후보인 것을 보면 200여 년 전의 의도가 적중했다고 할 수도 있다.

1863년 링컨은 '노예해방선언'을 했다. 이를 'The Emancipation Proclamation'이라 한다. 'Emancipation'은 '해방'이라는 뜻이고 'Proclamation'은 '선포문'이라는 뜻이다. Proclamation 대신 'Declaration'이라는 말을 써도 의미상 별 차이가 없으나, '노예해방선언'은 일종의 고유 명사로 보면 된다. '미국 독립선언문'은 'The (United States) Declaration of Independence'라 부른다. 노예해방으로 300만 노예들은 자유를 얻었지만, 평등을 얻지는 못했고, 평등을 위한 여정은 아직도 현재 진행형이다.

노예해방이 이루어진 지 한 세기가 되어 오던 1950~1960년대에도 미국은 여전히 백인의 사회였다. 미국은 1950년대까지만 해도 남부에서는 '짐 크로우 법(Jim Crow Law)'이라 불리는 흑백분리 정책을 시행하고 있었다. 19세기 미국 남부에 백인 배우들이 흑인 분장을 하고 나와 흑인을 우스꽝스럽게 조롱하는 춤과 노래가 있었는데 이것을 〈Jump Jim Crow〉라고 했고 여기서 유래해 인종분리 정책을 짐 크로우 법(Jim Crow Law)이라고 부르게 되었다는 설이 유력하다.

버스를 타든, 공중 화장실을 가든, 극장에 가 영화를 보든, 학생으로서 학교를 가든, 백인(White)과 유색(Colored)이라 쓴 푯말을 잘 찾아보고 자기 처지에 맞는 곳으로 가야 했다. 흑인 동네와 백인 동네가 따로 있어, 일정 시간이 지나면 흑인은 다음날 아침까지 백인 동네로 들어갈 수도 없었다. 흑인은 별 이유 없이 잡혀가고, 매를 맞고, 누명을 쓰고, 죽임을 당하며 살았다.

그러다 1954년 미 연방 대법원이 이 짐 크로우 법의 일부인 '흑백분리 학교'를 모두 위헌으로 규정하면서 적어도 공립학교는 백인과 흑인이 섞여 다니게 되었다. 이를 'School Integration(학교 통합)'이라 부른다.

그리고 1967년 미 연방 대법원이 흑인과 백인이 결혼하는 것을 금지하는 남부 주들의 법을 위헌으로 규정하여 흑인과 백인이 결혼하면 감옥에 가야 했던 법이 사라졌다. 2016년에 나왔던 영화 〈Loving〉은 실제 이 사건으로 감옥에 갔다가 1967년 대법원에서 흑백 결혼을 금지하는 법이 위헌이라는 판결을 받아 낸 〈Loving v. Virginia(러빙 대 버지니아 주)〉라는 판례에서 따온 제목으로, 여기서 'Loving'은 단순히 '사랑'이라는 의미가 아니라 실제 주인공인 백인 남편 Richard Loving(리차드 러빙)과 흑인 부인 Mildred Loving(밀드레드 러빙)의 이름이다.

그러나 법이 바뀌어도 그 법이 관습을 바꾸고 사회의 규범이 되는 데는 시간이 한참 걸린다. 흑인과 섞여 공립학교를 다니기 싫었던 백인들은 학교 앞에서 길을 막고 시위를 하였고, 무장한 연방 군인이 투입되어 어린 흑인 학생들을 경호하며 등하교를 시켰다. 버스에서의 차별도 여전해서, 1955년에는 로사 파크스(Rosa Parks)라는 흑인 여성 교사가 흑인 자리에 앉았는데 자리를 잡지 못한 백인에게 그 자리를 양보하라는 운전기사의 명령을 끝까지 거부하다 체포되기에 이른 것이다.

공립학교에서의 싸움이 불리하다는 것을 깨달은 백인들은 그럴싸한 크리스천 이름까지 붙여가며 백인들만 다니는 사립학교를 세워 이들을 'Segregation Academy(분리 아카데미)'라고 뭉뚱그려서 부르게 되었다.

대법원이 일련의 인권옹호적인 판결을 내고, 유명한 인권 운동가 마르틴 루터 킹 주니어(Martin Luther King Jr.)가 전국을 돌며 행진을 하고, 연설을 하면서 1950~1960년대 미국의 역사는 '인권'이라는 단어가 지배했다. 허나 아직도 모든 것의 기준은 백인들의 문화였다.

차별받은 아시아인들

그럼 이런 미국에서 아시아인들은 어떻게 살았을까? 우리는 흑인이나 원주민들이 당한 일은 잘 알고 있지만, 아시아인들이 당한 일은 잘 알지 못한다. 2016년 작고한 한국계 미국인 새미 리(Sammy Lee) 박사는 1948년 런던 올림픽과 1952년 헬싱키 올림픽 10m 다이빙에서 금메달을 따면서 아시아계 미국인으로서는 최초로 올림픽 2연패를 했고, 그 후 이비인후과 의사로서 한국전에 참전했던 미국의 참전용사였으며, 1988년 서울 올림픽 금메달리스트인 그렉 루게니스(Greg Louganis)를 길러 낸 명 조련사이다. 그러나 그조차 그 당시 만연했던 인종차별에서 자유롭지는 못했다.

그가 2016년 12월 96세를 일기로 세상을 떠났을 때 미국 뉴욕타임스는 그의 부고 기사를 실었는데 거기 실린 내용들은 요즘 세상에서는 상상할 수 없는 것들이었다. 새미 리 박사의 아버지는 프랑스어와 영어에 능통했으나 일자리를 구하지 못해 중국 음식점을 운영했고, 훗날의 올림픽 영웅은 자라면서 훈련할 수영장을 찾지 못해 동네 수영장이 1주일에 단 하루 물을 다 빼고 수영장 청소를 하기 전 몇 시간 유색인종에게 수영을 허락하는 날 가서 훈련을 했다.

새미 리 박사는 다이빙에서 은퇴하고, 군인으로서도 제대한 후, 그 당시 성행하던 'Housing Discrimination(주택 인종차별)'의 희생자가 되었다. 어떤 백인 부동산 중개업자는 대놓고 그에게 "당신에게 집을 팔았다가는 나는 이 동네에서 쫓겨난다"고까지 말했다. 백악관 만찬에 초대받아 아이젠하워 대통령과 담소를 나누던 새미 리 박사가 이 이야기를 하자 신문들이 그것을 대대적으로 보도하면서 전국적 이슈가 되고, 그가 결국 그 동네로 이사하는 날 시장이 나와 환영회를 열기도 했다. 하지만 이는 요즘도 흔히 있는 정치쇼였고, 아시아인들은 여전히 비 백인으로 차별받으며 살았다.

1948년, 11만 명에 달하는 일본계 미국인들은 일본에 가본 적도 없고 미국에서 태어나 일본어도 못하고 영어밖에 못하는 사람들이었지만, 일본과 미국이 전쟁을 시작하자 단지 일본에서 온 조상을 두었다는 이유로 재산을 빼앗기고 강제 수용소로 들어가야 했다. 이를 'Internment Camp'라고 하는데 '강제수용소'라는 뜻으로 나치 치하의 유대인 수용소와 비슷한 수용소가 같은 시기 미국에 있었던 것이다. 스타트렉(Star Trek)의 히카루 수루 역으로 유명한 배우 조지 다케이(George Takei)와 그 가족도 피해자들이다.

WHAT? 이방인으로 살았던 과거 이민 세대

1950~1960년대에 미국으로 떠났던 우리 전 세대 한인 이민자들의 생활도 힘들긴 마찬가지였다. 1950년대에 한국전쟁 끝나고 미국으로 유학을 갔던 한국의 의사들이 환자 진료를 하는데 어떤 환자가 큰소리로 간호사에게 "진짜 의사 없냐?"고 한 적도 있다고 한다. 아시아인은 의사가 될 수 없고, 돼도 진짜 의사가 될 수 없고, 진짜 의사라 해도 그에게 진료를 받지는 않겠다는 뜻이다.

나는 처음 미국에 가서 외삼촌 댁 근처에서 학교를 다녔기 때문에 외삼촌 주변의 친구들을 자주 보게 되었고, 그러면서 그분들이 하는 이야기를 지나다니며 들을 기회가 많았다. 그 친구 중 한 분이 일찍 미국에 와 학교를 졸업하고 대학교수로 일했는데 그분은 늘 자랑스럽게 "내가 아무리 한국말을 못하지만" 등의 말을 자주 하셨다. 어린 마음에 나는 '미국에서 대학교수로 일하면서 영어를 유창하게 하는 것도 아니고, 한국말도 못한다고? 그럼 할 줄 아는 말이 도대체 뭐야?'라고 씁쓸해했다.

1980년대에 나는 우리나라가 아주 잘사는 나라라고 생각하고 유학을 떠났다. 어린이 웅변대회에 단골로 등장하던 '1980년 국민소득 1000불, 수출 100억 불'을 몇 년이나 앞당겨 1970년대에 달성했으니, 이미 그때 우리는 선진국이라고 생각하고 그런 우리 나라를 무척 자랑스럽게 생각했다. 그러니 "한국말을 못한다"거나 "오랜만에 김치를 먹었더니 집에서 냄새가 없어지지 않는다"고 말하는 교포들을 볼 때마다 자신의 조국에 대한 긍지는 없고, 한국 것은 은근히 무시하는 것 같아 그들을 내가 속으로 무시했다.

세월이 지나 나 자신이 미국에 몇 십 년 살며 미국의 역사를 알게 되니, 윗세대 이민자들의 행동이 단순히 무시하고 비웃을 일이 아니라는 것을 이제는 알게 되었다. 내가 미국으로 가기 전, 윗세대들이 미국에 갔을 때 조국은 가난과 전쟁에 찌든 나라에서 벗어나려고 안간힘을 쓰고 있을 때였다. 초창기 미국으로 유학이나 이민을 갔던 분들의 많은 수가 북한에서 내려온 실향민이었다. 전쟁으로 부모와 형제를 잃고 어차피 남한도 타향이니 더 큰 타향으로 가겠다며 떠난 그들에게 조국은 자랑스러워하고 싶어도 자랑스러워할 것이 없는 존재였다.

조국이 지긋지긋해 떠나와 백인 사회에 들어선 그들에게 성공의 척도는 '얼마나 백인 사회에 동화되느냐'에 있었다. 이렇게 이민자들이 주류 사회에 동화 흡수되는 것을 'Cultural Assimilation(문화적 동화)'라고 한다. 그들은 자식들에게 한국어를 가르칠 방법도 마땅히 없었고, 가르칠 여유도 사실 없었다. "학교종이 땡땡땡 어서 모이자"라고 하는 노래의 작사 작곡가인 김메리 선생은 생전에 한 인터뷰에서 처음 미국에 가서는 부모님이 집안에서조차 한국어 사용을 금했다고 하였다. 백인에게 동화되고, 백인 사회에 살아남는 것만 생각해도 한눈 팔 시간이 없는데 한국어 가르치겠다고, 한국어 잊지 말라고 자식들에게 나설 형편이 아니었던 것이다. 그래서 그들의 자녀들은 한국말을 알아듣기는 하는데 막상 알아들은 말에 한국말로 대답할 수 있는 사람이 거의 없다.

21세기에 접어든 오늘도 아직 미국은 백인이 지배하는 나라이다. 하지만 이제 그 누구도 백인이 되려고 노력해야 하는 나라는 더 이상 아니다. 직장에 가 김치 냄새 날까 전전긍긍 일요일 저녁부터 금요일 저녁까지는 김치도 먹지 못하던 시대는 지났다. 오히려 내가 김치 냄새를 풍기고 다니면 다가와 "김치 좀 얻을 수 없냐"라고 묻는 사람도 있다. 내가 그렇게 생각하는 데는 몇 가지 이유가 있다.

미국이라는 나라 전체가 전반적으로 자기의 문화와 다른 문화를 알고자 하는 욕구가 예전에 비해 훨씬 왕성해졌다는 점이다. '문화적 다양성(Cultural diversity)'에 대한 관심이 생기기 시작했다. 그리고 또 하나는 아시아인들 자신이 스스로의 정체성을 지우고, 문화를 잃고 산다는 것이 얼마나 힘든 삶인가를 깨닫게 되었다는 점이다. 이민 2세대는 한국말을 못하지만, 그들의 자녀들은 오히려 한국말이 유창하고, 한국 문화를 적극 찾아 나서는 것을 종종 본다. 백인이 다수인 나라에서 살지만, 아니 그렇기에 더욱 더 나의 뿌리를 알고, 정체성을 지키며 살아야 한다고 생각하는 것이다.

근래에 미국을 시끄럽게 하는 신나치주의자들이나 백인우월주의자들이 원하는 것은 그들이 자란 백인의 미국으로 되돌아가는 것이다. 그러나 이제 미국은 그들이 자랐던 백인만의 나라로 되돌아 갈 수 없다. 돌아가도록 방치할 수도 없다. 원주민들이 살던 미 대륙에 왔던 1세대 불법 이민자는 백인들이었지만, 이제 와 원주민들의 시절로 돌아갈 수 없는 것과 마찬가지이다. 문화적 동화(Cultural Assimilation)가 아니라 여러 민족들이 그들의 문화를 미국 사회에 보태는 'Cultural Contribution(문화적 기여의 시대)'로 들어가야 한다.

우리의 이민 역사는 분명 먼 길을 걸어 왔다. 여기까지 오면서 숨죽여 살며, 한국말도 일부러 잊어 가며, 우리 문화도 부정하며 살았던, 아니 살아야 했던 우리 윗세대는 그 험한 풍파를 실력과 노력과 성실함으로 헤치고 우리에게 길을 열어준 분들이다. 역사를 모르면 우리 권리의 소중함도 모르게 된다. 하지만 이제부터는 윗세대 이민자들처럼 살지는 말아야 한다. 동등한 권리를 찾고 그것을 지키며 살아야 한다. 왜냐하면 민주주의 국가라 해도, 인권을 존중하는 나라라 해도, 그 누구의 권리도 처음부터 보장된 것은 없기 때문이다.

숨죽여 살며 기다린다고 찾아오는 것이 아니다.

Keep Running

적극적으로 미국 사회에 참여한다면

얼마 전 콜슨 화이트헤드(Colson Whitehead)의 『언더그라운드 레일로드(The Underground Railroad)』라는 소설을 매우 감명 깊게 읽었다. 미국 남부 조지아주 농장에서 흑인 노예로 태어난 코라는 어느 날 역시 같은 농장의 노예인 어머니 메이블이 딸에게 아무 말도 않고 도망쳐 버리자 혼자 남는다. 메이블은 그 뒤로 누구의 눈에도 다시 띄지 않고 그 농장에서 유일하게 도망치는 데 성공한 노예로 전설적 존재가 되고, 몇 년 후 코라도 그런 어머니를 생각하며 탈출을 감행한다. 소설은 코라의 자유를 향한 험난한 여정이 주 이야기이지만, 맨 끝에 메이블에 대한 이야기가 몇 페이지 따로 나온다. 메이블은 어느 날 밤 어린 딸이 험한 길을 따라 올 수 있을 것 같지 않아 딸을 남겨두고 농장을 탈출한다. 그런데 그녀는 그날 밤 농장 근처 숲이 우거진 늪지대에 숨어 있다가 독사에게 물려 죽는다. 생명을 잃어가는 자신의 몸이 서서히 늪 속으로 빠져 들어갈 때, 메이블은 희미해 가는 정신으로 하늘의 별을 보며 '난 자유를 얻었다. 내 딸도 언젠가 나를 생각하며 자유를 얻을 것이다'라며 죽어 갔다.

인간 이하의 생활을 하던 수많은 메이블은 자유를 찾아 탈출했고, 차별에 시달리던 수많은 로사 파크스는 그들의 자리를 지켰고, 그 자유와 평등을 위한 몸부림들이 자라 흑인 대통령이 나왔고, 어린이들은 꿈을 꾼다. 분명 흑인들만의 이야기는 아니다. 흑인들의 인권

운동으로 인해 미국 전체가 잠에서 깨어났고, 아직 좀 더 깨어나야 하는 것이 사실이지만, 그 혜택을 우리도 받고 있다. 미국에서 수영장을 인종별로 구별해 개방하는 것은 이제 상상할 수 없다.

근래 미국은 백인은 백인대로 자신들이 차별받는다고 하고, 흑인, 아시아인, 라티노 등 각 인종 그룹들이 인권을 외친다. 나의 한 백인 친구는 백인이 차별받는다는 것에 대해 "특권층에게는 평등이 권리 박탈로 보이지"라고 말한 적도 있다. 그러나 이렇게 모두가 자유와 평등을 외치는 아수라장 같은 현실도 어쩌면 좀 더 평등한 사회로 가기 위한 몸살은 아닐까 조심스럽게 생각해 본다. 자유와 권리를 위해 뭔가를 때려 부수며 싸우자는 것이 아니다. 백인을 적대시하자는 것은 더욱 아니다. 킹 목사가 앨라배마주 셀마에서 행진할 때 다른 주에서 버스를 타고 와 함께 행진하고 함께 체포된 백인들의 공도 잊지 말아야 한다. 일본인 후예라는 이유로 하루 아침에 농사짓던 것을 빼앗기고 수용소로 끌려간 이웃을 위해 몇 년간 농장을 일구고 지켜준 백인 이웃들의 노고도 잊지 말아야 한다. 그리고 기왕 미국에 살기로 한 한국인이라면, 서러운 곁방살이 한다는 생각에서 벗어나 세금 내며 사는 한 시민으로서, 더욱 적극적으로 지역 사회에 참여하고, 정치적 영향력을 키웠으면 한다.

한국의 이민자들은 새미 리 박사를 비롯해 문화 · 체육 · 과학 등의 분야에서 이미 미국 사회에 지대한 공헌을 했다. 이제 한국계 대법관이나 대통령이 나오는 날도 꿈꿔본다. 내 평생에 그런 날을 볼 수 있을지 없을지는 아무도 모르는 일이다. 단지 언젠가 그런 날이 올 때 그들이 한국의 좋은 문화를 미국 사회에 내어 놓을 수 있는 지도자가 되었으면 한다.

끝으로 영어 표현 몇 가지를 더 이야기 하겠다. '판사'는 대부분 'Judge'라고 부른다. 그러나 '미국 연방 대법원 판사'는 'Justice'라고 불러 'The Honorable Justice 누구누구'라고 호칭한다. '대법원장'은 'Chief Justice'로 2017년 현재 대법원장은 'The Honorable Chief Justice John Roberts'이다. 미국에서 대통령은 Election(선거)를 통해 선출하지만 대법원 판사나 대법원장 그리고 그 이하의 연방법원 판사들은 대통령이 지명한다. '지명'이라는 명사는 'Nomination'이다. 배우가 아카데미 상 후보에 오르는 것도 Nomination이라고 한다. '지명하다'라는 동사는 'Nominate'이다. 대통령이 지명하면 미국 상원이 이를 '인준'해야 법관으로서 일을 시작할 수 있다. 이를 'Confirmation'이라고 하고 동사는 'Confirm'이라고 한다.

여기에 내가 소개한 표현들과 단어들은 글의 주제가 좀 무겁다 보니 그리 쉬운 단어들은 아니다. 그래도 혹시라도 미국의 뉴스 등을 통해 영어 공부를 하려면 많은 도움을 받을 수 있는 단어들이니 잘 새겨보기 바란다.

여기가 아프면 어디로 가나요?

: 의학 용어들

초등학교 때 이순신 장군이 뱃머리에 서서 우리 수군을 지휘한 것을 보고 무엇을 느꼈느냐는 객관식 시험 문제가 나왔다. 나는 답이 2번, '매우 용맹하다고 느꼈다'인 것을 알았지만 지금은 무엇이었는지 생각도 나지 않는 얼토당토않은 3번이라고 써서 틀렸다. 어린 마음에도 느낌은 내 마음대로라는 생각이 있었나 보다.

초등학교 1학년 사회 교과서에 내과는 몸 안에 병을 치료하는 곳이고, 외과는 몸 밖에 외상을 치료하는 곳이라 내과와 외과라는 이름을 붙였다고 적혀 있었다. 사회 시험 전 날 어머니가 총정리를 해주었는데 교과서에 나온 대로 말씀하셨다. 그리고 다음날 시험 문제에 예상과 같이 외과는 몸 안에 병을 치료하는 곳인지, 몸 밖에 병을 치료하는 곳인지에 관한 문제가 나왔다. 교과서에 나온 것을 수업시간에 배울 때부터 이상하다고 생각했던 나는 내 소신껏 외과는 '몸 안에 병을 고치는 곳'이라고 써서 보기 좋게 틀렸다. 시험지를 받아 오자 어머니가 노여워하며 "아니 어제 다 했잖아, 그런데 이걸 왜 틀려?"라고 했다. 나는 억울하다는 듯 이렇게 말했다 "아빠가 고치는 병은 다 몸 안에 있잖아!" 어머니도 그만 말문이 막혀 버렸다.

나의 아버지는 외과 의사였다. 아버지께서 집에 와 환자들을 치료한 이야기를 해주셨는데, 맹장 수술부터 간, 신장 혹은 혈관에 이르기까지 모두 몸 안에 있는 것들을 고치는 수술을 했다고 하셨다. 그러니 어린 마음에 '우리 아빠가 세상에서 가장 훌륭한 의사'라고 굳게 믿던 나는 교과서보다는 아버지를 보고 답을 쓴 것이다. 글쎄, 요즘 세상에 사회 교과서에 이런 이야기가 실렸다가는 시험에 나오기도 전에 학부모들이 들고 일어나 교과서를 전면 개정하든가 무슨 조치를 취했겠지만 그 당시는 잘못된 것을 알아도 고칠 방도가 없었다. 3번을 느끼지 말고 2번을 느껴야 맞다고 하면 그런 줄 알았고, 교과서 내용이 세상과 동떨어져 있어도 그냥 참고 외워 그대로 답을 썼다. 그것이 당연한 순종이라고 생각했다. 허나 초등학교 1학년 나의 논리가 외과, 내과를 한자만 보고 뭉뚱그려 풀이해 놓은 사회 교과서의 설명에 별로 뒤처지지는 않는다고 생각한다.

예전에는 병원이 그리 많지 않았고 의사 수도 매우 적었다. 요즘도 나의 직장 일로 클라이언트들과 만나 저녁을 먹으며 이 이야기 저 이야기를 하다 보면 나이 지긋한 분들이 주로 "아이는 몇이유?" 라고 물은 뒤 집안사를 소소히 물을 때가 있다. "아버지 뭐 하셨냐"

는 이야기까지 넘어가면, 자연스레 병에 대한 이야기가 나오고 그렇게 이야기를 한참 하다 보면 오래전 의사 수가 지금보다 훨씬 적었던 시절이었으므로 친척이나 그 자신이 아버지께 수술을 받은 경우가 심심찮게 등장한다. 그때는 종합병원에 가도 외과, 내과, 안과, 산부인과, 이비인후과 등 늘 들어보던 그런 과들이 한 10개 정도 되면 매우 큰 병원이라고 생각하던 시절이었다. 실제로 아버지가 재직한 병원에서 정형외과를 외과와 분리할 때 꽤 큰 뉴스가 되었던 기억이 난다. 그러나 오늘날은 의학 분야도 세분화되는 추세라 병에 따라 찾아가야 하는 전문의들이 있다. 알아두면 좋을 실생활에 종종 접하게 되는 전문의 이름들을 영어로 알아보겠다.

Aha! Physician과 Surgeon

'Physician'은 사전에서 찾아보면 '내과의사'라고도 나오지만 그냥 '의사'라고도 나온다. 그만큼 광범위한 의미로, 병에 걸리거나 부상을 당해 수술을 받기 전에는 우리가 만나는 모든 의사들을 Physician으로 봐도 무방하다. 그리고 수술실에 들어가 여러 가지 '수술을 하는 의사'들을 'Surgeon'이라고 부른다. 그리고 여기서부터 수없이 많은 전문 분야의 Physician과 Surgeon으로 갈라져 나간다. 그렇다고 한 분야만 알고 다른 분야는 전혀 모르는 의사들이 넘쳐나는 것이 아니라 전 분야를 섭렵하지만 종국에 자신이 한 분야에 집중을 한다는 뜻이다.

나의 아버지는 맹장 수술도 하고, 암 수술, 담석 제거 등의 거의 모든 수술을 했던 'General Surgeon(일반외과의)'으로, 나의 클라이언트 중에는 중2 때 아버지께 맹장 수술을 받은 분도 있지만 실제 아버지가 받은 훈련은 'Heart Surgeon(심장외과 전문의)'이었다. 그러나 아버지의 의사 생활 초창기에는 우리나라에 심장 수술이 그리 흔치 않았고, 심장이식은 법적 장치가 없어 불가능했다. 그러나 심장 수술이 무수한 혈관을 달래 가며 하는 수술이다 보니 아버지는 'Vascular Surgeon(혈관외과의)'도 되어서 대동맥 대체(Aortic replacement)나 신장이식(Renal transplant) 등의 수술도 많이 하셨다. 이렇게 실제로 환자의 배를 가르고 집도를 하는 여러 분야의 의사들을 영어로 Surgeon이라고 하고 그 전에 진찰하고 진단하고 약을 지어주고 관리하고 지켜보고 수술이 불가피하다 여길 경우 Surgeon에게로 보내는 의사들을 Physician이라고 한다. 전문 분야 안에 Physician과 Surgeon으로 갈린다고 생각해도 무리는 아닐 것이다. 전문 분야는 '무슨 과'라고 할 때 영어로 늘 '~ology'가 주로 붙고 '무슨 전문의'라고 하면 '~ist'가 주로 붙는다.

Dermatology와 Dermatologist

한 4~5년쯤 전에 이마에 뾰루지 같은 것이 나더니 좀 딱딱해지고 혼자서 커졌다 작아졌다를 반복하는 것이 없어질 기미가 없었다. 피부에 생기는 '반점이나 뾰루지' 등을 'Mole'이라고 한다. 정기검진 가서 담당 의사에게 보여주면 웬만하면 그들이 전기로 순간적으로 지져 없앤다. 이를 'Freeze(얼리다)'라고 한다. 나도 내 의사에게 보여 주었는데 한참 기계를 대고 들여다보던 그는 "이건 내가 다룰 문제가 아니고 피부과 전문의에게 보여야 한다"라고 했다. 갑자기 가슴이 철렁하고 부르르 떨렸다. 미국에서는 자기가 1년에 한 번씩 찾아가는 의사가 이런 전문의들을 수소문해 그리로 보내 주는데 이를 'Referral'이라고 한다. '(도움 받을 곳으로) 보내기, 위탁하기'라는 뜻이다. 집에 와 며칠 있으니 피부과 의사 사무실에서 전화가 왔다. '피부과'는 영어로 'Dermotology'이다. 'Dermat'은 그리스어의 '피부의, 피부에 관련한'이라는 뜻이다.

내가 운동하는 곳에 Spinning(스피닝)이라고 자전거를 음악에 맞춰 타는 일종의 에어로빅 클래스가 있다. 여기 오는 어느 아저씨가 흥이 나면 어찌나 소리를 지르며 다른 사람들을 독려하는지 시끄럽기 그지없어 영어로 매우 'Annoying(짜증스러운)' 했다. 나는 늘 그를 '미스터 시끄러운'이라 부르며 별로 좋아하지 않았는데, 이마에 난 뾰루지 때문에 'Dermatologist(피부과 의사)'에게 가서 신상 서류를 작성하고 방에 들어가 기다리고 앉아 있으려니 '미스터 시끄러운'이 요란하게 인사를 하며 들어왔다. 바로 그 사람이 나의 Dermatologist였던 것이다.

그냥 진찰이나 받고 조용히 가려고 했건만 이 '닥터 시끄러운'이 나를 먼저 알아보고 "어, 어" 하는 것이었다. 운동하면서 알게 된 사람들은 운동복 벗고 다른 옷으로 갈아입은 뒤 다른 장소에서 만나면 낯은 익은데 어디서 알게 된 사람인지 잘 떠오르지 않을 때가 있다. '닥터 시끄러운'도 어디서 나를 본 것 같은데 어디서 봤는지 연결이 되지 않았던 모양이다. 내가 먼저 "스피닝 클래스…"라고 자수를 했다. 그는 요란하게 인사를 한 번 더 하고 내 이마에 주사를 놔 마취를 한 뒤 그 뾰루지 같은 것을 긁어내고 그 부스러기를 실험실에 보냈다. 그리고 약 2주 후 결과를 적은 편지가 내게로 날아왔다. 결과는 라틴어로 적혀 있었다. 'Verruca vulgaris' 그리고 그 옆에 괄호 치고 이렇게 영어로 적혀 있었다. 'Wart(사마귀)'. 만약 그것이 악성이었다 해도 아주 사소한 암이었겠지만 그래도 몸에 암 세포가 있다는 혹은 있었다는 것은 그리 기분 좋은 일이 아니다. '사마귀'라는 글귀를 봤을 때 좀 허탈했지만 무척 마음이 놓였다.

'닥터 시끄러운'은 이름이 Dr. Tangoren이다. 그냥 시끄럽게 소리 지르는 것만 봤을 때는 짜증스러웠는데, 내 병을 치료해 주는 의사로 만나 내가 기다리는 시간에 읽고 있던 책에 대해 물어보며 나의 이마에 마취주사를 놓고 칼을 대기 전에 아프지 않도록 감각이 남아 있는지 몇 번이고 꼼꼼히 챙기는 모습을 접하며 그분을 존경하고 좋아하게 되었다. 한동안 1년에 한 번씩 따로 정기검진을 갔는데 늘 가면 나에게 요즘은 어떤 책을 읽느냐 묻고 흥미 있게 들어주는 선생님이 고맙기도 했다. 요즘은 피부에 별 문제가 없으니 매년 오지 말고 뾰루지 같은 것이 보이면 오라고 해서 한동안 가지 않았지만 그래도 스피닝 클래스에서 여전히 시끄러운 그를 만난다. 그가 떠드는 목소리가 더 이상 그리 거슬리지 않는 것이 아무리 싫은 사람이라도 그를 알게 되고 그에게도 이름이 있다는 것을 알게 되면 좋아할 구석을 찾게 되나 보다.

Pathology lab

닥터 탱고렌이 내 이마에 뾰루지를 긁어 그 샘플을 실험실로 보냈다고 했는데 이 '실험실'을 영어로 'Pathology Lab'이라고 한다. 'Pathology'는 1610년 프랑스어의 'Pathologie'가 영어로 흘러들어 온 단어이다. 이 프랑스어 단어는 16세기경 '병을 공부하는 학문'이라는 라틴어 'Pathologia'가 변해 된 것이고, 이 라틴어는 '고통'이라는 의미의 그리스어 'Pathos'와 역시 그리스어의 '학문'이라는 접미사 '~logia'에서 온 말이다. '병을 공부하는 학문'은 다름 아닌 병리학이다. 'Lab'은 'Laboratory'의 준말로 실험실이고 Pathology lab은 병리실험실이다. 나의 의사는 내 뾰루지를 긁어 그것이 악성인지 보려고 병리실험실로 보낸 것이고 그 결과가 나에게 2주쯤 후에 온 것인데 이를 'Pathology report'라고 부른다. 'Pathological'이라고 쓰면 '병적인'이라는 뜻이 되어서 'Pathological liar'라고 하면 '병적으로 거짓말하는 사람'을 일컫는다.

Gastroenterology와 Gastroenterologist

'Gastro'는 그리스어에서 온 '배, 위'라는 말이고, 'Entero'는 역시 그리스어의 '장, 창자, 내장'이라는 뜻이다. 'Gastroenterology'는 '식도부터 창자 사이에 모든 기관에 대해 연구하고 치료하는 분야'이다. 이 기관들에 수술도 하고, 약물 치료도 하고, 특히 요즘은 'Endoscopy(내시경술)'를 활발하게 한다. 대장암은 일단 'Polyp(용종)'이 생기면 그것이 암으로 발전하는데 10년 정도의 긴 기간이 필요해 정기적으로 결장 내시경 검사를 받으면 예방이 가능하다고 한다. 이 '결장 내시경 검사'를 'Colonoscopy'라고 하고 일련의 모든 '내시경술'을 'Endoscopy'라고 한다. 'Endon'은 '내부'라는 뜻이고, 'Scopy'는 '보다'라는 뜻으로 그리스어에서 어원을 찾을 수 있다. 'Colonoscopy'에서 'Colon'은 '결장(結腸)'이라는 뜻이다.

Neurology와 Neurologist

우리 몸의 뇌, 중추 등 일체의 신경계를 연구하고 치료하는 전문 분야와 전문의를 뜻한다. 17세기 근대 그리스어에서 '신경의'라는 의미의 'Neuro'가 라틴어로 들어와 생긴 이름이다. 신경과는 다시 주로 'Neurophysician(신경내과 전문의)'와 'Neurosurgeon(신경외과 전문의)'로 나뉘는데 Neurophysician은 수술보다는 약물 치료와 관리가 필요한 경우의 Stroke(뇌졸중), Dementia(치매), Epilepsy(간질) 등의 치료를 하고, Neurosurgeon은 신경계의 수술을 하는 전문의이다.

OBGYN

산부인과는 산과와 부인과를 합친 말이다. 산과는 아기를 낳는 것을 돕는 과이고, 부인과는 여러 가지 여성병을 치료하는 과이다. '산과'는 'Obstetrics', '산과 전문의'는 'Obstetrician'이고 '부인과'는 'Gynecology'이다. '부인과 전문의'는 'Gynecologist'이나 산과와 부인과를 대부분 겸하므로 'OBGYN Doctor'라고 불러도 무방하다. '산파'는 'Midwife', '산파가 하는 일'을 'Widwifery'라고 하는데 병원이 주변에 흔해지면서 한때 사양길에 들어섰으나, 집에서 출산을 원하는 사람들이 늘면서 전문직으로 다시 태어났다. 산부인과 간호사들이 공부를 더 하고 자격증을 따서 하는 경우가 많다.

Oncology와 Oncologist

7~8년 전 어떤 책을 읽고 참 잘 썼다 생각했는데 후에 그 책이 퓰리처상까지 받았다. 그 자신이 의사인 싯다르타 무케르지(Siddhartha Mukherjee)가 쓴 『The Emperor of All Maladies: A Biography of Cancer』이다. 해석하면 『모든 병의 황제: 암의 전기(傳記)』인데 인터넷에서 찾아보니 번역본의 제목이 『암, 만병의 황제의 역사』이다. 과학적인 글을 어떻게 이토록 아름답게 쓸 수가 있을까 감탄했던 책이다.

무케르지 박사는 이 책에서 암의 역사를 기술하고 또한 암이라는 병은 한 가지 병이 아니라 여러 병에 대한 한 가지 이름이라고 말한다. 같은 부위에 발생하는 암이라도 종류가 다르고, 그 원인이 다를 수 있고, 이에 따라 치료법도 다 다르고 달라야만 한다고 한다. 암은 새로운 병이 아닌데 근래에 훨씬 많이 나타나는 듯한 느낌은 우리가 오래 살게 된 것이 큰 이유 중 하나라고 하니 오래 살아 좋긴 하지만 걱정거리는 늘었다. '암을 연구하는 전문의'는 'Oncologist'이다. 'Onco'는 그리스어의 'Onko'가 라틴화 한 철자법인데 '종양'이라는 뜻이다. 이미 고대 그리스어에 종양이라는 단어가 있었고 1857

년 경 처음으로 영어에서 'Oncology'라는 말이 사용되었다고 하니 확실히 암이 21세기 현대병은 아니다.

무케르지 박사는 이 책 앞부분에 시드니 파버(Sidney Farber) 박사의 이야기를 적었다. 1903년 미국의 뉴욕주 버팔로에서 태어난 파버 박사는 의대를 나오고 유럽에 가서 유학하고 왔지만 유대인이라 자기가 하고 싶던 분야로 들어가지 못하고 병리학자가 되었다. 그 당시 병리학과는 그리 인기가 없었다. 병원의 침침한 지하 연구실에 현미경을 하루 종일 들여다보며 암 환자들의 혈액을 살피던 파버 박사는 급성 골수성 백혈병(Acute Myelogenous Leukemia:AML) 환자에게 Chemotherapy(화학 요법)를 고안해 내기에 이르렀다. 현대 의학에서 사용하는 수많은 항암 치료의 아버지가 바로 파버 박사이다.

그는 많은 소아 백혈병 환자에게 그의 화학 요법을 주사했다. 그의 연구 기록에 등장하는 한 유대인 일란성 쌍둥이 소년에 대한 이야기가 매우 흥미롭다. 그 쌍둥이 형제는 둘 중 한 명만이 백혈병에 걸려 죽어가고 있었다. 파버 박사는 그 어머니를 설득하여 환자인 소년에게 화학 요법을 실시했다. 말이 좋아 요법이지 그 당시 화학 요법은 그냥 독약을 몸에 부어 넣고 암이 죽기를 기다리는 것으로 암이 죽기 전에 대부분 사람이 먼저 죽었다. 그런데 이 소년은 그 험난한 치료를 견뎌 내고 백혈병 세포가 혈액에서 사라졌다. 완치와는 조금 다른 개념으로 이를 영어로 'Remission'이라고 한다. 현대 의학에서도 급성 골수성 백혈병은 치사율이 높으나 실은 완치 가능한 병으로 본다. 허나 항암 치료만 가지고 이룬 Remission은 오래 가지 못해 궁극적으로 '골수이식(Stem cell transplant)'을 해야만 건강을 회복할 수 있다. 파버 박사의 시대에는 골수이식이 뭔지도 몰랐던 때이고 화학 요법조차도 아무도 선뜻 나서 치료를 받으려 하지 않았기에 그 소년의 Remission은 결국 오래가지 못하고 죽었다.

Hematology와 Hematologist

그리스어의 'Hemato'는 '혈액, 피'라는 뜻이다. 파버 박사는 'Pathologist(병리학자)'였을 뿐만 아니라, 화학 요법을 고안한 'Oncologist(종양학자, 암 연구자)'였고 또한 암 중에서도 혈액암인 백혈병을 연구했던 'Hematologist(혈액학자)'였다.

미국에는 〈Book TV〉라는 케이블 방송이 있다. 어떤 작가가 책을 발간하면 사인회를 하는데 사인만 하는 것이 아니라 책의 한 구절을 읽고, 그에 대해 청중들과 토론도 종종 한다. 하루는 텔레비전을 보면서 러닝머신에서 뛰고 있는데 무케르지 박사가 나와서 『암, 만병의 황제의 역사』에 대한 이야기를 하고 있었다.

파버 박사는 그의 연구 기록에서 인류 최초로 암의 Remission이 왔던 소년의 이름을 모두 지웠다고 한다. 그러나 그는 이름만 지웠을 뿐 그 소년이 죽은 후의 일까지 상세히 기록으로 남겼는데, 그가 이 소년의 어머니를 찾아가 소년의 시신을 해부할 수 있게 해달라고 간청했다고 한다. 독실한 유대인인 어머니로서는 시신을 훼손하는 일을 상상할 수 없었기에 그는 일언지하에 거절당했다. 그러자 파버 박사는 "어머님, 저도 유대인입니다. 저도 그 마음을 다 압니다. 하지만 어머님이 한번만 허락해 주신다면 어머님의 죽은 아들은 죽어서 많은 사람을 살리는 초석이 될 것입니다"라고 간청하여 허락을 받았다.

무케르지 박사는 책을 쓰며 그 어린 소년의 이름을 백방으로 수소문 했으나 알아내지 못했고, 결국 책이 출간된 후에 알게 되어 그의 책에는 소년의 이름이 나오지 않는다. 무케르지 박사가 책이 나오고 소년의 이름도 알아낸 시점에 뉴햄프셔주의 한 도시에 가서 책을 읽고 청중들과 토론하고 사인을 하는데 한 사람이 다가오더니 "박사님, 제가 그 소년 아무개의 쌍둥이 형제 누구누구입니다"라고 말을 하더라는 것이다. 그리고 그는 이렇게 말했다. "우리 어머니가 살아 계셨다면, 이 이야기를 듣고 얼마나 기뻐하셨을까요? 어머니는 그때 시신을 해부하고 연구하여 오늘날 백혈병 치료가 이렇게 발전한 것은 모르고 시신을 훼손했다는 죄책감을 갖고 살다 돌아가셨습니다."

우리는 많은 의학적 실험들이 종교적 신념과 사회 관습 때문에 제재를 받는 것을 본다. 시신 해부는 아직도 대부분의 사람들이 꺼리는 일이고, 줄기세포 연구, 시험관 아기 등이 모두 그런 경우이다. 한번 달리기 시작하면 멈출 줄 모르는 과학자들이 자칫 위험한 선을 넘지 못하도록 이런 제재들이 꼭 필요하기도 하지만, 또 한편으로는 지나고 나면 많은 실험들이 그리 불경은 아니었다는 생각이 드는 것도 사실이다.

무케르지 박사의 책 『The Gene: An Intimate History(유전자의 내밀한 역사)』도 추천한다. 다윈과 멘델부터 시작해 현대의 유전자 연구 그리고 미래에 대한 비전을 보여준다.

WHAT?

Pneumonia

병원에 입원해 요양을 하거나 수술을 받으면 기력이 쇠한다고 하는데 이게 바로 면역력이 약해진다는 말이 아닐까 한다. 특히 백혈병은 우리 몸의 면역력을 책임지는 백혈구의 일종들인 Neutrophil(뉴트로필)나 T-cell(티세포) 등이 제대로 기능을 하지 못하는 병이므로 면역력이 거의 없어진다. 면역력이 약해지다 보니 우리 몸 안에 있던 박테리아, 곰팡이, 바이러스 등이 들고 일어나거나 밖에 있던 것들이 면역체계를 뚫고 우리 몸에 들어와 '감염(Infection)'을 일으키며 열이 난다. 이 감염의 대부분은 결국 '폐렴'으로 발전한다. 폐렴은 'Pneumonia'라고 한다. 고대 그리스어에서 Pleumon의 변형인 Pneumon은 '폐'이고, '~ia'는 고대그리스어와 라틴어에서 나라 이름, 병명, 꽃 이름 등을 만드는 접미어이다. 그러니 Pneumonia는 '폐의 병'이라는 뜻이다.

Aha!

Infectious Disease Doctor

병원에 입원한 환자가 폐렴 증세를 보이면 그 환자의 본 병을 치료하는 담당 의사가 불러오는 의사들이 'Infectious Disease Doctor'들이다. 우리말로 '감염 내과의'이다. 일단 폐렴 증세를 보이면 담당 의사가 여러 가지 폐렴을 골고루 치료하는 약을 주기 시작하고 곧이어 Infectious Disease Doctor들이 와서 배양 등을 통해 폐렴이 박테리아성(Bacterial)인지 곰팡이성(Fungal) 혹은 바이러스성(viral)인지를 알아내고 특정한 폐렴에 맞는 특화된 약을 쓰며 치료한다. 'Infection'은 '감염'이라는 뜻으로 후기 라틴어 Infectionem이

13세기경 프랑스어로 넘어와 Infecion이 되고 그 뒤 1500년경부터 영어에서 Infection으로 쓰였다. Infectious는 Infection의 형용사형이다.

Pulmonology와 Pulmonologist

Infectious Disease Doctor 들은 대부분이 'Pulmonologist(호흡기 내과의)'이기도 하다. 'Pulmonary'는 '폐의'라는 형용사로서 그리스어의 Pleumon이 라틴어에서 Plumonarius가 되고 그것이 다시 프랑스어에서 Pulmonaire가 되어 1704년 영어에서 Pulmonary로 들어왔다. 사전에서 Pulmonology를 찾아보니 놀랍게도 처음으로 알려진 용례가 1979년이라고 나와 있다. 그해에 첫 등장한 단어들을 훑어보니 'Butterfly effect(나비효과)'가 동기 동창생이다. Butterfly effect는 1952년 레이 브레드버리(Ray Bradbury)가 그의 소설 『천둥소리(A Sound of Thunder)』에서 작은 일 혹은 나비처럼 작은 생물이 종국에 크나큰 변화를 일으키기도 한다는 문장을 썼는데 그 문장이 결국에는 '나비효과'라는 표현으로 발전했다.

Ophthalmology와 Ophthalmologist

'Ophthalmology'는 1842년부터 영어에서 사용한 '안과'라는 말이다. 그리스어의 Ophthalmos에서 온 말로 '눈(Eye, 주로 복수형 Eyes)'이라는 뜻이다. '안과 전문의'는 'Ophthalmologist'이나, 여기서 기쁜 소식을 전하면 그냥 'Eye Doctor'라고 한다. 반면 '검안사'

는 'Optometrist'라고 한다. 이는 '검안'이라는 의미의 'Optometry' 에서 나온 말이다. Optometry는 그리스어의 Opto(시력)에서 나온 말로 1738년부터 영어에 보이기 시작한다. 시력을 측정하고 안경을 만드는 검안사인 Optometrist는 그 훨씬 뒤인 1903년부터 영어에 쓰인다. 요즘은 가격이 많이 올라 자주 가지 않지만 전에는 남대문 시장에 가면 안경을 값싸게 맞출 수가 있어서 한국에 올 때마다 가곤 했는데 이때도 그냥 그곳에서 검안을 하고 안경을 만들어 주었다. 한국의 제도는 잘 모르지만 Optometrist(검안사)인 듯했다. 내가 미국에서 1년에 한 번' Ophthalmologist(안과 전문의)'에게 가 눈 검진 받고 받아온 안경 시력표를 주면 그것으로도 안경을 만들어 주었다.

Aha! Orthopedics와 Orthopedic Surgeon

우리 몸의 뼈에 관한 것을 연구하고 치료하는 '정형외과학'을 'Orthopedics'라고 부른다. 그리스어의 Orthos(올바르게 하다. 곧게 하다)에서 나온 말이다. 나의 옆집에 사는 할머니는 어깨도 한 번 부러진 적이 있고, 나이가 들어 엉덩이 한쪽과 양쪽 무릎의 대체술(Replacement)을 받았다. 이 수술을 하는 사람들이 바로 'Orthopedic Surgeon'이다. 재미있는 것은 옆집 할머니를 수술한 의사가 형제지간인데 형은 허리 위 뼈만 수술하고 동생은 허리 아래 뼈만 수술한다는 것이다. 그래서 그 할머니 어깨 수술은 형이 집도했고, 엉덩이와 무릎은 동생이 집도했다.

Otolaryngology와 Otolaryngologist

'Oto'는 '귀(耳, Ear)'라는 그리스어에서 온 라틴어로서 귀라는 단어가 다른 단어와 합성할 때 취하는 형태이다. Oto에 '~학문'이라는 '~ology'를 붙여 'Otology'라고 하면 '이학(耳學)'이다. 'Laryngology'의 Laryng은 그리스어, 라틴어 그리고 중세 프랑스어를 거쳐 영어로 들어온 Larynx로서 '목구멍'이라는 뜻이다. 이렇게 놓고 보면 코만 빠졌지만 'Otolaryngology'는 '이비인후과(耳鼻咽喉科)'를 뜻한다. 여기서 또 한 번 기쁜 소식을 전하겠다. 아무도, 심지어 의사들도 자기들끼리 대화할 때는 모르겠지만, Otolaryngology라는 말을 쓰지 않는다. 그냥 'Ear-Nose-and-Throat'이라고 하고 그도 힘들면 줄여서 'E.N.T.'라고 하면 된다. 이비인후과 의사들은 'ENT Doctor'라고 부르고 그도 줄여 'ENT Doc'이라고도 한다.

Pediatrics와 Pediatrician

'소아과'와 '소아과 의사'이다. '어린이'라는 의미의 그리스어 Paid에서 나와 1849년 영어에서 쓰기 시작했다. 같은 단어에서 나온 말로 그리스어의 Pedo도 '어린이, 소년' 등의 뜻이 있다. '병적으로 어린이에게 성적으로 집착하는 행위'를 'Pedophilia'라고 한다. Phile는 '사랑'이라는 뜻이다. 이런 행위를 하는 사람을 'Pedophile'이라고 한다. 그러나 정반대로 '어린이들의 생명을 구하는 천사 같은 의사'도 같은 어원에서 나온 'Pediatrician'이다.

Psychiatry와 Psychiatrist

'정신건강의학과'와 '정신건강의학과 의사'이다. 정신병을 몸 안의 호르몬과 전해질 밸런스가 깨지면서 생기는 생리적 현상으로 주로 이해하여 약에 의존하는 치료가 성행하고 프로이트 식의 상담은 잘 하지 않는 것이 근래 미국 정신건강 의학계의 성향이다. 이렇게 환자와의 대화 접촉 자체를 꺼리고 우선 약부터 주고 보는 의사들을 비꼬아서 하는 말이 'Drug pusher'이다. '약을 들이미는 사람'이라는 뜻이다. 정신병도 암과 같은 병으로 치료를 받아야 한다는 점은 동의하지만 그것이 약만 가지고 해결이 되는 일인지는 잘 모르겠다. 이름 자체가 그리스어의 '마음'이라는 'Psykhe'가 라틴어에서 '영혼의 치유'라는 'Psychiatria'가 되었고 그것이 프랑스어에서 'Psychiatrie'가 되어 1846년 영어로 들어왔다.

Urology와 Urologist

'비뇨기과학' 그리고 '비뇨기과 전문의'를 뜻한다. 'Neurology'와 발음이 비슷하나 전혀 다른 분야이니 신경 써서 듣고 말해야 한다. 영어에서는 '소변'을 'Urine'이라고 한다. 산스크리트어와 유럽 언어들은 생각보다 깊은 연관이 있는데 Urine과 Urology 모두 고대 산스크리트어까지 거슬러 올라가는 기원을 가졌다. 그것이 고대 그리스어와 라틴어를 거쳐 고대 프랑스어에서 Urine이 되어 중세 영어로 들어왔다.

위의 단어들을 공부로 한번 쭉 찾아보면 단어도 늘고, 혹시 영어권에 가서 아플 경우 이해도 도울 수 있다. 만약 영어권에 가서 오래 사는 사람이라면 자신의 의사를 한 명 정해 정기적으로 찾아가므로 그 의사의 말만 잘 듣고 가라는 전문의에게 찾아가면 되지만 그래도 자신의 몸에 일어나는 일들에 대해서는 최대한 이해하는 것이 건강한 삶을 위해서 좋은 일일 것이다. 다른 언어권에 들어가 살 경우 내 건강을 위해서라도 단어 공부를 게을리하지 말아야 한다.

소소한 이야기들
: 외워두면 유용한 말

'명사'는 영어로 'Noun'이라고 한다. 명사의 종류는 다섯 가지가 있다. 그 이름을 다 외울 필요는 없지만 굳이 외우려면 '고추집보물'을 외우면 된다. 고유 명사, 추상 명사, 집합 명사, 보통 명사, 물질 명사이다. 고유 명사는 이름이다. 사람의 이름, 건물의 이름, 회사 이름, 상품명 이런 모든 이름들이 고유 명사이다. 고유 명사는 첫 자를 늘 대문자로 표기한다. Thermos는 원래 보온병 만드는 회사의 보온병 상표명이었다. 등록된 상표명은 여러 법적 보호를 받지만 그건 생략하고, 사람의 이름과 같이 일종의 고유 명사로써 늘 첫 자를 대문자로 써 Thermos라고 쓴다. 그런데 어느 날부터인지 사람들이 모든 보온병을 Thermos라고 부르기 시작하면서 1963년 법원 결정에 의해 상표권이 취소되고 Thermos는 모든 보온병을 일컫는 일반 명사가 되었다. 상표 등록권은 가만히 있어서 지키는 것이 아니라 소비자를 상대로 적극 홍보하여 상표명이라고 홍보해야지 소비자들이 그 이름이 상표명이라는 것을 모르면 그 효력을 상실한다. 일반 명사가 된 뒤로 다른 모든 영어의 단어처럼 문장의 맨 앞에 올 때는 대문자로 Thermos라고 표기하지만 나머지 경우에는 thermos로 표기한다.

Aha! A pride of lions

'고추집보물' 중에 집합 명사는 대부분 단수도 되고 복수도 되는데 단수든 복수든 그 안에 들어간 복수의 개체를 표현할 수 있다. 'A pride of lions'라고 하면 '사자의 무리'를 가리키는 말이다. 사자는 고양이과의 다른 동물들과 달리 무리를 지어 산다. 그리고 사자의 무리를 가리켜 'Pride'라고 부른다. 하나의 무리지만 그 안에는 여러 사자가 산다. 그래서 'A pride of many lions'인 것이다. 그러나 두 개의 경쟁적 관계에 있는 사자 무리를 가리킨다면 'Two prides of lions'라고 써야 한다. 왜냐하면 서로 다른 무리이기 때문이다.

WHAT? People과 Peoples

집합 명사의 대표적 예가 '사람들'이라는 People인데 이는 거의 모든 경우 복수로 취급해서 늘 'They'라는 3인칭 복수로 받는다. 그러나 한 나라 안에 여러 다른 민족들을 가리키는 경우 등에는 'Peoples'라고 한다. 얼마 전 인종 갈등으로 신문에 오르내리는 미얀마의 기사가 신문에 난 적이 있는데 제목이 'The Peoples of Burma'

였다. 또 사전에 보니 'The peoples of Siberia(시베리아의 여러 인종집단)' 라는 예문도 있었다. 'Police(경찰)'도 복수 취급하는 집합 명사로 본다. '경찰은 ~라고 말했습니다'라고 하면 'The Police were saying~'라는 3인칭 복수형으로 받는다.

Keep Running A colony of ants

위에 'A pride of lion'을 이야기했는데 동물의 집단을 표현하는 집합 명사 중에 재미있는 것들이 많다.

개미는 'A colony of ants'라고 한다. 'Colony'는 식민지라는 뜻인데 개미가 땅속에 파 놓은 굴이 텅 빈 식민지 광산 같아서 그리 이름을 지었는지는 모르지만 그렇게 외우면 기억하기 편하다. Beaver(비버)도 'A colony of beavers'이다. 늑대는 'A pack of wolves'이다.

cheer UP! A herd of elephants와 A memory of elephants

코끼리는 'A herd of elephants'라고 하는데 이는 평범하게 '코끼리 무리'라는 뜻이다. 또 하나의 재미있는 이름이 'A memory of elephants'이다.

코끼리는 영물이다. 아프리카에 가뭄이 들면 어린 코끼리들은 물론 다른 짐승들도 주변에 코끼리 무리의 여자 우두머리(Matriarch)의 눈치를 본다고 한다. 그들이 지하수의 위치를 알고 있기 때문이다. 코끼리는 보통 50세 넘어서까지 사는 장수 동물인데 거기에 기억력까지 좋아 어려서 엄마나, 할머니나, 이모를 따라다니며 봤던 것들을 모두 기억하고 있다가 필요할 때 그 기억의 보따리를 풀어 다음 세대로 전한다. 그들은 또 여러 특이한 혹은 설명 불가능한 기이한 행동을 한다. 아기 코끼리가 물에 빠져 허우적대면 어미뿐 아니라 온 마을이 달라붙어 악을 쓰고 호들갑을 떨며 기어코 그 아기를 구해내는 〈마이 빅 팻 그릭 웨딩〉 같은 가족애를 자랑한다.

또 다른 예가 'Bone worshiping(뼈 숭배)'이다. 죽을 때가 되면 무리에서 떨어져 나와 혼자 쓸쓸히 죽지만 무리는 죽어간 가족을 잊지 않는 것인지 그 가족의 뼈를 발견하면 몇 시간이고 그 앞에 서서 코를 뼈에 대고 냄새를 맡고 그 긴 코를 하늘로 치켜들고 나팔 소리를 요란하게 내며 그 뼈 주위를 빙빙 돈다. 어떤 이들은 죽어간 가족을 기억하고 슬퍼하는 의식으로 장례의식이 인간 사회에만 존재하는 것이 아니라는 것을 증명하는 예라고 말하지만 코끼리 마음속에 들어가 보지 않은 이상 그 이유는 정확히 모를 일이다. 그러나 그 장면을 보면 뭔가 뭉클해지고 '인간이 무엇이기에?'라고 생각하게 되는 것 또한 사실이다. 나의 초등학교 시절에는 과학 교재에 엄연히 감정은 인간만이 갖는 것이라고 나와 있었는데 이제 보니 꼭 그런 것만은 아닐지도 모른다는 생각이 든다. 이런 이유로 나는 'A herd of elephants'보다는 'A memory of elephants'를 더 좋아한다. 「God Went to India(신이 인도로 갔다)」라는 내가 매우 즐겨 읽는 시가 있는데 '신이 코끼리를 보고 싶어 인도로 갔다'는 내용이다. 신이 자신의 창조물 중에 특별히 아끼는 것이 코끼리이고 그 이유의 대부분이 여기서 설명한 것들이다.

A murder of crows

또 하나의 영물을 들자면 단연코 까마귀이다. 중학교 때 '반포지교(反哺之教)'라는 말을 배웠다. 돌이킬 반, 먹을 포, 가르칠 교. '까마귀 새끼가 다 자라면 그 늙은 어미에게 먹이를 물어다 주는 교훈 또는 가르침'이라는 뜻이다. 동물학자들의 실험에 의하면 까마귀의 지능은 상상을 초월하여 어떤 경우 신호등 체계까지 익혀 파란불이 켜지면 길에 호두 등 견과류를 떨어뜨리고 기다리다 빨간불로 바뀌면 길에 내려앉아 자동차들이 밟고 지나가 깨진 호두를 먹는다고 한다. 실제로 미국 코넬 대학교 연구팀이 젊은 까마귀들이 나이 든 까마귀에게 먹이를 가져다주는 모습을 잡기도 했다. 그뿐 아니라 누가 자신을 감시하지 않는가 하는 보이지 않는 것에 대한 개념이 있고, 미래의 일에 대한 대비 능력도 갖췄다고 한다. 어느 다큐멘터리에서 과학자들이 까마귀 떼를 막기 위해 매를 날려 겁을 주는 것을 보았다. 까마귀 한 마리가 매에게 잡혔는데 한 연구원이 달려가 까마귀를 매에게서 빼앗아 날려 보낸 후 다음과 같이 말했다. "지금 까마귀를 보내준 이유는 첫째 별로 다친 데가 없어 죽지 않을 것이기 때문이고, 또 하나는 가서 자기 무리에게 이 이야기를 전해서 그들이 어디까지 가면 매가 있더라는 것을 알게 하기 위해서입니다."

까마귀의 집합 명사는 'A murder of crows'이다. 왜 이런 영물에게 'Murder(살인하다)'라는 무시무시한 이름이 붙었는지는 몇 가지 설이 있는데 까마귀는 썩은 고기를 먹는 짐승이다. 이를 'Scavenger'라고 하는데 그러다 보니 아무래도 공개 사형장, 시체 처리장 주변에 까마귀들이 까악거리며 날아다녀 예로부터 불길한 새로 알려져 그랬다는 설도 있고, 까마귀들이 모여 회의를 열어 다른 까마귀의 사형을 결정했다는 설화에 근거해 그런 이름이 붙었다는 설도 있다.

WOW! A gaggle of geese

거위는 'Goose'이고 거위의 복수는 'Geese'이다. 거위의 무리는 'A gaggle of geese'이다. 기러기는 'Wild Goose(복수 Wild Geese)'이고 그들도 'Gaggle'이라 부른다. 거위는 정착해 사람과 함께 살기로 작정한 기러기가 변해 된 것이기 때문에 그냥 야생 거위와 거위로 구별해 부르는 것이다. 옛날에는 거위를 개 대신 집을 지키는 짐승으로 종종 사용했다고 한다. 성질이 사납고 영토 방어 본능이 강해서이다. 그리고 무엇보다 시끄럽기 그지없기 때문에 도둑을 막기에 적합했던 것이다. 나의 어머니도 어릴 때 평안북도 신의주에서 자랐는데 그때 집에 거위가 있었다고 한다. 작은 외삼촌과 밤에 몰래 밖에 나가 무엇을 하려고 해도 거위 때문에 시끄러워 들키지 않고 아무것도 할 수 없었다는 말씀을 가끔 하신다. Gaggle은 '시끄러운 무리'라는 뜻이니 거위 집단을 부르는 집합 명사로는 이보다 더 적격이 없다.

기러기는 여름에 북극 가까이로 올라갔다 겨울이면 남쪽으로 내려온다. 내가 사는 동네에도 기러기가 오는데 주로 큰 연못이 있는 Walmart(월마트) 주차장에 살다 봄이 되면 'V'자 대형으로 하늘 높이 날아 북극으로 간다. 아니 그래야 하는데 겨울 내내 사람들이 하도 먹이를 던져 줘서 아예 가지 않고 1년 내내 버티는 기러기들이 늘고 있다. 자연을 멀리서, 경외심을 갖고, 방해하지 말고, 끼어들지 말고 지켜보는 것도 좋을 듯하다.

IT'S FINE

A herd of deer

자연에 대한 경외심을 이야기 할 때 내가 꼭 하는 말이 사슴에 관한 것이다. 한국은 요즘 '멧돼지와의 전쟁'을 치르고 있지만 미국은 '사슴과의 전쟁'이 한창이다. 생태계 파괴로 인해 최고 포식자 늑대와 푸마가 사라지자 사슴들의 개체수가 증가하여 이루 말할 수 없는 피해를 주고 있다. 하루 아침 일어나 창밖을 내다 봤더니 뒷마당에 사슴 일곱 마리가 유유히 나타나 내가 정성스럽게 심고 가꾼 장미를 맛있게 먹고 있었다. 어느 해에는 마당에 토마토를 네 그루 심었는데 사슴이 다 먹고 나는 두 개 따 먹은 적도 있다. 그것도 먹었다는 말이나 하려고 파란 것을 따다 억지로 익혀서 먹고 그냥 다 너희들 먹으라고 놔뒀더니 넝쿨째 모두 먹고 말았다. 덕분에 가을에 뽑아 버리는 수고는 덜었다. 사슴 때문에 열 받아 냄비를 나무 주걱으로 두드리며 쫓다가 부러뜨린 주걱이 몇 개인지 모를 정도이다.

사슴은 몸에 진드기를 달고 다니는데 그 진드기가 라임병(Lyme Disease)을 옮겨 인명 피해가 크고 차 사고로 사람과 사슴 모두 목숨을 잃는 경우도 종종 있다. 그러나 사슴은 인간에게만 불편을 주는 것이 아니라 폭발적으로 늘어난 사슴 개체수로 자연이 파괴되고 있다. 그러나 동물 보호단체는 사슴 사냥 허가를 놓고 늘 자치정부에

압력을 행사한다. 실제로 1996년 미국 옐로우스톤 국립공원에 멸종된 늑대를 복원, 방사했더니 그 후 20여 년 만에 그 곳의 생태계가 살아난 것이다. 사슴의 수가 줄어들면서, 식물이 다시 자라고, 물이 다시 흐르고 새가 다시 왔다. 자연 사랑도 때로 큰 그림을 보고 해야 하는 것이다. 말이 길어졌는데 사슴의 무리는 'A herd of deer'이다. 'Deer'는 단수, 복수 모두 같다.

A school of fish

정어리 등 떼를 지어 몰려다니는 물고기들이 있다. 돌고래들이 정어리를 사냥하는 것을 봤는데 돌고래 떼를 발견하자 정어리들이 한 덩어리로 똘똘 뭉쳐 일사분란하게 움직이기 시작했다. 이렇게 몸집이 큰 한 마리의 물고기처럼 보여 적을 겁주려는 것이라고 하는데 그것에 속을 돌고래가 아니다. 유유히 입에서 큰 풍선 같은 물방울을 불어 정어리 떼에게 덮어씌우고 어쩐 일인지 물방울에 갇혀 꼼짝을 못하는 정어리 떼 사이를 입을 벌린 채 휘젓고 다니면 저녁밥이 그냥 입으로 들어왔다. 이렇게 큰 무리의 물고기 떼를 'A school of fish'라고 한다.

A flock of birds

그밖에 새들은 'A flock of birds', 나비나 벌은 'A swarm of butterflies(혹은 bees)', 개는 'A pack of dogs', 개구리는 'An army of frogs', 파리는 'A business of flies'라고 한다. 좀 들춰보면 진짜

그렇다고 고개가 끄덕여지는 이름도 있고, 왜 그런지 뒷이야기를 찾아보고 싶은 것도 있고, 장난스럽게 붙인 이름도 있다. 전에 옆 동네로 40분 정도 운전하고 가서 그 동네에서 열리는 하프 마라톤을 뛰고 집에 돌아오는데 라디오 방송에서 이 집합 명사 이야기를 하면서 각자 만들고 싶은 집단에 대한 집합 명사를 만들어 보내라고 했다. 나도 'A kimchi of Koreans'라고 만들어 보내려다 잊어버리고 마감일을 놓쳤는데 나중에 친구들에게 이야기하니 김치보다 한국을 더 널리 알린 것이 어디 있냐며 정말 좋은 아이디어였는데 아깝다고 했다. 참고로 내 친구들 중에는 김치 숭배자들이 많고 어떤 사람은 익지 않은 김치는 먹지 않고 팍 삭은 김치만 먹는 사람도 있다.

동물의 새끼를 표현하는 말

'A pride of lions' 이야기를 잠시 다시 하면, 사자의 무리는 6~7마리의 자매나 모녀 혹은 사촌 등 혈연으로 맺어진 암사자들이 주축을 이룬다. 이들은 사냥을 도맡아 하고, 새끼를 낳아 키우고, 교육시킨다. 그러니 당연히 수사자들은 그저 놀고먹는 것처럼 보이지만, 실은 이들이 영토 방위를 책임진다. 광활한 영토를 지켜 새끼들이 안전하게 자라도록 한다. 왜냐하면 그들이 영토 방위에 실패해 다른 사자가 세력을 잡으면 모든 새끼들을 그 즉시 죽여 버리기 때문이다. 이 사자 새끼들은 영어로 뭐라고 할까? 'Cub(s)'라고 한다. 호랑이, 치타, 표범 등 고양이과 동물의 새끼는 거의 모두 그렇게 불러서 'Lion cubs'이나 'Tiger cubs'라고 한다. 곰의 새끼도 'Bear cubs'라고 한다. 그러나 고양이 새끼는 'Kitten'이다. 왜 고양이만 다르냐고 하면 'Don't ask me'이다. 그냥 다르니까 다르다.

강아지는 작은 개가 아니라 어린 개이다 그리고 영어로는 'Puppy'이고 복수형은 'Puppies'인데 개과 짐승들의 새끼도 'Pup'이라고 해서 'Wolf pups'나 'Fox pups'라고 한다. 흔히 어린이를 'Child'라고 하지만 'Kid'라고도 한다. '박세리 키드'나 '김연아 키드'라는 말이 거기서 나왔다. 어떨 때는 오히려 Child보다 Kid라는 말을 더 자주 쓰는 것 같지만, Kid는 원래 '염소 새끼'를 뜻하는 말이다. 어린 새끼를 뜻하는 말은 아니지만 'Ass'는 원래 욕이 아니고 '나귀의 한 종류'이다. 그 짐승이 워낙 고집이 세서 그 이름을 욕으로 만들어 쓰게 되었다.

WHAT? Even the cows would laugh until their stomachs rupture

동지가 지나면 우리 할머니는 늘 "이제 매일 낮이 노루꼬리만큼씩 길어진다"고 하셨다. 노루의 꼬리는 상당히 짧다. 그만큼 조금씩 늘어난다는 이야기이다. 그러나 가랑비에 옷 젖는다고 노루꼬리만큼 늘어난 일조 시간은 1월 10~15일쯤 되면 밖을 내다보다 "아니 아직도 이렇게 밖이 훤하네" 하고 놀라게 만든다. 동지는 'Winter solstice'이다. 하지는 Solstice는 같은데 'Summer solstice'이다. 'Solstice'는 라틴어의 'Solstitium'에서 온 말인데 '해가 멈춰 서 버린 것 같은 시점'이라는 뜻이다. 하지에는 해가 하늘에 걸려 꼼짝 않고 있을 것 같고 북구의 여러 곳에서는 실제로 해가지지 않으니 그런 이름이 붙었고, 겨울에는 해가 뜰 생각을 않고 꼼짝 않고 있으니 그런 이름이 붙었다. 낮과 밤의 길이가 같은 날은 'Equinox'이고 이것도 라틴어에서 온 말로 '밤과 낮의 동등함'이라는 뜻이다.

집안 어른들의 말씀에는 참으로 재미난 것들이 많다. 위에서 말한 '노루꼬리만큼씩 늘어난다'는 표현도 그렇고, 외할머니는 기가 막힌 일을 당하면 '소가 웃다 꾸레미가 터지겠다'라고 하셨다. 그것도 평안도 말로 '소래 웃다 꾸레미래 터디갔다'라고 하셨다. 내가 어렸을 때는 길을 걸어 다니다가 평안도 말을 쓰는 연세 지긋한 분들을 심심치 않게 만날 수 있었다. 어느 날 그 정겨운 내 외가의 말투를 더 이상 길에서 들을 수가 없어 주위를 둘러보니 어느새 내 외할머니와 외할아버지가 돌아가신 뒤였다. 어머니도 어려서 서울로 와서인지 할머니가 말씀하시는 것은 들었지만 실제로 꾸레미가 무엇인지는 잘 모르겠다고 하신다. 국어사전을 찾아봤더니 '꾸레미'는 '꾸러미'의 이북 사투리로 소를 부릴 때 소가 곡식을 먹지 못하도록 입에 씌우는 '부리망'을 북한에서는 꾸러미라고 한다고 한다. 소는 점잖은 짐승이다. 오죽 기가 막히고 웃기는 일이면 소가 웃을까? 그것도 얼마나 입을 크게 벌리고 웃으면 부리망이 터질까? 이 말을 영어로 바꿔서 친구들에게 해줬다. 'Even the cows would laugh until their muzzles rupture (소조차도 입마개가 터질 때까지 웃겠다).' 나중에 내가 약간 변형해서 부리망 대신 '배가 터진다'로 바꿔서 'Even the cows would laugh until their stomachs rupture'라고 했더니 반응이 훨씬 뜨거웠다.

또 하나 내가 좋아하는 옛 표현이 '못난 환쟁이 붓 타령한다'는 말이다. 환쟁이는 요즘의 우리는 믿을 수 없는 일이지만 화가를 낮잡아 보던 시절에 그들을 지칭한 말이다. 재주 없는 환쟁이가 붓 타령한다는 것은 자신의 탓은 하지 않고 남의 탓, 세상 탓만 하는 사람을 두고 하는 말이다. 이것도 적당한 시점에 친구들에게 "We, Koreans, would say(우리 한국 사람들은 이런 경우 이렇게 말하지)"라고 먼저 운을 띄운 뒤, "A poor painter blames the brush"라고 말했다. 그런데 번역이 잘 되는 말이 있고 그렇지 못한 말이 있다. 노루 꼬리만큼은 잘 알아듣지 못하고, 우리가 잘 쓰는 쥐꼬리만큼도 그렇다. 늘 "쥐는 몸에 비해 꼬리가 상당히 긴데?"라는 답이 돌아온다. '가랑비에 옷 젖는다'는 'Drizzles make you soaked'라는 참 재미없는 말이 되었다. 내가 번역한 것 중에 가장 명 번역은 뭐니 뭐니 해도 '못난 환쟁이 붓 타령한다'이다. 별 설명 없이도 상황에 맞게만 사용하면 간결하고, 모두 금방 알아듣고 그 말의 해학도 잘 전달된다. 학교에 가서 작문 시간에도 적절히 한국식 표현들을 영어로 잘 바꿔 살짝살짝 사용했다가 '매우 창의적인 표현'이라고 칭찬을 받은 적도 있다. 이게 서로 다른 문화가 만나 삶이 풍족해지는 예이다.

Aha!

It's coming out of my ears

영어에도 젊은이들은 잘 쓰지 않는 재미있는 표현들이 있다. 내가 처음 미국으로 유학 갔을 때 미국에 사는 나의 작은 아버지는 전화를 할 때마다 "너는 행복한 줄 알아라. 너의 아버지는 얼마나

고생하며 공부하신 줄 아냐?"라고 말씀하셨다. 그리고 늘 그 뒤에 하는 말이 "우리는 밤낮 햄버거만 먹고 살았다. 그게 가장 싸서." 그리고 영어로 이렇게 말씀하셨다. "It's coming out of my ears."

요즘은 정육점에 가면 모든 고기 부위들을 미리 포장해 진열해 놓아서 그냥 집어서 장바구니에 넣으면 되지만, 어려서 어머니 따라 정육점에 가면 어머니께서 정육점 아저씨에게 "무슨 부위 몇 근 주세요"라고 했고, 어떨 때는 "갈아 주세요"라고 주문했다. 정육점 아저씨는 고기를 썰어 기계에 넣고 기계 스위치를 켠 뒤 위에서 고기를 눌러 넣었고 다진 고기가 밑으로 삐질삐질 삐져나왔다. 다진 고기가 삐질삐질 삐져나오는 모습을 상상할 수 있으면 "It's coming out of my ears"라는 표현도 이해할 수 있다. "햄버거를 너무 먹어 그것이 귀로 삐질삐질 삐져나왔다"는 말로 "너무 먹어 진력이 났다"는 뜻이다.

Click one's tongue

앤소니 도어(Anthony Doerr)의 소설 『All the Light We Cannot See(우리가 볼 수 없는 모든 빛)』에서 제2차세계대전 중 죽어가던 한 독일 병사가 죽음이 임박한 아버지를 찾아갔던 일을 회상하며 동료들에게 이런 말을 한다. "He was old; he was old all my life(그는 노쇠했다. 그는 내 전 생애 동안 (애초부터 늘) 노쇠했다)." 나이가 들어가며 느끼는 것들 중 하나가 '그때 우리 할머니 연세가 그리 많은 게 아니었구나' 또는 '내가 그때 우리 아버지 연세와 비슷한 나이네'라는 것이다. 나의 두 할머니들이 문학성 가득하고 독창적인 표현들을 하셨을 때의 연세가 지금의 내 어머니 연세이다. 이제는 어머니께서 할머니가 되어 손자 손녀들이 신기해하는 표현들을 쓰고 나의 할머니들이 그랬듯 같은 말을 반복하는 습관까지 생겨났다. 그것이 어찌 보면 단순히 연세 탓인 듯하지만, 기억과 경험을 다음 세대로 전하기 위해 우리 몸의 DNA가 그렇게 프로그램 된 것은 아닐까 하는 것을 내 할머니들의 말씀을 아직 기억하는 나를 보며 생각해 본다.

한국에 다니러 가 어머니를 모시고 백화점에 나간 적이 있다. 이제 한국의 백화점은 세계의 관광 명소가 되어 사람들로 발 디딜 틈이 없다. 어머니와 에스컬레이터를 타고 내려오는데 어머니 바로 앞에 서서 내려가던 일본인 관광객이 다 내려가자마자 바로 그 자리에 멈춰 서서 문자 전송을 하는 것을 보았다. 어머니는 에스컬레이터에서 계속 내려오고 이제 운동신경이 예전만 못해 후딱 피하실 것 같지도 않아 내가 그 관광객에게 급한 김에 큰 소리로 "Excuse me"라고 했더니 그녀가 나를 봤다. 나는 다급히 비키라고 손짓했다. 그녀가 금방 인사를 하며 미안하다고 했고, 어머니도 별 사고 없이 내려오셨으니 그냥 가던 길 가면 될 것을, 식료품점이나 백화점 등에서 가장 붐비는 입구를 막고 서서 무엇인가를 하는 사람들을 못견뎌하는 나는 혀를 차고 고개를 절레절레 흔들며 어머니를 부축하고 걸어갔다. 그녀도 분명 나를 보았을 것이고, 나의 행동이 친절한 관광 한국에 누를 끼친 것은 당연한 일이며, 아직도 수양이 덜된 내가 한심하게 느껴진 것도 사실이다. 그렇다고 수치심에 여기서 배울 수 있는 영어 표현을 놓치고 갈 수는 없다.

'혀를 차다'는 영어로 'Click one's tongue'이라고 표현한다. 내가 그날 했던 부끄러운 행동을 영어로 옮기면 "I clicked my tongue and shook my head"이다. 'Shook'는 'Shake(흔들다)'의 과거형으로 'Shake one's head'라고 하면 '고개를 절레절레 흔들다'이다. '고개를 끄덕끄덕하다'는 'Nod one's head'이다. 아니면 그냥 'He nodded'나 'I nodded' 또는 'She is nodding' 등으로 써도 된다. 부끄러웠던 일을 부끄럽게만 여기면 숨기고 싶은 후회가 되지만, 거기서 무언가를 배우고 깨닫는다면 그것은 고귀한 경험이 된다.

Alas

요즘은 가만 앉아 있으면 내 어린 시절의 것 아니면 내가 태어나기도 전의 것들에 대한 향수와 궁금증이 생긴다. 얼마 전에는 난데없이 '왜 무-우는 무가 되었을까? 왜 아래한글은 무와 우를 붙여 쓰는 것조차 허락지 않고 무-우라 쓰게 만들었을까?'라는 생각이 들어 인터넷에서 찾아봤더니 우연찮게도 똑같은 말을 하는 칼럼이 하나 있었다. 잃어버린 옛말에 대한 그리움과 그 느낌의 고유성에 관한 글이었다. 냄새는 원래 '내암새'였는데 어느 날 줄임말을 우대하는 유행이 번지면서 '냄새'가 되었다고 한다. 그러나 '내암새'는 뭔가 몽글몽글 냄새가 글자에서 피어오르는 것 같은 입체적인 말이고, 2차원적인 냄새와는 다르다는 말도 곁들였다. 다행히 시인들이 내음이라는 말을 버리지 않고 사수하여 결국 사전에 남았는데 그나마도 '향기로운 냄새,' '나쁘지 않은 냄새', '주로 문학적 표현' 등의 단서가 붙었다고 한다. '어즈버'는 유명한 길재의 시조 "오백년 도읍지를 필마로 돌아드니"에 나오는 말이다. 이도 그 칼럼에서 단순한 감탄사 '아'의 고어가 아니라 '어즈버'는 지나가 더 이상 없는 것에 대한 한탄으로 '아'로는 표현할 수 없는 뜻이 담겨 있다고 한다. 산천은 의구하되 나라는 허망히 사라지고, 인걸도 사라진 나라를 좇아 또 어디론가 홀연히 자취를 감췄으니, 어즈버 이 인간 세상의 허무한 500년을 바라보는 길재에게 '아'가 웬 말이랴?

'어즈버'와 아주 같은 아름다운 순수 우리말은 아니지만 「조침문(弔針文)」에 나왔던 '오호통재'는 기막힌 슬픔을 나타내는 말이다. 한국에서 일할 때 불어를 배우러 다닌 적이 있는데 한국인 선생님이 상당히 재미있는 분이었다. 불어의 'Hélas'라는 단어를 설명하면서 "이건 '오호통재라'예요"라고 말씀하셨다. 이 프랑스판 오호통재에서 나온 영어 단어가 'Alas'이다.

가브리엘 포레라는 프랑스 작곡가의 가곡 〈꿈을 꾼 후에〉의 가사 중에 "Hélas! Hélas! triste réveile des sogne"라는 구절이 있는데 "아아! 아아! 꿈에서 깨어나는 슬픔이여"라는 뜻이다. 이 가사의 영어 번역은 대부분 Hélas를 Alas로 표기한다. '아아!' 하는 깊은 슬픔의 탄식이 Alas이다. 아마도 내 프랑스어 선생님이 번역했다면 "오호통재라! 오호통재라! 꿈에서 깨어나는 슬픔이여"라고 했을 것이다. 유학 초기, 신통치 않던 영어로 기적에 가깝게 겨우 읽고 시험을 봤던 셰익스피어의 『햄릿』에서 햄릿 왕자가 궁정광대 요릭의 묘가 파헤쳐

지고 그의 유골이 드러난 것을 보고 죽음에 대한 독백을 하는데 그 시작이 "Alas, poor Yorick…"이다 "아아! 불쌍한 요릭"이라는 뜻이다.

Aha! New year's resolution

고등학교 국어 교과서에 나온 이야기 중에 김동리의 「등신불」이 있다. 대학생 신분으로 학병에 끌려나와 중국 난징에 배치된 주인공이 그곳에 사는 사람의 도움으로 부대를 탈출하여 절에 숨어 그 절에 있던 등신불에 얽힌 이야기를 듣는 소설 속의 소설, 액자소설이다. 그런데 그 대학생이 절에 묵으며 하던 것 중 하나가 늘 일찍 일어나 이불을 접고 저녁에 잘 때까지 다시 누우려 하지 않았다는 것이다. 왠지 그 대목이 마음에 와 닿아 얼마 후 신년에 새해 결심으로 '올해는 아침에 한 번 일어나면 저녁에 잘 때까지 다시 눕지 않겠다'고 결심했다. 그해 결국 몇 번이나 낮에 누웠는지 생각은 잘 나지 않지만 요즘도 아무리 한가해도 눕는 일이 별로 없는 것을 보면 아마도 명멸해 간 나의 그 수많았던 새해 결심 중 가장 잘 지킨 것이 이 결심이 아닐까 한다. 새해 결심은 영어로 'New year's resolution'이다. 'Resolution'은 '결심'이라는 뜻이다.

WOW! Detention

나는 고등학교 2학년 때 국어 선생님을 상당히 존경하고 좋아했다. 실력도 있고 어찌나 재미있고 성격이 좋은지 아이들에게 언제 한 번 얼굴을 찌푸리는 적이 없으셨다. 그런데 그런 선생님 시간에 나는 다른 책을 읽다 걸려 벌을 선 적이 있다. 친구 집에 놀러 갔는데 책장에 오래된 책이 꽂혀 있어 무슨 내용인지도 모르고 빌려와 읽기 시작했다. 에밀리 브론테의 『폭풍의 언덕』이었는데 고딕 소설들이 다 그렇듯 소설 전반에 깔린 비밀스러운 일들의 뒷이야기가 밝혀지기 시작하면 책을 놓을 수가 없다. 그래서 나도 책을 놓지 못하고 읽다 걸려서 교실 앞에 나가 책을 들고 벌을 섰다. 선생님이 수업 후에 교무실로 따라오라고 하셨다. 내 책을 교무실 책상에 툭 던져 놓고 자리에 앉은 선생님이 "이철재, 너 이 책 얼마나 읽었어?" 하고 물으셨다. "한 반쯤이요." "너 내 시간에 다른 책 읽으면 그 책 압수하는 것 알지?" "네." 그리고 잠시 침묵. "이 책은 꼭 다 읽어야 되는 책이니까 돌려준다. 수업시간에 읽지 마." Alas, 내가 이런 선생님 시간에 딴 책을 읽어 실망을 시키다니! 미국의 학교에서는 주로 방과 후에 다른 학생들이 집에 갈 때 남아 있어야 하는 벌을 잘 주는데 이를 'Detention'이라고 한다.

Soliloquy와 Aside

위에서 햄릿에 나오는 독백을 소개했는데 '독백'은 영어로 'Soliloquy'라고 하고 '방백'은 'Aside'라고 한다. 독백은 혼자서 중얼거리는 말이지만 모두가 들을 수 있도록 하는 말이고 '자신에게 말하다'라는 의미의 라틴어 'Soliloquium'에서 나온 말이다. 방백은 배우가 속으로 생각하는 말로서 극중의 다른 배우들은 들을 수 없고 관객만이 들을 수 있는 것으로 약속한 대사인데 Aside는 '한쪽으로, 비켜'의 의미이다. 배우가 무대 한쪽으로 비켜서서 관객에게만 자신의 마음을 전달하기 때문에 생긴 말인 듯하다.

나는 잡기가 없다. 당구를 칠 줄 아는 것도 아니고, 고스톱을 칠 줄 아는 것도 아니고, 참 재미없이 사는 것 같은데 실은 다른 사람은 이해하지 못하는 나 나름의 재미있는 것들이 많아서 아주 재미있게 산다. 그래서 나의 모토는 늘 'It's OK to be different(남과 달라도 괜찮다)'이다. 여기에 배우가 독백을 하듯 내가 관심을 갖는 것들, 재미있게 읽은 이야기, 내 마음속에 있던 생각들을 주절주절 영어와 엮어 늘어놓다보니 명사의 종류부터 시작해 햄릿까지 왔다. 영어의 이야기는 이 세상의 모든 다른 이야기들처럼 끝이 없다. 이야기가 모이면 또 한 번 독백을 하도록 하겠다.

반복을 즐기라

글머리에 영어를 잘하려면 반복해서 쉼 없이 하라는 충고가 무책임한 것 같아 내가 영어 공부한 방식을 소개하겠다고 했는데 글을 마치며 보니 쉼 없이 반복하라는 말만 쉼 없이 반복한 것 같아 죄스러운 마음이다. 허나 실은 그게 내가 공부한 방식이고, 오늘도 그렇게 영어 공부를 하고 있다. 곰도 구르는 재주가 있다고 하고, 사람마다 한 가지씩 재주와 취미가 있다고 한다. 나에게는 확실히 언어에 대한 재주가 있고, 그래서 취미도 생겼고, 재주를 갖고 태어나 관심을 기울이니 다른 사람보다 빨리 깨우친 것을 부정하지 않는다. 언어에 재주도 없고 관심도 없는 사람에게는 노력하라는 말보다는 더 재미있고 소질이 있는 다른 일에 열정을 쏟아보라고 말하겠지만, 재주는 좀 없어도 그래도 관심과 열정이 있는 사람들에게는 포기하지 말고, 쉼 없이 하라고 권하고 싶다. 나의 주변에 쉼 없이 해서 발전하는 예를 몇몇 보았기 때문에 그렇다.

2000년대 초반 서울의 한 로펌에서 몇 년 일을 했다. 그때 회사 근처에 '캘리포니아 피트니스'라는 시설이 좋은 피트니스 클럽이 있어서 거기 등록을 하고 다녔는데 거기서 2004년부터 요가 프랜차이즈를 미국에서 들여와 시작했다. 초창기 몇 년은 강사들이 모두 미국인이나 캐나다인으로 수업도 모두 영어로 했다. 몇몇 친구들과 어울려 거기서 처음 요가를 시작했고 자연히 수업이 끝나면 친구들이 내게 와서 "아까 그 동작 뭘 어떻게 하라는 말이냐"고 물었다.

거의 대부분의 친구들이 몇 달을 버티지 못하고 요가보다는 언어의 장벽 때문에 떨어져 나갔지만 한 친구는 우리 그룹에서 영어를 가장 못했음에도 유난히 열심히 하며 버텼다. 그리고 한 6~7개월 지나니 수업시간에 강사가 하는 설명을 대충 알아듣기 시작했다. 한 1년쯤 지났을 무렵 수업 후 내게 다가와 "아까 강사 아무개가 농담으로 한 말이 이 뜻이었지?"라고 하는데 놀랍다 못해 왠지 감격스럽기까지 했다. 그 친구가 영어를 배우러 요가 클래스를 문턱이 닳도록 드나들었던 것도 아닌데 요가 자세 설명도 아니고 그냥 지나가는 말로 한 농담을 알아들었다는 것은 그것이 눈치건 코치건 분명 발전인 것이다. 그리고 만약 그 친구가 1년 동안 그저 수업 듣는 것 외에 좀 더 적극적으로 강사에게 수업 끝나고 질문도 하고, 집에 가서 단어 공부도 했으면 어떤 변화가 있었을까 생각해 보았다.

반대의 경우로 한 미국인 요가 강사는 한국어를 한마디도 모르는 상태에서 한국에 왔지만, 2년 후 한국을 떠날 무렵에는 수업을 거의 한국어로 했다. 수업이 끝나면 늘 나를 붙잡고 "Breathe(호흡하세요)를 한국말로 어떻게 하느냐" "Open your chest(가슴 펴세요)"를 어떻게 하느냐고 하나하나 묻더니 그렇게 된 것이다. 그리고 그 단어와 문장들을 일상생활에 사용하면서 한국어가 늘기 시작하고, "한국말로 이렇게 말을 하면 맞느냐"고 작문까지 했다. 요가 수업만 열심히 했던 내 친구보다는 조금 더 적극적으로 언어 공부를 한 결과였다.

내가 어려서부터 좋아하던 가수는 패티김이다. 얼마 전 대학에 들어간 조카에게 패티김을 아느냐고 물었더니 모른다고 해서 충격을 받았다. 그만큼 나는 패티김이 우리 가요사에 남을 위대한 가수라고 생각한다. 그녀가 은퇴를 발표했을 때는 은퇴 기념음반까지 샀을 정도이다. 그 음반 속에는 그녀의 초창기 녹음부터 후반기까지 스튜디오 녹음은 물론 TV 출연 혹은 리사이틀 실황 등 수많은 곡들이 다채롭게 들어 있다. 그녀의 대표곡 〈사랑의 맹세(Till)〉는 몇 개의 다른 음원이 실려 있다. 이 노래의 2절은 영어 원 가사로 부르는데 그녀의 영어 발음은 초창기부터 그리 나쁘지 않았다. 한데 후반기로 갈수록 그녀의 영어 발음은 초창기에 비해 모음의 장단 등이 훨씬 정확해지고 무엇보다 가사를 듣기만 해도 알아들을 수 있을 정도로 명확하게 발음한다. 이 발전 과정을 들으며 가수로서 그녀가 어떻게 노력했는지 생각하게 되었고 또 한편으로는 가꾸고 단련하면 발음도 발전하는 것이 아닐까 생각하게 되었다. 물론 그녀는 애초에 발음이 좋아서 지금의 매우 정확한 발음을 갖게 되었을 테지만, 발음이 나쁜 사람이라 할지라도 자신의 위치에서 노력하면 의사소통 가능한 수준으로 발전이 가능할 것이다. 문제는 발음을 듣고 교정해 줄 사람이 옆에 없어 틀리게 하는 것을 모르고 계속하는 사람들이 많다는 것이다.

이런 예들이 내 주변에 있다 보니 나의 입에서는 '쉬지 말고 꾸준히 하라'는 말만 계속 나오는 것이다. 처음에는 여행 가서 대충 통하는 정도를 목표로 하면 부담도 덜하고 좋다. 나도 대학교 때 프랑스어를 4학기 배웠지만 그리 잘하지는 못한다. 예전에 프랑스 파리에 가서 이 가게 저 가게 들어갔다 어느 곳엔가 그날 산 그림엽서를 놓고 왔다는 것을 깨닫고 그날 갔던 가게들을 거꾸로 거슬러 올라가면서 엉터리 프랑스어로 물어물어 결국은 그림엽서를 되찾아서 호텔 방으로 돌아온 적이 있다. 그림엽서를 프랑스어로 뭐라 하는지 몰라 영어 단어를 사용해 "J'ai perdu mes postcards"라고 했는데도 다들 알아듣고 발 벗고 나서 찾아주어서 되찾을 수 있었다. 내 말을 알아들으니 기쁘고 그래서 그림엽서를 프랑스어로 무엇이라고 하는지 찾아보고, 또 공부를 하게 되는 것이다.

영어를 공부할 때 문법, 작문, 어휘 등 모두 함께 공부하면 좋겠지만, 우선은 발음과 듣기 그리고 어휘에 집중하는 것을 권한다. 발음과 어휘와 듣기는 서로 매우 밀접한 관계가 있다. 원어민의 발음이 내가 잘못 알고 있는 발음과 달라서 혹은 상대방이 사용하는 단어의 의미를 몰라서 알아듣지 못하는 경우가 종종 있다. 단어는 한 번에 몇 십 개씩 써 놓고 달달 외우면 별 의미가 없다. 찾아보고, 사용해보고, 발음을 교정하고, 잊어버리고, 또 찾아보며 외워야 한다. 그러려면 쉬운 책부터 골라 읽으며 모르는 단어를 찾아보고, '며칠 전에 찾아봤는데 찾아봤다는 사실까지 잊어버렸네'라며 실망하고, 그래도 또 찾아보고 그러면서 어휘를 늘리는 것이 좋다.

영어를 공부할 때 암기가 필요하지만, 영어는 암기 과목이 아니다. 고등학교 졸업하고, 대학 시험보고 나서 몇 십 년이 흐른 뒤 생각해 보니 이 세상에 암기 과목이라는 것은 없다. 단지 단시간 내에 실력을 향상시킬 별다른 수가 없으니 어떻게 외워서라도 답을 쓰려고 밤새도록 외울 뿐이다. 그러나 그렇게 외운 지식은 그저 컴퓨터의 RAM(Random-access Memory) 같은 우리 머릿속 어딘가에 임시 저장소로 들어가 있다 시험만 보면 다 날아가 버리고 실제로 영어를 하는 데는 별반 도움이 되지 않는다. 전후 맥락 안에서 찾아보고, 잊어버리고, 찾아보는 과정을 반복할 때만이 비로소 나의 것이 된다. 『이솝우화』는 영어도 그리 어렵지 않고, 우리가 아는 이야기들이 많으니 재미로라도 한번 읽어보길 권한다. 한영 대역본을 사서 비교하며 읽거나, 우리말로 읽어 그 내용을 이해하고 영어로 읽으면 좀 더 수월하게 읽을 수 있다. 물론 단어를 찾고, 잊어버리고, 다시 찾는 과정도 곁들여 읽기를 권한다.

발음 연습을 하고 싶은 사람은 우선은 무슨 뜻인지 이해하든지 말든지 많이 듣기를 권한다. 유튜브에서 미국이나 영국의 시트콤을 찾아 틀어놓고 있거나, 아니면 영국의 BBC나 미국의 NPR을 하나 정해 그들의 발음을 모델로 공부하는 것도 좋을 듯하다. 한국에서는 미국의 뉴스를 전할 때 CNN이나 폭스뉴스 등을 주로 인용하는 것 같은데 공신력 면에서 두 방송은 그리 후한 점수를 얻지 못하는 24시간 케이블 뉴스 채널들이다. BBC나 NPR이 깊이 있고, 공정한 보도에서는 단연 그들을 앞서고, 그들이 사용하는 영어 발음도 굉장히 정확하다.

나는 특히 NPR의 팬이니 그 예를 하나 들겠다. 'npr.org'에 들어가면 그들의 모든 뉴스 프로그램을 청취할 수 있다. 고급 단어들이 심심치 않게 나와 이해할 수는 없더라도 아는 단어들의 발음을 유심히 들으며 알아듣는 단어의 발음을 따라해 보고, 그중 유난히 발음이 잘 되지 않고 혀가 꼬이는 단어들은 시간 날 때마다 중얼거리며 연습하고 특정 단어들이 연달아 나올 때 그들을 어떻게 붙여 읽는가를 공부하면 좋다. 가령 영어에서 "Put your hand(손을 놓으세요)"를 발음할 때 우리 자음접변 식으로 "푼뉴어 핸드"는 아니지만 그들 나름의 발음하기 편하도록 붙여 읽는 방법이 있다. 이런 것들을 유심히 들어 두면 발음 향상에 도움이 되고 나아가 듣기 실력도 는다.

내가 즐겨 청취하는 프로그램은 〈Fresh Air〉라는 인터뷰 프로그램이다. 이 프로그램은 물론 주제나 사용하는 단어들이 영어의 기초를 공부하는 사람들이 알아듣기 힘든 점이 있긴 하지만, 인터뷰 대화 내용이 연극 대본처럼 고스란히 사이트에 실려 있다. 이를 'Transcript

(구술을 글로 옮긴 기록)'라고 하는데 그것을 읽으며 들으면 의미를 알아듣지는 못해도 발음을 따라 하고 공부하는 데는 큰 도움이 된다. 매일 새로 올라오는 것을 들을 필요 없이 인터뷰 하나를 골라 따라 읽고 들으며 시간 날 때마다 반복하면서 점점 더 많은 단어가 내 귀에 들려온다는 것을 깨닫는 것도 좋은 방법일 것이다.

우리말에 '백약이 무효하다'라는 말이 있다. 그러나 나는 이 말을 들을 때면 늘 반문한다. '약을 백가지나 복용해볼 동안 어느 한 가지 약이라도 꾸준히 먹어본 적이 있는가?' 영어를 공부할 수많은 교재와 도구들이 넘쳐나는 이 시대에 당장 효과가 나타나지 않는다 해도 어느 한 가지 약을 꾸준히 복용해 보는 지혜는 어떨지. 그런 의미에서 나는 또 한 번 '쉼 없이 반복하여'를 강조하고 싶다. 아무리 바빠도 바늘허리에 실을 매어 쓸 수는 없는 것이다.

몇 달 책을 쓰며 발음과 문법에 대해 이야기하다 보니 다른 사람들이 나를 말실수는 생전 하는 일 없이 남의 말꼬투리나 잡는 사람으로 볼까 걱정이다. 절대 그렇지 않다는 것을 알아주었으면 한다.

보통 사람들을 위한 특별한 영어책

1판 1쇄 발행 2018년 3월 30일

지은이 이철재
펴낸이 이영희
펴낸곳 도서출판 이랑
주소 서울시 마포구 독막로 10(합정동 373-4 성지빌딩), 608호
전화 02-326-5535
팩스 02-326-5536
이메일 yirang55@naver.com
블로그 http://blog.naver.com/yirang55
등록 2009년 8월 4일 제313-2010-354호

ISBN 978-89-98746-43-8 (03320)

「이 도서의 국립중앙도서관 출판예정도서목록(CIP)은 서지정보유통지원시스템 홈페이지(http://seoji.nl.go.kr)와 국가자료공동목록시스템(http://www.nl.go.kr/kolisnet)에서 이용하실 수 있습니다.
(CIP제어번호: CIP2018004556)」